靖难的烽烟

江左辰

著

辽宁人民出版社

图书在版编目（CIP）数据

靖难的烽烟 / 江左辰著 . -- 沈阳：辽宁人民出版
社，2025．6. -- ISBN 978-7-205-11530-2

Ⅰ．K248.105-49

中国国家版本馆 CIP 数据核字第 2025RX5546 号

出版发行：辽宁人民出版社
　　　　　地址：沈阳市和平区十一纬路 25 号　邮编：110003
　　　　　电话：024-23284191（发行部）　　024-23284304（办公室）
　　　　　http://www.lnpph.com.cn
印　　　刷：河北朗祥印刷有限公司
幅面尺寸：160mm×230mm
印　　张：19.75
字　　数：261 千字
出版时间：2025 年 6 月第 1 版
印刷时间：2025 年 6 月第 1 次印刷
责任编辑：赵维宁
助理编辑：金美琦
封面设计：东合社·安宁
版式设计：一诺设计
责任校对：吴艳杰
书　　号：ISBN 978-7-205-11530-2

定　　价：79.80 元

　　说起靖难之战，人们自然而然就会想到永乐大帝朱棣。朱棣统治中国22年，事迹繁多，功绩满满，其中争议最大的就是牵扯他夺位登基的靖难之役，且他也对这段历史讳莫如深。当时的史家也不敢妄作评价。不过，4年的战争不是保持沉默就可以磨灭的，4年中多少人妻离子散、家破人亡，多少人血染沙场，又有多少人在这南征北战中绝望杀戮，即便没有文字，仅仅依靠"4年战争"这几个字就可以说明一切。

　　说起朱棣夺位就会联想到阴谋，但是靖难之战无关阴谋，主打的就是沙场征战，所以朱棣的天下是自己一刀一刀打下来的，这样说更加贴切。历史总会以它自己的方式讲述最底层的真相。

　　这其中的真相就是，朱元璋统治时期想让朱家的江山延续千秋万代，于是他想出了封藩为王，藩屏帝室。朱元璋对每一个儿子都是用心培养，想着培养的是后来要辅佐帝室的藩王。但是，他没有想到事与愿违，他培养起来的藩王竟成为帝室担心的对立分裂力量，更没想到后来儿子会威胁孙子的帝位。或许到后来他也意识到了，但是已经没有时间管理了。所以朱元璋一死，朱允炆为了巩固自己的帝位，首先动手削藩，藩王们的权力和生命都受到了威胁，自然会有反抗，尤其湘王阖宫自焚之后，燕王朱棣作为藩王之首更是感到生命受到威胁，所以在退无可退的情况下，朱棣带着自己的八百府兵起兵北平，打的旗号就是"清君侧"。

"清君侧"只是一个好听的借口，站在藩王的角度，维护藩王的利益，但是说白了不过是一场叔侄间的皇权之争。自古皇家无小事，叔侄战了4年，就是大明朝举国之战。说到这里，不禁感慨，这鲜血横流的4年，这叔侄二人可曾想过天下苍生在他们转动的战争绞杀盘上何等悲惨！所以，靖难之战中谁赢谁输与老百姓无关，甚至和朝中的官员都无关，只不过是朱允炆走了朱棣来，横竖都是朱家的江山。朱元璋绝对没想到朱家江山的延续最终还是要通过战争。

靖难之战，从头到尾就是在作战，这一战打了4年。4年中朱棣从装病求生到起兵征战、以少胜多，再到运筹帷幄、争取胜利。尤其他败仗之后不气馁，每每鼓励士气再战，体现了他对兵法的娴熟运用，也让人感到朱棣不仅是一位战神，更是一位对人心洞悉得很透彻的强者，是一位把政治、战争和人与人的情谊糅杂在一起，娴熟应用的强者，甚至让笔者觉得4年战争打下来，朱棣的王者形象已经确立。

总之，朱棣是通过自己的能力打下了江山，他举边陲之力战举国之力，以少胜多。试想朱元璋如果能够感知，应该是支持朱棣的，毕竟后来的朱棣在帝位统治中国22年，成就了自己一代名帝的形象。

江左辰

目 录

第十一章

兵临长江，入主南京

第一章　生于乱世，志存高远

一、生于乱世的朱棣

所谓靖难之役，众所周知，乃是明太祖朱元璋之四子、燕王朱棣于建文帝时期掀起的一场夺权之战。朱棣高举"清君侧"之大旗，向建文帝朝廷讨伐所谓的奸臣，意图一举篡夺皇位。

那么，究竟是何等缘由，竟逼得朱棣这位位高权重的亲王不惜犯上作乱呢？此事背后，实则波谲云诡、错综复杂。

朱元璋在登临帝位之后，深恐权臣会篡夺自己辛辛苦苦打下的江山。为了稳固皇权，他苦思冥想，终于想出了一个自以为万无一失的计策——将20余个儿子全部封为藩王，让他们各自领兵镇守一方，以藩辅帝室的名义来排挤可能威胁皇权的权臣。为此，朱元璋还明文规定了藩王的权力，其中最为关键的一条便是："朝无正臣，内有奸逆，必举兵诛讨，以清君侧。"

　　然而，这一策略在朱元璋百年后却引发了一场惊天动地的夺权之战。建文帝即位后，为了巩固自己的皇权，开始大力削藩，对那些手握重兵的藩王进行打压和控制。朱棣作为其中最具实力和威望的一位，自然首当其冲。他眼见兄弟们一个个遭受打压，自己也岌岌可危，心中不禁生出了反抗的念头。

　　于是，朱棣以"清君侧"为借口，指责建文帝身边的齐泰和黄子澄等人为奸臣，必须予以诛杀。他利用自己在北平（今北京）一带的强大势力，迅速起兵反叛，打响了靖难之役的枪声。这场战争历时 4 年之久，最终朱棣成功夺取了皇位，成为明朝的第三位皇帝——永乐大帝。

　　但历史的真相究竟如何？这场看似名正言顺的"靖难之役"背后又隐藏着怎样的秘密和阴谋呢？或许只有当我们一层一层揭开历史的面纱，才能一探究竟吧。

　　这件事情确实要从朱棣的父亲朱元璋说起。有因必有果，朱元璋作为明朝的开国皇帝，他的一生充满了浴血奋战与四方征伐，为了维护朱家皇权的千秋万代，他可谓是费尽了心思。

　　在元朝末年，长江之畔的集庆（治今南京）战火纷飞，狼烟四起。红巾军起义将元朝的江山撕得四分五裂，各地的大小军阀连年征战，互相厮杀争夺地盘。在这乱世之中，朱元璋凭借自己的智勇与胆识，逐渐崭露头角。

　　元至正十六年（1356），朱元璋攻占集庆，并将其改名为应天府，自称吴国公。至此，他已经在乱世中打下了一片属于自己的天地。

　　然而，在朱元璋争夺天下的过程中，他也经历了许多惊心动魄的时刻。据传说，在元至正二十年（1360）四月十七日这一天，应天府上空突然出现了异常的天象。晴空万里之际，突然一声霹雳震天响，整个应天府都仿佛在这声巨响中颤抖。

　　正在与谋臣刘伯温等人商议军机的朱元璋被这突如其来的异象惊得目

瞪口呆。他急忙跑到屋外查看情况，却发现天空依然晴朗无云，仿佛刚才那声霹雳只是幻觉一般。

这时，刘伯温走上前来安抚朱元璋道："将军不必惊慌，待伯温为你掐指一算。"朱元璋对刘伯温的玄学能力向来佩服，于是他静静地站在一旁等待刘伯温的推算结果。

片刻之后，刘伯温微笑着对朱元璋说道："将军莫忧，此乃大吉之兆也。晴天霹雳在今天这个日子这个时刻出现，代表着有大贵人即将出世。正因天降贵人才会有如此异常的天象。"

话音刚落，就有后宫的宫女匆匆跑来报告说硕妃已经生下了一位皇子。朱元璋一听这个消息顿时大喜过望，难道说自己真的得到了一个贵子吗？他急忙带着众人赶往后宫查看。

当朱元璋等人来到后宫时，他们惊讶地发现整个屋子都被五色光气所萦绕，并且屋中弥漫着一股奇异的香气经久不散。

朱元璋走进屋子，看到硕妃为自己生下了一个胖乎乎的儿子。那小婴儿虽然刚出生，但五官清俊，大鼻子大眼睛，眉宇间透着一股天生的英气，让人感觉他非比寻常。朱元璋对这个孩子非常喜爱。

当时，马皇后也在产房照顾产妇硕妃。看到硕妃产后身体虚弱，马皇后便主动提出抚养这个孩子。马皇后是历史上有名的贤德皇后，深得朱元璋的宠爱和信任。朱元璋和硕妃都很放心地将孩子交给了她。这也是历史上对朱棣身份产生争议的原因之一。

就在朱元璋端详着自己的第四子，还没来得及给孩子起名字时，院子里突然有兵士来报，说是陈友谅进兵来犯。当时的形势非常紧急，朱元璋面临着陈友谅和张士诚的两面夹击。陈友谅和张士诚还互相联合，想要联手消灭朱元璋。听到战事紧张的消息，朱元璋赶紧将孩子托付给马皇后，让她细心照顾婴儿和硕妃，自己则匆匆奔赴战场。

尽管朱棣的身份有些特殊，但他依然被视为嫡子。因为马皇后一生未生育，由她亲自抚养的 5 个孩子都被视为嫡子。朱棣是其中的第四子，因此也被视为嫡子。这既是朱元璋和马皇后深厚感情的体现，也是朱棣的幸运。然而，朱棣和朱元璋的第五子朱橚却是一母同胞的亲兄弟。他也成为了后来朱棣发起靖难之战的关键人物和主要借口之一。

强调朱棣嫡子的身份在中国历史上具有重要意义。按照封建宗法制度的规定，老皇帝驾崩后，皇位应由嫡长子继承。庶子是没有资格继承皇位的。但如果是嫡子的话，即使不是长子，也有优先继承皇位的权利。因此，作为第四个嫡子的朱棣，在他前面的 3 个哥哥去世之后，优秀的他就有资格继承皇位。这一点将在后面详细阐述。

经过与陈友谅的多年征战，元至正二十三年（1363），朱元璋和陈友谅在鄱阳湖展开了最后的决战。经过激烈的厮杀和大战，朱元璋最终胜出并一举消灭了陈友谅的势力。这场胜利为朱元璋统一江南奠定了基础，也为他日后建立明朝打下了坚实的基石。

元至正二十四年（1364），朱元璋自称吴王。随后，在元至正二十七年（1367），他成功消灭了张士诚，拔除了心中的又一根刺。至此，朱元璋的两个主要对手——陈友谅和张士诚都已被击败。于是，他挥师北上，一鼓作气攻下了元大都。

洪武元年（1368）正月，朱元璋在应天府登基称帝，建立了大明王朝，年号为洪武，八月又将应天府更名为南京，作为新的都城。

在朱元璋称帝之前，他的对手陈友谅和张士诚一直是他心头的两座大山，让他时刻处于战争的戒备状态。即使在登基之后，虽然南方的半壁江山已成为他的囊中之物，但中国大地上的战火仍未平息。朱元璋又经过了几年的艰苦征战，才最终统一了中国。由此可见，朱棣的童年是在战火纷飞的环境中度过的。

直到朱元璋消灭了两个主要对手后，才得以喘息，并为自己的 7 个儿子一一取名。此时朱棣已经 7 岁。朱元璋给儿子们分别起名为：朱标、朱棣、朱橚、朱棣、朱橚、朱桢、朱榑。从此，年幼的朱棣有了自己的名字，而这个名字后来被他深深地镌刻在了中国历史的篇章中。

多年以后，朱棣发起的靖难之战对他的人生和整个明朝产生了深远的影响。尽管朱棣在兵力上处于劣势，但他最终之所以能够成功，源于朱元璋对儿子们的精心培养。尤其是朱棣的成长轨迹明显优于其他皇子，他逐渐成为了一位文武双全的人物，特别是在带兵打仗方面的能力不断得到磨炼和提升，最终成为了一位战神级的统帅。

关于这场战争，有观点认为如果朱元璋在传位问题上能够更加开明而不是拘泥于祖制，直接传位给朱棣，那么靖难之战或许就不会发生。然而，这只是站在现代视角的一种看法。回到朱元璋的时代，皇位传承是一个充满矛盾和复杂考量的问题，远非只言片语所能说清。

接下来，让我们进一步探讨当时的朱元璋是如何册封藩王以及挑选继承人的。

洪武元年（1368）正月，朱元璋登基称帝后，立即册封长子朱标为太子。在次子朱棣的带领下，这些年幼的皇子向太子朱标行礼致敬。虽然朱标与他的弟弟们年龄相仿，但从这一刻起，他们的身份地位开始有了显著的差别。朱标作为未来的君主，将肩负起治理国家的重任，而他的弟弟们则会成为辅佐他的藩王，共同维护大明的江山社稷。

朱元璋在登上皇位后，深知打江山不易，保江山更难。他开始思考如何才能确保大明江山千秋万代地传承下去。为了避免那些开国功臣居功自傲、损害皇威，甚至篡权夺位，朱元璋决定用自己的儿子们来取代他们在朝廷中的地位。他认为，只有让自己的儿子们分封为王，各镇一方，才能齐心协力护卫王室，确保朱家江山永固。

为了实现这一目标，朱元璋从历史中汲取经验，特别是元朝的灭亡给了他很大的启示。他深知安邦治国平天下要靠武力，而打仗则需要亲兄弟们的团结和忠诚。因此，他决定册封自己的儿子们为藩王，让他们各自镇守一方疆土，以确保大明的安全和稳定。

然而，这一决策也体现了朱元璋的私心和认知格局的限制。他过于依赖家族力量来维护统治，而忽视了其他可能威胁皇权的因素。虽然这种做法在一定程度上确实巩固了王室的地位，但也为后来的藩王之乱埋下了隐患。

朱元璋儿子众多，一共有26个。作为一个父亲和皇帝，朱元璋的儿子们在朱元璋的眼中不仅仅是儿子，除了太子外，其他的儿子将来都是朱家藩屏帝室的主要力量，是要为大明江山浴血奋战的勇士。

朱元璋的这个想法成熟之后，心里的一块石头才放下，但是这个方法实施起来并不容易，首先要把皇子们培养成才，才能够让他们有能力保护大明江山。

自此开始，朱元璋访求古今名书，搜索收藏以供皇子们学习，亲自教诲皇子们的言行举止、品行道德，并且还让人把古代的孝行故事和他自己白手起家的过程以及四处作战的故事做成画册，对孩子们进行教育，让他们感念他如今的皇位来之不易，让他们要为捍卫朱家的大明江山而努力。

朱元璋在教育儿子的事情上，不仅亲力亲为，还为他们遍访名师，朱元璋为太子请的师傅是宋濂。此人是元末明初的著名政治家、文学家，出身贫寒，但聪慧好学，拒绝元朝征召，不为元朝做事，他潜心做学问，可称得上是当代贤士。

在其他儿子的教育上，朱元璋也是一样用心。为了给儿子找到好老师，他下了不少功夫。李希颜隐居不想做官，不追求仕途，朱元璋亲自写信聘请他为诸王的师傅。李希颜教学严格，如果诸位小王爷有人不认真学习，顽皮捣乱，他就会敲打小王爷的额头，严厉地责罚。小王爷们受了委屈，就会哭着找父皇告状，朱元璋看见儿子被敲打，当然很是心疼，就想和李希颜算账，想要下旨让老师改变教学的方法。

但是，马皇后在边上看着皇上和皇子的情况，就耐心地劝解说世上就没有因为老师教育学生而发脾气的家长，如果家长不让老师按自己的教法教学，那么耽误的肯定是自家的孩子。更何况是李希颜这样的名师，自然更不能强迫。朱元璋听取了马皇后的劝解，想一想李希颜的教学态度确实是公正的，为了儿子们能成长成才，也就不再生气。

朱元璋不仅让儿子们学习文化知识，还非常注重他们的实践教育。太子朱标13岁的时候，就和弟弟朱棣前往凤阳（今属安徽）祖籍省墓，缅怀祖先，在那里了解祖先的艰苦，深入体察民情。其他的儿子也是一样，到了一定的年龄也要去凤阳深入体验生活，深刻感念朱元璋打下江山之前的艰辛。朱棣是在16岁大婚之后去凤阳的。正是因为朱元璋的这种严格教育，朱棣和他的皇兄皇弟们都成长得很优秀。

朱元璋教育孩子目的很明确，他的儿子们将来是要治理国家、保护国家的，所以他要求教育儿子们心正。他认为心正，万事都能办好，心不正，各种不好的事情就会滋生，所以他要求儿子们切实做学问，不要像一般文士那样，只会记诵辞藻，他认为学问重要，德行更加重要。

朱棣兄弟们作为皇子，生活的尊贵是真的，但是生活的枯燥也是真的，因为他们不但要接受严格的教育，还要受到父皇朱元璋的训诫。在这样的童年或者少年时期，皇子们便会偶尔觉得宫中枯燥无趣，想要更有趣的生活方式，每当皇子们有了这样的情绪，朱元璋只要发现，就会给他们讲道理。

洪武元年（1368）深冬的一口，朱元璋召集儿了们来到宫中一片空旷之地。他望着这片原本可以建造亭台楼阁以供嬉戏的土地，深沉地说道："此地，本可建琼楼玉宇，供汝等嬉戏游乐。然，朕不忍挥霍民脂民膏。"朱元璋的话中透露出对儿子们的严格要求，他希望他们爱惜民力，不可因个人享乐而浪费国家资源。由此可见，朱棣及其兄弟们自幼便接受着正统的封建教育。

随着皇子们逐渐成长成才，洪武二年（1369）四月，礼部尚书钱用壬向朱元璋奏报，称已遵奉圣命，完成皇陵的立碑工作。朱元璋对此表示赞赏，并阐述了立碑的意义：表彰祖德，传承家业。他感慨地说，自己能有今日的权贵地位，一是仰赖上天的庇佑，二是得益于祖先的阴德积累。因此，作为父亲，他有责任创下宏大基业传承给子孙；而作为子孙，则应肩负起继承并发扬光大祖业的重任。这是天下公理，不容置疑。

朱元璋还指出，大明朝初建，百废待兴，朝中大臣们应以永保大明江山为己任，共同努力建设国家。钱用壬听出了朱元璋话中的深意，便含蓄地表达了对江山易主的忧虑，并暗示应以此为戒。这恰恰迎合了朱元璋的封藩心思。于是，朱元璋欣然命钱用壬编撰《祖训录》，以明文规定后人在保护大明江山方面应遵循的准则。

最终，钱用壬不负厚望，精心编撰了《祖训录》，详细阐述了分封诸王的理论和礼仪。朱元璋审阅后大为满意，认为这本《祖训录》为实施分封诸王计划提供了有力支撑。编撰《祖训录》的过程表明，朱元璋分封诸王的想法已经成熟，只待向天下和大臣们宣告。

洪武三年（1370）四月初一，礼部为诸位小王爷精心制作了诸王册宝。由于诸王的地位仅次于朱元璋和太子朱标，因此他们的册宝规格也相应地降低了一等。四月初三，朱元璋在太庙举行隆重祭告仪式，宣布了第一批封王的具体安排。除了已立为太子的朱标外，次子朱樉被封为秦王、三子朱棡被封为晋王、四子朱棣被封为燕王等。四月初七，朱元璋在奉天殿正式册封诸王。从那一刻起，朱棣的身份发生了重大转变，他不再是一个普通的皇子，而是成为了大明朝尊贵的燕王。

然而，册封之后，朱棣与他的兄弟们并未立即奔赴各自的封地。当时，明朝尚在进行统一全国的战争，且诸王年纪尚幼，需入王相府接受专门的训导。此外，各地王府尚未建成，朱棣及其兄弟们也无法立即前往封地。关于王相府的训导内容，朱元璋考虑得十分周全。他安排了资深的文臣武将辅佐各位藩王，旨在将他们培养成真正能够藩辅帝室的力量。

此时的朱棣年仅 10 岁，我们无从知晓他是否真正理解燕王这一称谓的含义，也无法窥探他内心是否怀有与众不同的野心。

朱元璋还深入研究了汉代的分封制度，以便在封国与郡县之间建立有效的监视机制。在此基础上，他创立了自己的分封制度，这一制度对朱棣及明朝政治产生了深远的影响。按照当时的制度规定，皇子被封为亲王，授予金册金宝，每年享有万石禄米。他们的护卫人数少则三千，多则九千。然而，这只是一般情况。后来，诸王前往封地后，在北方防御蒙古的几个藩王所统辖的士兵数量远远超过了这个数字。由此可见，诸王的权力、兵力和富贵程度都非同一般。这也反映出朱元璋对儿子们的要求从来不是为了防老，而是为了维护家天下的统治。事实证明，后来各藩王到达自己的封地后，拥兵自重，设有自己的官属机构。所谓藩地，实际上就是一个个独立的小国。

朱棣在王相府度过了几年学习时光，据说一天，太子朱标奉朱元璋之命，带领诸位藩王前往阅武场祭祀旗神。这场活动的目的是培养太子和各位小王爷的勇武素质。阅武场建筑雄伟、场面壮观，远山近水相映成趣，草坪开阔无垠。场地上奏响着雄浑的号角声，士兵们纵马奔驰、呼喊厮杀、演练阵势。随着军队阵势的变化，阅武场内喊声震天、杀气腾腾。诸位小王爷都是在深宫中长大的，看着眼前的气势不由得面露胆怯之色。

然而，唯有燕王朱棣被阅武场的热烈气氛所感染。他兴奋异常地融入其中，心中充满了激动和昂扬的情绪。他飞身下台准备切身体验台下的气势和氛围。

正好有一名小将骑着枣红马经过，朱棣眼前一亮，立刻拦下马米。他翻身而上，但枣红马因不熟悉他的气味，开始剧烈地挣扎，嘶鸣着扬起前蹄，试图将朱棣甩下马背。然而，朱棣毫无惧色，他紧握缰绳，勇敢地挥鞭驯服这匹烈马。围着阅武台，他策马狂奔了三圈，英姿飒爽，引得在场众人纷纷喝彩，赞叹他少年英才的风范。

阅武台上的太子和诸王看着朱棣骑马狂奔，担心他出现意外，一个个吓得面色大变。朱棣奔腾三圈后，轻盈地跳下马背，将马交还给那名小将，并称赞道："这匹枣红马真是烈性难驯，好马！"

小将听到朱棣的赞扬，哪里还敢要回马匹，便顺水推舟地将烈马献给了燕王朱棣。朱棣却推辞道："我怎能夺人所爱呢？"但小将坚持相送，并说这匹马与燕王极为相配。朱棣无奈，只好给了小将一笔银子，让他再寻良马。自己则收下了这匹烈马。

此时，太子朱标走过来责备道："四弟，你太莽撞了。擅自下场骑马狂奔，万一有个闪失怎么办？"

朱棣却豪迈地笑道："大哥，我不怕。刚才纵马奔腾时，我感觉千山万水都在我的马蹄之下。身后仿佛跟着千军万马，而我就是那个领兵征战的大丈夫。这种英姿飒爽、勇武之气，是我从未有过的体验。"

朱棣在阅武场上的勇敢表现被朱元璋看得一清二楚。朱元璋也是在马背上打下江山的一代英主，对兵戈行伍之事既熟悉又热衷。因此，他对朱棣的勇敢表现大加赞赏，并走过去打算亲自表扬他一番。走到近处时，又无意间听到了朱棣的这番豪迈之言。朱元璋觉得四皇子朱棣胸怀宽广、气概非凡，心中对他更加喜爱。

正当朱棣意气风发地分享自己的骑马感受时，朱元璋突然出现在他们身后。他朝着英气勃发的少年朱棣问道："皇儿，日后你长成了大丈夫，又能如何？"

朱棣转身看到父皇亲临，顿时有些紧张。而朱元璋突如其来的问题也让他一时语塞。于是朱元璋便因势利导地教导朱棣和诸工要志存高远、德才兼备、文武双全。

朱棣和诸王谨听教诲后，又随朱元璋去祭拜旗神。经过阅武场一事，少年朱棣的英姿深深地印在了朱元璋的脑海中。他对众多儿子进行比较后发现，虽然太子朱标宽厚贤德但过于温和；而智勇双全、相貌威武的朱棣则更有自己年轻时的影子。

二、在凤阳磨砺中成长

朱元璋在将诸王送到王相府培养后，对他们的教育投入了大量的心血。除了精心配置文武双全的老师，他还时常告诫这些辅导老师要严格管教诸王。在王相府，武将的地位甚至高于文官，这既是对开国功臣的尊重，也反映出朱元璋对诸王培养的偏向——他希望他们能有出色的军事才能，能够征战沙场，为将来的王朝稳固贡献力量。

洪武年间，朱元璋对王相府的制度进行了不断的调整和完善，旨在为诸王的成长创造更好的环境。为了加强武将与诸王之间的信任和联系，他于洪武七年（1374）九月将王相府的参军职位改为长史。长史在明朝的官僚体系中是一个特殊而重要的角色，他们既是藩王府的内部管理者，又是朝廷派来的监视者，这种双重身份使他们成为维系朝廷与藩王关系的纽带。

随着王府制度的逐步完善，朱棣的成长也日益显著。洪武九年（1376）正月，朱元璋看到自己的爱子朱棣已经长大成人，到了成婚的年龄，便开始为他张罗婚事。对于这位与自己性格相似的儿子，朱元璋在选妻方面自然是格外用心。他希望找到一个既贤良淑德，又能与朱棣并肩作战的女子作为燕王妃。

经过一番打听和筛选，朱元璋最终将目标锁定在了开国功臣魏国公徐达的女儿身上。这位徐小姐自幼聪明过人、文武双全，不仅学识渊博、才思敏捷，还继承了武将家族的英勇与果敢。更难得的是她对父母极为孝顺、品性纯良，在当时被誉为德才兼备的典范。

于是朱元璋亲自向徐达提亲，并谦逊地表示自己与徐达从布衣之交，到今日君臣相得，始终保持着深厚的友谊和信任。他引用了历史上君臣结为儿女亲家的佳话为例，表达自己希望与徐家结亲的愿望并请求徐达成全这门亲事。

徐达听到皇帝亲自为儿子提亲自然是喜不自胜。他深知与皇家结亲是莫大的荣耀，也是家族地位的象征；同时他也非常看重朱棣这个年轻有为、前途无量的燕王殿下，认为他是诸位王爷中最出类拔萃的一个，因此毫不犹豫地答应了这门亲事。

朱棣与徐氏的婚礼在洪武九年（1376）正月二十七日如期举行，朱元璋亲自在宫中册封徐氏为燕王妃。这场婚礼严格遵循了宫中的礼仪，标志着16岁的朱棣与14岁的徐氏正式结为夫妻。朱棣对徐氏的美貌、才华和武功深感欣赏，认为她与自己志趣相投。然而，他当时并未预料到，这位将门之女在后来的靖难之战中会成为他的得力助手，为他守城攻地，指挥三军。

同年二月，朱元璋对王府制度进行了重大调整，设立了首领官长史二人，并罢除了王傅府和典检司。这一改革使得王府长史的地位逐渐上升，成为王府中的重要官职。到了洪武十三年（1380），朱元璋正式罢免了王相府及长史录事，将长史升为正五品，并设立左、右长史各一名以及典薄一员。这样，长史司就成为了明朝一代王府官署的基本设置。

在朱棣的燕王府中，长史朱复服务了数十年，这充分说明了朱元璋对王府官员选择的重视。他要求长史的任职以长久服务为条件，这种长时间的安置有利于长史们与诸王建立深厚的感情。朱元璋这样做的目的是加强诸王内部的团结和力量，通过长史将诸王掌握在自己的手中，同时监督和促使他们成为更加坚实的藩辅帝室的力量。

然而，历史的发展总是具有两面性。虽然燕王朱棣的长史在辅佐他时表现出色，朱棣在洪武年间作为藩辅帝室的力量也确实很优秀，但在后来的靖难之战中，长史们只忠于朱棣，为他而战。这些因素也成为了朱棣最终能够战胜建文帝的重要原因之一，因为他拥有一个坚实且彼此信任的并肩作战的团队。

在洪武九年（1376）正月底完成婚礼后，朱元璋准备让朱棣和其他诸王离开南京去外地做藩王。然而，在出发前往封地之前，他认为应该让儿子们体验一下民间的疾苦和自己打天下的不易。于是，朱棣和他的兄弟们被派到了朱元璋的老家安徽凤阳。这个地方不仅埋葬着他们的祖父母，还是朱元璋小时候放牛讨饭、过穷苦生活的地方。朱元璋希望通过这种方式让诸位王子深刻体验民间生活并了解他的成长经历。

朱棣和他的兄弟们带着各自的属官和军士离开了南京，经过长途跋涉进入乡间村野。他们看到了与往日不同的风俗和民情以及那些食不果腹、衣不蔽体的百姓的生活。这种民间疾苦深深地触动了这些长期养尊处优的皇子的心灵。

诸王的队伍一路浩浩荡荡向凤阳进发，仪仗队气势磅礴，旌旗迎风飘扬，护卫精锐，排成一条长龙。沿途百姓见到皇家出行，纷纷远远避开，来不及回避的则跪地行礼。

一日，朱棣的仪仗队正经过一条街道，他骑着枣红马在队伍中昂首前行。突然，枣红马嘶鸣一声，向路边一个牵着马匹的青年扑去，两匹马随即撕咬在一起。朱棣下马查看时，才发现枣红马遇到了原来的主人。他认出面前的人正是他14岁那年在阅武场送马的人，虽然当时不知此人姓名，但此刻重逢，朱棣觉得缘分匪浅，便问道："壮士尊姓大名？"那人恭顺地回答："回禀燕王，在下张玉。"

朱棣见张玉身强力壮、气宇轩昂、英武非凡，眼中流露出对自己的敬仰之情，便低声对他说："本王与你有着天定的缘分，你可愿意跟随我共谋大事？"张玉听后立刻表示愿意追随燕王，于是加入了他的仪仗队伍。至此，燕王朱棣得到了一位完全忠于他的猛将。

队伍继续前行，当太阳落山时，他们来到了一个镇子，在镇外扎营休息。是夜，朱棣站在营帐外，遥望远处星星点点的灯火，聆听偶尔传来的狗吠声，感受着民间村落的宁静与旷远。这一切都与繁华的南京截然不同，让他感到新奇而美好。

然而，在这美好的夜晚，远处却传来了悲婉的歌声。朱棣仔细聆听，发现这是一首描述凤阳贫穷困苦的歌谣。当歌词唱到"说凤阳道凤阳"时，他断定这歌一定是凤阳人唱的。想到自己即将前往凤阳，且那里是自己的祖籍，朱棣心中不禁产生了疑惑。他派张玉去寻找唱歌的人，结果找来了祖孙四人。看着他们可怜的模样，朱棣安排了饭食并与他们交谈，打听凤阳的情况。

从他们的口中，朱棣得知了凤阳的悲惨状况。当年，他们的儿子跟随郭子兴打仗牺牲，家中只剩下老弱病残，无法劳作。又遭遇水灾、债务缠身，他们只好出来逃荒。朱棣深感同情，赏赐了他们银两，并告诉他们自己是朱元璋的第四子燕王朱棣。他鼓励他们回凤阳做小买卖过活，并表示自己很快就会到凤阳去。老人听后跪地磕头感谢不已。

几日后，朱棣终于来到了凤阳城。这是他第一次来到这个地方，所以对一切都充满了好奇。他带领燕王府的属官四处游览凤阳城，深入了解这座城市的风土人情和历史文化。凤阳城城墙巍峨壮观，城中有皇城作为城中之城，宫殿、太庙等一应俱全。整个城市布局严谨有序，建筑风格独特绝伦。看着这一切，朱棣不禁感叹父亲的心血和江山的来之不易。

从父亲安排他们到凤阳体验生活这件事，朱棣联想到了父亲平日的教诲和期望。他深知打下江山不易，守住江山更难。一种强烈的责任感在他心中油然而生，他暗下决心要继承父亲的志愿和期望，为守护这来之不易的江山而努力奋斗。

燕王朱棣在凤阳的第二天，便随太子朱标和众位兄弟一同前往皇陵。在那里，他们了解到父亲朱元璋年少时的艰难困苦。听闻祖父朱五四因瘟疫而死，甚至无地可葬的悲惨境遇，以及后来天雷炸响，出现新坟的奇异经历，诸位皇子都泪流满面。朱棣更是跪在祖父坟前痛哭不已，之后在朱标的指示下宣读了祭文。他们一同祭拜祖先，深感父亲幼年时的不幸。

在凤阳，朱棣还必须去一个地方，那就是父亲曾经为求生计而待过的皇觉寺。他来到皇觉寺，受到方丈的恭敬迎接。在方丈的带领下，他参观了寺庙，并从方丈口中了解到皇觉寺能有今天的规模，全仰仗当今陛下的恩泽。方丈还提到，因为这里是万岁爷的龙兴之地，所以存有许多珍贵的东西，记录了万岁爷早年的艰苦岁月。朱棣对此非常感兴趣，请求方丈详细讲述他了解的事情，以便更深入地体会父亲当年的艰辛。

之后，朱棣还亲自探访了父亲朱元璋放过牛的地方，亲身体验那种艰辛的生活。在凤阳的大半年时间里，他深入民间，遍访民情，了解民意，收获颇丰。这段时间的经历让他的才干大增，他感慨道："凤阳一行，胜读十年书。"

在朱棣的凤阳之行中，他不仅收了猛将张玉，还深入寻访了父亲朱元璋的踪迹、领会父亲的精神。这次经历对他影响深远，让他更加坚定了自己的信念和目标。一晃到了九月，朱棣和兄弟们跟随太子朱标回到了南京。

回到南京后，朱元璋自然要询问他们在凤阳的所见所闻。朱标等人虽然也在凤阳待过一段时间，但他们在视察民情和了解父亲过往方面所做的功课远不及朱棣扎实。因此，当其他皇子都在谈论民俗风物时，只有朱棣能够详细地说出朱元璋生命中难以忘记的皇觉寺的一些细碎回忆、剩柴村柿子树的情况以及朱元璋少年时代放牛的地方。

听着朱棣讲述那些熟悉的往事，朱元璋仿佛又回到了自己的少年时期。当他听到朱棣总结凤阳之行的收获时说"胜读十年书"时，更是感到欣慰和欢喜。看着儿子在凤阳历练成长得更加健壮威武，一脸大将军的英气，他的喜爱之情溢于言表。

就在这个时候，朝中一些有远见的大臣开始对朱元璋的分封制度表示不满。他们看到了分封藩王的弊端，很多人心知肚明却不敢说出来。毕竟这是朱元璋为维护朱家江山而做出的决策，稍有不慎就可能招来杀身之祸。但还是有人勇敢地站了出来提出了异议。著名的文士谢晋就警告说这样的分封制度可能会引发像吴濞那样的叛乱，而说得最直白、最无所顾忌的则是平遥县的训导叶伯巨。

洪武九年（1376），朱元璋决定分封诸子为藩王，并赋予他们一定的军权和行政权。然而，这一决策引起了部分大臣的反对，其中平遥县的训导叶伯巨上书言事，直斥朱元璋分封藩王太过奢侈。叶伯巨之所以敢这样做，是因为朱元璋曾下诏广开言路，表示愿意听取天下人的谏言。然而，叶伯巨的上书却触怒了朱元璋，他认为叶伯巨是在离间他与儿子们的骨肉亲情，于是下令将叶伯巨押到南京关入监狱，最终叶伯巨在狱中死去。

这一事件让朝中大臣对分封藩王的事情噤若寒蝉，无人再敢非议。而朱元璋则继续推进分封藩王的事宜，为儿子们在各自的封地建王府，并配备足够的军事力量。洪武十年（1377），朱元璋对秦王、晋王和燕王的三个王府的兵力进行了补充和调整，增强了这三个王府的兵力，准备让他们去封地就藩。

其中，燕王朱棣在结婚之后曾前往凤阳体验生活，了解民情。朱棣等人回到南京后，朱元璋以关押叶伯巨敲山震虎，吓得众人不敢再非议封藩。此后，诸王依旧在为就藩而努力学习，而朱元璋则为他们的就藩做准备。他为诸王在各自的封地建王府，并规定王府的面积和房屋的格局。同时，他也注重节省民财，在改建旧宫殿时遵循一定的规格。

在分封藩王的过程中，朱元璋也赋予了他们一定的军权和行政权。这使得各位藩王的实力很强，拥有足够的军事力量来维护自己的封地。然而，这也为后来的靖难之役埋下了伏笔。当建文帝朱允炆削藩时，燕王朱棣以"清君侧"为名发动靖难之役，最终成功夺取了皇位。

总的来说，朱元璋分封藩王的决策在当时引起了很大的争议。虽然这一决策有利于维护明朝的统治和稳定地方局势，但也带来了诸多弊端和风险。叶伯巨上书言事虽然未能改变朱元璋的决策，但也反映出当时朝中对分封藩王的担忧和反对。

到了洪武十一年（1378）春天，朱棣与他的两位哥哥秦王朱樉和晋王朱棡，在凤阳完成军训后被召回京城。此时，秦王21岁，封地在西安；晋王20岁，封地在太原；而朱棣19岁，他的封地是北平。

对于王爷们来说，前往封地就藩意味着他们将拥有独立的权力和领地，真正为朱家的江山起到屏障的作用，这代表着藩王的权力已经实际到手。朱棣作为预备就藩的燕王，满心期待能为大明江山做出贡献，实现自己的抱负。

然而，这次的就藩安排却让朱棣大失所望。他的两位哥哥秦王和晋王，都如愿前往了各自的封地就藩，而他虽然与晋王年龄相差无几，却并未被派往北平封地就藩。没有就藩，就相当于没有被正式分封，也就没有藩王的实权，前途充满了不确定性。

长期以来，朱元璋一直计划让北方的三个重要藩地——西安、太原和北平——由三位藩王共同镇守，以形成北方的屏障。然而，为什么临时改变了计划？是不是朱元璋对朱棣有了什么看法？

这个变故对胸怀大志的朱棣来说是一个沉重的打击。然而，皇命难违，他不敢有任何异议，更不敢询问原因。他只能保持一脸的平静和恭顺，表示对朱元璋安排的顺从。朝堂上的人也都在猜测朱元璋的全盘计划是否发生了改变，难道是不再像之前计划的那样让所有的儿子就藩了吗？

秦王和晋王前往自己的封地就藩后，朱棣只好默默地返回凤阳，这一待就是2年。至于朱棣未能与秦王、晋土一同就藩，并非朱元璋的计划有变。朱元璋为朱家江山的千秋万代定下的计划是坚定不移的，他之所以观望，是因为需要考虑更多层面的因素。

尽管朱棣在兄弟中表现出色，但秦王和晋王作为皇子，一旦就藩便手握兵权。朱元璋需要观察这些提前就藩的皇子在掌握兵权后，是否依然忠诚听话。此外，若一下子将北方的三个重镇都交给自己的儿子控制，目的过于明显，可能会引起朝中大臣的非议。因此，朱元璋决定先派秦王和晋王就藩，以试探大臣们的反应。而朱棣未能首批就藩，仅仅是因为按照年龄顺序排列，并不存在朱元璋对朱棣有偏见的情况。

至于朱棣的封地北平，虽然在元朝时期是大都，地理位置重要，但在朱元璋的时代，其重要性相对降低。朱元璋的主要军事部署集中在西北一带，以应对驻屯在宁夏的元朝残余势力王保保的威胁。因此，北平的地位并不如西安和太原重要，这也是秦王和晋王得以先就藩的原因之一。

朱棣在凤阳等待就藩期间，深入了解了当地的民情风俗，积累了宝贵的基层经验。这段经历使他更加沉稳谨慎，深刻体会到政治的微妙之处，内心也变得更加敏感坚韧。两年后，朱棣已经 21 岁，但仍然没有他就藩的消息。然而，就在这时，南京城发生了一件大事，促使朱棣得以快速就藩。

三、就藩机会的到来

洪武十二年（1379）十二月，中书右丞相汪广洋因犯事被处死，这一事件成为了胡惟庸案爆发的开端。胡惟庸作为丞相，竟然密谋造反，但幸运的是，朱元璋及时得到了消息并将其镇压，这一事件发生在洪武十三年（1380）。虽然胡惟庸的谋反与朱棣的就藩看似没有直接关系，但实际上它们之间确实存在一些渊源。

在朱元璋建立明朝初期，朝廷中的官员主要分为两个派系：一是以李善长为首的"淮人派"，一是以刘基为首的"浙东派"。"淮人派"由于与朱元璋有同乡之谊，人数众多且势力强大，与武官功臣的关系也十分密切。胡惟庸正是"淮人派"的一员，他凭借自己的才能攀附上李善长，逐渐在朝中崭露头角。

后来，李善长年老退休，朱元璋经过多方考察和比较后，选择了胡惟庸接任丞相之位。然而，胡惟庸上任后变得独断专行，有时甚至不把朱元璋放在眼里，这引起了朱元璋的极大不满。随着诸王就藩的开始，朱元璋决定清除这些居功自傲的功臣，尤其是像胡惟庸这样的人物。

胡惟庸权势滔天，他的家人和下属也依仗他的权势为非作歹、伤害百姓、践踏法律。当这些不法行为传到朱元璋耳中时，他下令将胡惟庸的家人处死。此外，胡惟庸的儿子在一次车祸中因为责怪车夫而将其杀害的事件也成为了朱元璋对胡惟庸采取行动的导火索。朱元璋下令让胡惟庸的儿子为车夫偿命，这进一步引发了胡惟庸案的爆发。

当然，民间还流传着关于胡惟庸的各种邪谋传说，称他确实意图对朱家皇权图谋不轨。因此，朱元璋决定将胡惟庸及其党羽一网打尽并全部处死。

然而，这或许也只是朱元璋设下的一个政治陷阱。他自始至终都明确自己的目标就是封藩，但碍于老功臣们的面子和权势一直难以实施。正好借胡惟庸事发之机除掉这个权力日渐膨胀的人并吓唬一下其他老臣。朱元璋肯定在想：虽然胡惟庸已经被除掉了，但谁能保证其他功臣没有类似的想法呢？为了巩固自己的权力和权威，他必须趁此机会清除那些让他感到不安的势力。

朱元璋借着胡惟庸的案子，开始大肆诛杀功臣，彻底地执行株连罪，有时甚至一人犯罪能株连几万人。他这样做的目的就是给自己的儿子们扫清危险和障碍，确保他们顺利巩固皇位并稳固统治。为了进一步加强皇权，朱元璋还宣布废除丞相制，并定下一个规矩：子孙后世不得再立丞相。这是他的祖训，旨在将所有权力集中在皇帝手中，避免任何力量能够制衡皇权。

自胡惟庸被杀开始，那些本来有矛盾的人便趁机互相打击，指责对方是"胡党"。这种现象持续了近十年，其间人人自危，朱元璋则趁机大杀功臣，以巩固自己的统治。然而，朱棣并没有参与这些事情，他一直在等待朱元璋的安排，准备就藩。

朱元璋的目的非常明确：朱家的天下要让朱家的子孙来掌控。胡惟庸只不过是个引子，即使没有胡惟庸，也会有其他人被用来作为清除功臣的借口。总之，"狡兔死，走狗烹；飞鸟尽，良弓藏"的道理一直有用。一边杀功臣，一边封儿子为藩王，这就是朱元璋巩固政权的重要步骤。

因此，在胡惟庸案子爆发后不久，朱棣终于接到了就藩的旨意。洪武十三年（1380）三月，他带领仪仗队、燕王府兵、侍从等至少5700人离开了南京城，一路走向北平开始了他的藩王生活。北平不仅是明朝的北方重镇和中原地区通往辽东和塞外的主要通道，还曾经是元朝的大都。因此其地理位置十分重要。

朱棣的燕王府是在元朝宫殿的基础上改建而成的。由于元朝宫殿修建时间不长且规模宏大，所以改建花费不多，却使得燕王府成为诸王府中规模最大的一个。住在这样恢宏的宫殿里，让自我感觉良好的朱棣更加觉得父皇对自己很特别。而从地理位置上看，北平作为联系长城内外、大漠南北的枢纽以及各族人民联系走动的纽带，其地势险要、易守难攻的特点也为朱棣日后军事成长和实现抱负奠定了基础。

朱棣就藩北平后，开始着手管理这座重要的北方城市。由于朱元璋已经废除了丞相制，采用的是长史制度，朱棣身边围绕的都是一些老臣和可靠之人，这使得他在北平拥有了相当大的决策权。与他的二哥、三哥不同，朱棣并没有沉迷于享受藩王的自由生活，而是兢兢业业地管理北平，并时刻关注着父亲朱元璋的动态。

他每天尽心打理藩王府的事务，同时还不时地四处巡视，熟悉北平的山川地形和百姓生活。他深入民间，了解民间疾苦，关心百姓收入，努力争取民心。这些举动为他日后能够成就一番事业打下了坚实的基础。

作为皇子，朱棣深知只有得到父皇的赏识才能在政治上有所作为。因此，他不敢沉迷于享乐，而是致力于民事管理，学习朱元璋的节俭生活。每当北平农作物丰收时，他都会给父皇送上一些北平的谷物，以表达自己对父皇的敬意和关心。朱元璋对朱棣的兢兢业业和关心民生的举动非常满意。

与其他藩王相比，朱棣的表现无疑是最为出色的。尤其是秦王朱樉和晋王朱棡等人，他们屡次被朱元璋训斥甚至差点被废黜。而朱棣则凭借自己的努力和才干赢得了朱元璋的青睐和信任。

在北平期间，朱棣不仅关注农事生产，还特别注重军队建设。他清楚自己是北平的主人，肩负着保护北平安全的重任。因此他深入军中与守关将士一起驻守边关、巡视防线。他还关心军士的生活，为他们改善饮食和住宿条件，从细小的事情上关心士兵。

这使得朱棣在军队中拥有极高的威望，每次巡视时，将士们都会斗志昂扬地大喊"燕王千岁千千岁"，表达对他的忠诚和拥护。

有一次，朱棣前往古北口（北京市密云区东北部）检查军事防务时遇到严文武整顿军纪。严文武是大明的开国名将，治军严格，他的军队被百姓称为"严家军"，是一支战斗力极强的队伍。当时严文武正因为一个叫李良的士兵监守自盗而恼火不已，准备将其处死以正军法。

这时候朱棣上前，拦下了严文武。经过朱棣仔细盘问，才问清楚是因为军中几个月没有发饷，而李良的母亲生了病，需要钱治病，李良才不得已这样做。

朱棣听了后点头，按军纪挥鞭抽打李良，然后说道："李良偷盗，固然不对，但罪不至死，所以我抽打他十鞭，算是惩罚他。"

然后朱棣给了李良银子，让他先回去给母亲看病。朱棣之所以这样做，是因为朱元璋教育儿子们要忠孝，要以孝治国。朱棣欣赏李良的孝顺，自此之后李良也跟着朱棣，并且成了一位将军。

　　燕王朱棣在北平期间，以其深厚的民本思想和卓越的军事才能，赢得了军民的广泛认可和衷心拥护。他对百姓的关心、对边关将士的爱惜，都体现在他的日常治理和军事活动中。

　　当秋天来临，百姓们忙于收割庄稼，山林里的小动物也开始频繁活动时，朱棣抓住了这个机会，组织起游猎活动。然而，他的游猎并非单纯的娱乐，而是以此为手段，操练自己的兵马，提升军队的战斗力。

　　在原野和山间，朱棣身先士卒，领着骑兵纵马奔驰，追逐猎物。马声嘶鸣，骏马飞奔，这一幕幕都充分展示了燕王军士的强健体魄和高昂士气。然而，朱棣对军队的管理并非放任自流。他制定了严格的规定，要求士兵在游猎过程中不得骚扰百姓，更不许毁坏百姓的庄稼。对于违抗者，他严惩不贷，轻者杖责一百，重者甚至会被斩首。

　　此外，朱棣还要求士兵必须箭无虚发，队列要随着地形灵活应变。这些要求不仅锻炼了士兵的武艺和应变能力，也培养了他们的纪律性和团队合作精神。在这样的严格监管和督促下，燕王的军队武艺精进得很快，成为了一支训练有素、战斗力强的精锐之师。

　　燕王朱棣时常巡视领地，深入田间地头，每当目睹农户的艰辛生活，他内心便无法平静。他时常嗟叹自己的子民过得如此艰辛，并怀揣着改变他们命运的渴望。然而，连年的战乱使得百废待兴，想要改变这一切并不容易。这种忧虑使得朱棣寝食难安，他也常与徐妃倾诉这些烦恼。徐妃则温柔地宽慰他，肯定他的爱民之心，并提醒他，改善民生需要一步一个脚印，稳扎稳打，不可操之过急，以免身体受累而事业无成。

　　每当朱棣提及这些忧虑，徐妃总会建议："何妨听听官员们的看法，集思广益，共同寻求解决之道。"而朱棣却认为，决策权在他，他人难有新的见解。徐妃则提醒他："智者千虑，必有一失，集众人之智，或许能开辟新的思路。"

　　这些事迹展现了朱棣在北平封地内，如何与民亲近，如何关爱士兵，又如何为民众的疾苦而忧心。这一切都彰显出他是一位深怀民本思想，致力于锻造精兵的贤明藩王。同时，徐妃的睿智与贤惠也可见一斑，她是朱棣不可或缺的助手。

某夜，一名女子闯入燕王府邸，声称自己含冤无处申诉。朱棣细问之下，方知她便是那位曾在路边哭诉家中被火烧毁的妇人。女子详细叙述了事情的经过，朱棣震惊于自己的领地内竟存在如此恶行——强抢民女、放火杀人。他愤怒至极，立即着手调查，并迅速将罪犯绳之以法，为受害者一家讨回了公道。这起事件的处理，让民众对朱棣的敬仰之情更甚，他在北平的声望也随之水涨船高。

朱元璋在诛杀胡惟庸之后，对功臣的清洗便未曾停歇。只要寻得功臣的一丝过错，他绝不会轻易放过。当朝廷中血腥的风暴肆虐时，远在北平的朱棣却表现得颇为沉稳。他并非无所事事，而是在背后默默为民服务，致力于农耕与练兵，为心中那份宏伟的蓝图蓄积力量。

不仅如此，朱棣还四处招揽贤才，如张玉等杰出之士均聚于其麾下。他们与朱棣交情甚笃，愿意为朱棣赴汤蹈火。后来的靖难之战也证明，这些人才都是朱棣的左膀右臂。

朱棣在北平的生活看似平静如水，但他深知自己与众不同。尽管朱元璋已册立太子，但朱棣明白，温文尔雅的兄长朱标并不受父皇的青睐。朱元璋对太子多有微词，甚至试图改变他。

朱棣还察觉到，自己位于北平的藩王府，规模宏大，远胜其他藩王，这或许暗示着父皇对他的特殊偏爱。再者，朱元璋屡次夸赞他与自己容貌相似，这更让朱棣觉得自己在父皇心中有着不可替代的地位。因此，他对皇位的渴望日渐强烈。同时，他也察觉到其他皇子对皇位的觊觎，这更加坚定了他争夺皇位的决心。

当朱棣在北平积蓄力量、筹谋未来时，南京的马皇后逝世，他回京奔丧。此次归途，他邂逅了一位激发他更大野心的人物。此人究竟是谁？

他就是姚广孝。

四、锋芒初露

在历史的长河中，杰出的帝王身边总有几位出类拔萃的助手，而明成祖朱棣的智囊团中，姚广孝无疑是最为璀璨的一颗星。他们二人的缘分，竟是在马皇后的葬礼上悄然缔结的。

洪武十五年（1382）八月，仁慈善良的马皇后走完了她的一生。那个秋天，她虽受宫中太医与宫女的细心照料，尝遍良药，但病情仍无好转。深知自己时日无多的马皇后，为了保全太医和宫女的性命，毅然决定停止用药。

太医和宫女们心知皇后的病情严重，却仍竭尽全力为其调配药剂，苦苦哀求她继续服药。"皇后，求您继续服药吧，否则我们无法向陛下交代。"他们跪在马皇后的床前，眼中充满了无奈与恐惧。

马皇后望着他们，轻轻摆手，声音微弱却坚定："我的病已无法挽回，若服药无效，你们会因医术不精而获罪。我不愿看到你们因我而遭殃。"她的话语中透露出对生命的坦然与对身边人的深切关怀。

朱元璋得知此事后大为震怒，欲重罚太医和宫女。然而，马皇后再次为他们求情："陛下，臣妾已病入膏肓，无药可医。请您宽恕他们，给予他们一条生路。"在马皇后的恳求下，朱元璋最终赦免了他们。

在马皇后的床前，朱元璋回忆起与她共度的岁月。那些年，无论是战场上的生死相依，还是生活中的点点滴滴，都深深刻在他的心中。特别是那次负伤被陈友谅大军追击，马皇后毅然背起他逃离险境；还有那次被郭子兴误关禁闭，饥饿难耐之际，马皇后冒险送来烙饼，甚至因此烫伤了胸口。

朱元璋看着马皇后被烫伤的胸口，眼中闪过一丝心疼。询问之下，才得知马皇后在饼子还未凉凉时，因屋里突然来人，情急之下将烫饼子藏在了怀里，结果被烫伤。待来人离开后，她才匆匆送来饼子。

朱元璋听着，心中涌起无尽的感激与温情，他哽咽着吃下饼子，将夫人的深情厚意铭记在心。然而，眼前的马皇后已是瘦弱不堪，生命垂危。他泪水盈眶，与马皇后进行了最后的交谈。那一夜，马皇后静静地离世。

消息传至各个藩王府，朱棣和诸位兄弟闻讯后立即策马赶回南京。他们深知，虽然并非马皇后亲生，但她一直对他们视如己出，悉心照料，不仅给予他们慈母般的关爱，还传授他们做人的道理。

尽管朱棣在成长后明白自己并非马皇后亲生，但他对马皇后的感情依然如同对嫡母一般深厚。他深知嫡子身份的重要性，因此和其他兄弟一样，将马皇后视为他们的嫡亲母亲。得知马皇后离世的消息，他毫不犹豫地赶回京城，为马皇后奔丧送葬。

在马皇后的葬礼期间，整个南京城都笼罩在一片肃穆与默哀之中。所有的礼乐和娱乐都暂时停歇，整个城市仿佛都在为这位深受敬爱的皇后致哀。朱元璋失去了这位与他共度患难的妻子，内心的悲痛无法言表。更让他痛心的是，就在几个月前，他还失去了皇长孙。这一连串的打击让朱元璋悲痛欲绝，但他依然坚强地支撑着，处理着烦琐的国事家事。

朱棣和几位兄弟深知父亲的痛苦，他们陪伴在朱元璋身边，尽力劝慰，同时也为他的身体担忧不已。在这个艰难的时刻，他们成为了朱元璋最坚实的精神支柱。

马皇后下葬后，朱元璋终于无法忍受内心的悲痛，泪流满面，放声大哭。朱棣心疼地看着父亲，劝他节哀顺变，保重身体。接着，他向朱元璋请求道："父皇，母后贤淑仁德，她的风范将千古流传。儿臣对母后的离世也感到悲痛欲绝。为了让父皇减轻悲伤，同时尽我为人子的孝道，我请求父皇派遣高僧随我回到藩地。我将在那里广设斋坛，为母后超度，祈祷她在天之灵得以安息。还请父皇恩准。"

朱元璋听了朱棣的请求，心中感到一丝慰藉，他又看看在面前的诸王，见每个儿子都是含泪祈求的神态，就应允了，吩咐僧录司左善世宗泐办理这件事情。

朱元璋等人在宫中睹物思人，无尽的悲伤弥漫在空气中。宫人们也怀念马皇后的慈善与德行，于是自编了哀歌来缅怀她："我后圣慈，化行家邦。抚我育我，怀德难忘。怀德难忘，于万斯年。毖彼下泉，悠悠苍天。"

当听到宫人唱起这首悲悯苍茫的歌曲，朱元璋不禁感念起马皇后生前的德行。在皇子们即将离开的时候，他决定派遣高僧分别随同他们前往各自的藩地，以继续传播马皇后的德行并祈求她的在天之灵保佑。

宗泐是当时的高僧，接到朱元璋的命令后，他迅速安排了其他高僧前往各个藩地。当时有 6 位藩王，因此需要 6 位高僧。宗泐不仅自己推荐了 3 位高僧，还请别人推荐，以确保每位藩王都能得到一位高僧的辅佐。其中，一位非常杰出的高僧被派给了朱棣。

这次朱棣与这位高僧的见面，完全是宗泐偶然安排的，并无任何事先的特意策划。那天，朱棣正在皇宫中忙碌，忽然接到内侍的报告，说有位僧人求见。朱棣知道这是父皇让僧录司安排的僧人到了，于是便让人将他带了进来。

当朱棣看到进来的僧人时，他被僧人的相貌和身上的气质深深地震撼了。这位僧人面貌奇特，气势非凡，与一般的僧人截然不同。而这位僧人也同样被朱棣身上高贵的王者气质所吸引，二人互相打量了一番，都从对方身上感受到了不平凡的气息。

这位僧人便是姚广孝，法名道衍。他上下打量着朱棣，觉得朱棣浑身上下都散发着令人敬畏的王者气概，认为他日后必定是个明主。而朱棣也对姚广孝产生了浓厚的兴趣，认为他是个可以成就自己大业的人才。

从此，两个人开始了他们的不解之缘。他们的相见并非平常人的相见，而是命中注定的相遇，而这次相见注定要改变明朝的历史进程。

姚广孝见面时曾对朱棣说："大王若让我跟随大王去燕国，我就给大王送一顶白帽子。"

朱棣是何等聪明之人，一听就明白了姚广孝话中的深意——给"王"戴上一顶"白"帽子，不就是"皇"吗？这个和尚显然是要帮助自己成就帝王之业啊！因此朱棣对姚广孝更加喜欢和器重了。

姚广孝一见面竟这么大胆，就不怕朱棣说他胡说，给他治罪吗？他是怎么确定朱棣会接受自己的话，并接纳自己的？

这说明了当时虽然朱元璋立了太子，但是诸王觊觎皇位已经是公开的秘密了，所以他初次见面就大胆地说这样的话，倒是显得坦荡。那么如此大胆的姚广孝到底是怎样的一个人？

姚广孝，原名姚天僖，确实是明朝初期的一位非凡人物，与刘伯温齐名，被誉为当时的两大谋士之一。他出生于长洲（今江苏苏州市），家族两代都从事医学。然而，姚广孝并不满足于继承家族的医学传统，他自幼便展现出异于常人的聪慧，内心怀揣着成就一番大事业的梦想。

相传姚广孝的父亲也是想让姚广孝学医的，但是姚广孝对父亲说自己不喜欢学医，但是喜欢读书，他希望自己能够把书读好，学有所成，这样既可以入朝做官，也可以给父母争光，如果自己读不好书，就入寺院为方外之乐。但是，姚广孝读书之后，觉得自己读书不够聪慧，对自己很不满意。一次，他在苏州大街上看到行人纷纷给元朝的僧官让路，就觉得僧官很是威风，心底下决定要出家做僧官。

姚天僖14岁出家做和尚，回想当年朱元璋年幼出家为的是逃得活命，而姚天僖是为了干一番事业。事有凑巧，姚天僖初出家的同年，正在做和尚的朱元璋还俗参加了郭子兴的红巾军。两个改变历史的人物都做过和尚，不得不说缘分凑巧。

姚广孝出家之后，因为在修行方面天资聪慧，不但修佛学，还修道学，阴阳术数尽皆精通，如此，成了一个杂家。因为长期修行，出入名山大寺，经历得多，人倒是活得博学不迂腐，出世而不厌世，玲珑通透，成为一个佛道儒精通的高僧，还研习兵法。

元明之际，在苏州有著名的"北郭十友"，姚广孝虽然是和尚，却是其中之一。姚广孝的这些才华横溢的朋友评价姚广孝虽然出家，却有着治世之才，并且大家都知道，姚广孝希望自己有一天能够大展宏图。可见姚广孝的朋友对他的评价非常正确，姚广孝后来就是用他的治世之才辅佐了朱棣，也实现了自己心中的抱负。

姚广孝虽然入了佛门，但是并不能说他完全崇尚佛学，佛家以慈悲为怀，但是姚广孝对白起坑杀赵国兵士四十万的残忍行为，却曾经作诗盛赞说："当时赵卒四十万，犬羊累累甘受戮。至今坑土血未干，雨湿天阴鬼群哭。豪杰一时无与比，岂料后来秦失鹿。"

这首诗揭示了姚广孝内心的复杂性。从他与朱棣的初次会面，谈及"白帽子"话题，到他后来积极鼓动朱棣起兵夺位，都反映出他对学派的轻视和对传统礼教的无所拘泥。姚广孝广泛涉猎各种学识，并非出于对某一学派的忠诚，而是为了充实自我，以实现个人的远大抱负。

他的行为方式与传统的佛家弟子有所不同，更多地显示出一种实用主义和世俗的取向。这就像他年幼时，看到威风凛凛的僧官便萌生出家的愿望，而并非出于对佛教慈悲教义的深刻理解和皈依。简而言之，姚广孝是一个不拘一格、以实用为导向的人，他运用自己的学识来追求个人的目标和理想。

姚广孝在遇见朱棣之前，确实曾失去过两次赴京的机会。一次是因为生病错过了洪武四年（1371）皇帝下诏选高僧的机会，另一次则是在洪武八年（1375），他通过了礼部的儒生考试后，却选择回到寺庙继续做僧人，这反映出他对仕途的不热衷和对佛门的深厚情感。

关于他为何做出这样的选择，有多种可能的解释。一方面，姚广孝是苏州人，而苏州曾是张士诚的地盘。张士诚对文人才子非常重视，因此他的幕下聚集了许多文人。然而，朱元璋在灭掉张士诚后，对这些文人产生了疑忌，导致一些文人虽然做了明朝的官，但仍不被重用，甚至有的被朱元璋找借口杀害。作为"北郭十友"之一的姚广孝，对这些事情自然心知肚明，也可能会对朱元璋产生忌惮。

另一方面，朱元璋建国后对苏州的赋税收得很重，这些政策也可能影响了姚广孝的政治立场。在这些背景下，当姚广孝遇见朱棣时，他可能觉得自己找到了一个可以辅佐的明君，于是决定投身于政治斗争中。

此外，姚广孝的相貌也被人解读为有野心和杀伐之气的象征。当道士袁珙看到他的面相后，将他比作刘秉忠那样的人物，这进一步坚定了姚广孝要辅佐明君打天下的决心。

从历史的记载来看，朱棣与姚广孝的相识相遇似乎并非偶然。姚广孝可能早已听闻燕王朱棣的贤名和才干，因此在他抵达南京后，主动拜访了朱棣。而朱棣，作为一位王爷，自然不能随意将一个和尚留在身边，于是便借口为马皇后祈祷，向朱元璋请求赐予高僧，从而使得姚广孝名正言顺地成为了他的幕僚。这一系列的安排可谓顺理成章，既满足了双方的需求，又达到了他们的目的。

当姚广孝得知自己将被派往北平时，他并没有因为即将离开故土而感到悲伤。相反，他对此充满了期待和激动。因为他深知，自己终于找到了可以辅佐的明君，实现自己人生抱负的机会来了。

在北平，姚广孝被朱棣安排在大庆寺担任住持。这座寺庙位于燕王府附近，便于他们两人随时来往和交流。值得一提的是，这座寺院中还矗立着两座砖塔，其中一座便是元朝开国功臣、被誉为"怪僧"的刘秉忠的墓塔。姚广孝一到北平，便前往祭拜，并写下了一首赞美的诗篇。这既表达了他对刘秉忠的敬仰，也透露出他对君臣同心、共创大业、名垂青史的向往。

朱棣与姚广孝之间的关系日益密切，他们经常进行长时间的密谈。从他们后来的起兵行动可以推测，这些密谈很可能涉及到了起兵的计划和策略。姚广孝的智谋和胆识，无疑为朱棣的起兵行动提供了重要的支持和帮助。

朱棣回到北平的第二年，他的岳父徐达来到北平主持军务，两人合作无间。然而，当徐达因病被朱元璋召回京城休养后，不幸离世。徐达的死不仅标志着一代功臣的谢幕，更意味着北方军权开始逐渐落入各个藩王手中。对于朱棣来说，徐达的死给他带来了复杂的情感变化：他既为失去了一位强大的依靠而感到悲痛，又因可以更加自由地发展自己的势力和掌控军权而暗自欣喜。

徐达离世后，主持北方军务的重任落到了明朝开国名将冯胜的肩上。冯胜在洪武二十年（1387）成功抵御了元朝丞相纳哈出率领的二十万大军对辽东的进攻，取得了辉煌的胜利。然而，在班师回朝的途中，冯胜却被宣布有罪，最终在京城饮毒酒而亡。

随着明朝藩王就藩和徐达的离世，明朝统一全国的战争在继续推进。然而，随着战争的不断胜利，功臣被屠杀的速度却越来越快。这一时期的政治氛围变得越来越紧张。

冯胜去世后，蓝玉接手了北方军务。在洪武二十一年（1388），蓝玉在贝尔湖大败元军，取得了惊人的胜利，并因此被封为凉国公。然而，随着地位的上升，蓝玉变得越来越骄傲自满，甚至开始与朱元璋发生冲突。最终，在洪武二十六年（1393），蓝玉被朱元璋处死。

在这一系列的历史变迁中，朱棣一直在等待一个建功立业的机会。他积极与军中将士建立互信关系，关心他们的生活和事业，以期望有朝一日能带领这些将士建功立业。

洪武二十三年（1390），元旦刚过，朱元璋以元朝残余势力可能对明朝北方边境发动战事为借口，下令晋王朱棡和燕王朱棣各自率领军队出征讨伐。据朱元璋的情报显示，这次元军人数并不多，只有万余人，而且军队中还夹杂着家属妇孺。此外，元军内部也存在分歧，有的主张北上，有的则想南下。因此，这是一支凌乱、虚弱且缺乏战斗力的队伍。

朱元璋为了确保战役的成功，不仅派遣了两位藩王，还增派了经验丰富的大将军傅友德以及南雄侯赵庸、怀远侯曹兴等得力干将，并让他们听从燕王朱棣的调遣。这些将领与朱棣有着深厚的交往和信任基础，他们的加入无疑为这次征战增添了更多胜算。

在配备了强大的兵力之后，朱元璋还觉得晋王的人手不足，于是又为晋王调派了6000多名士兵和马匹，并由雄武侯周武率领前往山西增援。此外，齐王朱榑也奉命率领精锐马步军前往北平，加入朱棣的北征队伍。

值得一提的是，朱元璋还特别赐予晋王100万锭钞，这不仅体现了朱元璋对晋王的厚望，也给朱棣带来了一定的压力。朱棣深知这次征战的重要性，这不仅是他首次面对大股敌人，更是他展现自己军事才能和建立战功的绝佳机会。他明白，只有尽心竭力并取得胜利，才能在朱元璋面前证明自己，赢得更多的重视和机会。

然而，从另一个角度来看，这次征战也反映了朱元璋的政治策略。他试图通过让儿子们参与实战，逐步让皇子们取代功臣的地位，从而加强皇室对军队的控制。这种小规模的试验性战役，不仅是对儿子们军事能力的考验，也是朱元璋权力布局的一部分。

总的来说，这次征战对朱棣而言是一次重大的挑战和机遇。他需要在实战中证明自己的价值，同时也面临着来自兄弟晋王的竞争压力。而朱元璋则通过这场战役，巧妙地推动着皇室权力的过渡和布局。

洪武二十三年（1390）三月，燕王朱棣率领诸将和士兵出古北口，浩浩荡荡的一支人马向着北方挺进。此时的时节，看时间在南方是春和景明，但是北方还是冷冻寒天、沙尘肆虐，气候极其恶劣。那些南方来的士兵，根本就不适应在这样的天气里行军打仗。

朱棣带着大军走出了古北口以后，看着广漠风沙四起的环境，觉得这样的环境中，一支队伍进去别说要找到熟悉地形的元军，就连自己行军都很困难，于是他做出决定，对傅友德等诸位将军说道："北方天气寒冷，对军队的行军是个考验，如果不认真部署，别说打仗，可能士兵会在行军中出现危险。还有北元活动的地区是荒漠和草原，地域开阔，人烟稀少，别说是 1 万人，就是数万人藏在这样的地区，也很难找到，所以我建议先组织探子队伍，派出去寻找北元军队，找到了我们再率军直击敌军。"

傅友德和诸位将军也是熟悉北方的军事和地形的，所以同意了朱棣的建议。

他们深知在这样的恶劣环境下，盲目进军只会徒增风险。而通过派出探子队伍搜寻敌军，不仅可以确保行军的安全，还能提高后续战斗的胜算。于是，他们迅速组织了探子队伍，并派其去寻找北元军队的踪迹，很快就得到了北元军队的消息，确定了乃儿不花的位置在迤都，这样就完成了第一个任务，确定了敌人位置，然后就是为进攻乃儿不花做准备。

与此同时，与朱棣的策略形成鲜明对比的是，晋王率领的队伍却在盲目地探索前进。他们在荒凉的土地上寻找敌人的踪迹，但始终没有任何进展，这突显了晋王队伍与朱棣在战略规划和执行上的差距。

当燕王朱棣率领的军队深入草原时，天气突然变得恶劣，大雪纷飞。这场突如其来的大雪使得原本就寒冷的草原环境更加严酷，广袤的雪地中只有他们这一队在艰难前行。南方的士兵们对这样的天气感到难以适应，许多人开始请求返回或暂停行军以躲避风雪。然而，朱棣却看到了这次风雪带来的机会。

他认为，这样的天气正是出奇制胜的好时机。他鼓励士兵们继续前进，利用风雪的掩护，悄无声息地接近了乃儿不花的驻地。朱棣的决策展现了他的军事才能和勇气，他准确地判断了形势，并果断地采取了行动。

当朱棣的军队抵达乃儿不花的驻地后，他并没有急于发动攻击。他明白，虽然突袭可以取得胜利，但在混乱中敌人可能会四散逃跑，在这广阔的荒原上，一旦敌人逃跑，再想找到他们就难了。朱棣的目标是全歼敌人，不让一人逃脱。

为了实现这个目标，朱棣巧妙地运用了他对军队的了解和对将士的拉拢。他知道军中有一个名叫观童的将士，此人原是元军，后投降明军，并因勇猛善战而受到朱棣的赏识。更重要的是，观童与乃儿不花关系不错。因此，朱棣决定派观童去劝降乃儿不花。

在纷飞的大雪中，乃儿不花与观童的意外重逢，确实让人感叹战争的残酷与命运的无常。两人相拥而泣，互诉衷肠，正当他们沉浸在重逢的喜悦中时，朱棣已率大军悄然包围了乃儿不花的军营。元军在风雪中猝不及防，被困得死死的。

乃儿不花听到军中的骚动，心生逃意，但观童紧紧抓住了他。观童表明自己的身份和来意，详细阐述了燕王朱棣对降兵的宽大政策。在这样的情况下，乃儿不花意识到抵抗已无意义，为了保全军民，他决定接受观童的劝降，归顺朱棣。

当观童带着乃儿不花来到朱棣面前时，朱棣以蒙古人的礼节豪放和热情地接待了他们。他设下酒席，与乃儿不花推杯换盏，就像多年未见的老友。这场酒宴不仅加深了双方的了解和友谊，也为后续的和平归降奠定了基础。

酒宴结束后，乃儿不花回到营地，他的部下和家人看到他安然无恙地归来，便纷纷放下武器，跟随乃儿不花一起归顺了明朝。

就这样，朱棣凭借他的智谋、胆识和人格魅力，成功地收服了乃儿不花及其部众，使得这次出征取得了圆满的成功。

在燕王朱棣大获全胜的同时，与他一同出征的晋王却仍在荒野中盲目地寻找元军的踪迹。当晋王领着士兵四处转悠，毫无头绪之际，却接到了燕王出兵大胜的消息。这无疑让晋王陷入尴尬境地，无奈之下，他只能带兵返回。

晋王深知，此次出征前父皇的全面安排和特别嘱托，尤其是对他这位年长的皇子寄予的厚望，都让他感到压力山大。为了鼓舞士气，父皇还特地多发了 100 万锭钞，让他用于奖赏士兵。然而，最终他却未能立下半点功劳，这无疑让他倍感失落。

事实上，燕王的军队曾等待晋王许久，希望与他会师共同进攻，但始终未见晋王踪影。无奈之下，燕王只好独自带兵进击，最终取得了辉煌的胜利。

这场初出征，可以说是燕王朱棣和晋王朱棡之间的一次考试比赛。而天意似乎更加眷顾燕王，让他在这场比赛中完美胜出。这也使朱棣在人生中的第一次战事中初露锋芒，给父皇朱元璋留下了极好的印象。

朱元璋接到这个好消息后非常高兴，他表示以后扫清沙漠的大事就要靠燕王了。为了表彰燕王的功绩，他也给燕王送去了赏钞 100 万锭，让他用于奖赏士兵。

这一次胜利拉开了燕王朱棣政治生涯的良好开端，他把自己的重要性和能干深深地印在了朱元璋的心里。

此前朱元璋曾说："靖沙漠者燕王，朕从此再无北顾之忧。"这就说明朱元璋在没有用儿子小试牛刀之前，对北国的顾虑还是很重的，他不放心把北方交给外姓的功臣驻守。如今燕王脱颖而出，又有能力驻守北方，朱元璋终于可以松一口气了。

朱元璋在 10 年前通过胡惟庸案件开始对功臣进行大规模的清洗，这一行动主要是因为他想要加强中央集权，并消除可能存在的威胁。当时，胡惟庸作为丞相，其权势日盛，且与李善长有紧密的联系，这引起了朱元璋的警惕。然而，他并没有立即对李善长采取行动，可能是认为时机尚未成熟。

10 年后，随着藩王们的长成，特别是朱棣展现出的出色能力，让朱元璋开始重新考虑是否应该除掉李善长。朱元璋可能认为，现在朱棣已经能够镇守北方，那么消除李善长这样的潜在威胁，将使朱家的江山更加稳固。

但是否要除掉李善长是一个复杂的决定，需要考虑多方面的因素。一方面，李善长作为开国功臣，在朝廷和军队中都有深厚的影响力，如果贸然行动可能会引起不必要的动荡；另一方面，如果不采取行动，又可能会留下潜在的威胁。

朱元璋最后还是下了狠心，开始煽动对李善长的弹劾，并对其他功臣进行清洗，这确实显示了他巩固皇权、为子孙后代扫清障碍的决心。他通过这一系列的政治操作，实现了朝堂和军队的大换血，用儿子们逐渐替代了原先的功臣集团，从而加强了中央集权和皇家的控制力。

在这个过程中，朱棣展现出了敏锐的政治洞察力。他清楚地看到了朱元璋的意图，并有意地与功臣保持距离，避免被卷入复杂的政治斗争中。朱棣专注于建功立业，努力成为朱元璋可以信赖的依靠，这也为他日后在政治和军事方面的发展奠定了坚实的基础。

北国三藩，曾是朱元璋的精心布局。然而，尽管他的三个儿子分别镇守北疆三大重镇，但实际情况与他的理想相去甚远。为了检验这一布局是否合乎期望，朱元璋采取了逐步实施的策略，先让其中两个儿子就藩，以观察他们的表现是否称职。

然而，事实证明，次子朱樉的表现极为不佳。尽管他在太子之后是兄弟中年龄最长的，却未能树立良好的榜样。朱樉不仅缺乏才干，而且常常给朱元璋惹来麻烦。他的不法行为屡屡被人举报至朱元璋处。

在封地，朱樉的所作所为可谓是罪行累累。他连年向关内军民勒索金银，大肆搜刮钱财，导致军民生活极度困苦，甚至不得不卖儿卖女以维持生计。当数百名贫苦百姓结队前往王府求饶时，朱樉竟下令对他们大打出手，当场杀死无辜老人，并抓捕了上百名求饶的百姓。

朱元璋本费尽心思安抚土番十八族，希望他们过上安定的生活，从而避免土番之乱。然而，朱樉却肆意捉拿土番中的孕妇入府，造成了许多家庭生离死别的悲剧。更令人震惊的是，他还从西番掳走了百十名幼女，并残忍地将百十名幼男阉割，这些被阉割的男童因得不到妥善的医治和护理而死亡。

在藩王府中，朱樉大兴土木，劳民伤财。他与次妃邓氏以折磨宫人为乐，被朱元璋痛斥为"不晓人事，蠢如禽兽"。朱樉对次妃邓氏宠爱有加，却将正妃王氏软禁在别处，任其忍饥挨饿。他为了满足邓氏对珠宝的渴望，不惜迫使百姓家破人亡。他甚至为邓氏制作了皇后的服饰，并将自己的床榻打造成了龙床。朱元璋得知这些事后，愤怒地斥责秦王"僭分无礼，罪莫大焉"，并下令赐死了邓氏。

在宫中，朱樉还滥用私刑，对宫人施以割舌、冻死、饿死、烧死等残酷刑罚。秦王府内的罪犯本应解送京城治罪，但朱樉为了掩盖自己的罪行，竟将所有罪犯全部灭口。他的罪行罄竹难书，不仅为非作歹践踏了国法，还图谋篡夺太子位。

在百姓的怨声载道中，朱元璋终于忍无可忍。洪武二十四年（1391），他将朱樉召回南京当面训斥，甚至一度想要废了他的王位。为此，朱元璋还特地派遣太子朱标前往关中巡视，以体察民情。

西安的百官和百姓纷纷到城郊欢迎太子朱标的到来。太子深切慰问百姓，并向秦王治下的百姓赠送了白金和纸钞。百姓对朱标的热烈欢迎，不仅体现了他们对太子的期盼，也反映出他们对改变被朱樉残忍压榨的现状的渴望。这一举动无疑更加突显了朱樉的残暴。

太子朱标回宫后，向朱元璋为朱樉求情。在太子的恳求下，朱元璋最终同意让朱樉返回西安继续就藩。对于这样一个儿子，朱元璋自然是不敢有任何指望。

另一方面，晋王朱棡是朱元璋非常喜爱的一个儿子。他聪明伶俐，但性格张扬放肆，过于显露自己的才智。此前，他在就藩的路上曾因小事毒打厨子，这让朱元璋非常担心，甚至写信提醒他注意自己的行为。尽管朱元璋在细微之处都为他筹谋指导，但朱棡并未完全醒悟，最终在历史上留下了残暴的名声。

后来，有人举报朱棡心怀异谋。虽然他不敢对父亲朱元璋有异心，但他的野心显然是针对太子朱标的。朱元璋得知后大怒，幸而太子朱标性格忠厚，出面为晋王求情，朱元璋这才饶恕了朱棡。经过这次事件，聪明的朱棡仿佛变了一个人，他改掉了过去的狂妄，变得知礼而谦恭。

北国三藩中的前两位藩王品行如此，而第三位，朱棣，则展现出了截然不同的风貌。关于朱棣，并未有传闻指其心怀异谋或不守国法。不论是在凤阳还是北平，他都以优秀青年的形象示人。这突显出他与两位兄长的不同：他沉稳、低调，有史料形容他内向、城府深，同时又胆大果断。

朱棣是个胸怀远大之人，但他并不张扬，做事保持低调，对人也非常友善。正因如此，他未曾受到他人的非议或检举。他与姚广孝的密谋也一直在秘密中进行，未曾泄露。

洪武二十四年（1391），正当朱樉和朱棡被朱元璋严厉训斥之际，朝鲜使臣赵浚奉朝鲜国王之命，前往南京为朱元璋祝寿。在途经北平时，他顺道拜访了燕王朱棣。

对于父皇朱元璋的客人，朱棣自然是热情款待。虽然赵浚只与朱棣见了一面，但他敏锐地察觉到朱棣的与众不同。他认为朱棣胸怀大志，绝不会满足于仅仅做一个边地的藩王。朱棣的出色，甚至连外国使臣都能看出来，然而朱元璋却未能察觉到自己家中老四的这份特别，这究竟是为何呢？

这只能说朱棣平日里的掩饰技巧非常高超，同时他对属下也极为友善，因此没有人举报他。再者，他远离朱元璋，镇守边关，建功立业，赢得了朱元璋的极度信任。

第二章　皇储之争，燕王回京

一、立储风波

在封建社会，皇位的传承自先秦以来就确立了嫡长子继承制度。这种制度的简便之处在于，它明确规定了嫡长子为皇位继承人，从而避免了其他子嗣的争夺。朱元璋，作为明朝的开国皇帝，对自己的江山抱有宏大的理想和构思，尤其在皇位传承方面，他早已做好了周密的计划。

自洪武元年（1368）起，朱元璋便册立长子朱标为太子，并对他进行精心培养。然而，作为一位靠武力打下江山的皇帝，朱元璋很快发现，朱标的性格过于温和、忠厚和善良。这让他开始担忧，这样的儿子能否承担起治理国家的重任。

为了确保朱家江山稳固，朱元璋采取了多种措施。他一方面培养其他儿子，希望他们能在未来成为太子的有力支持；另一方面，他也对功臣进行了大规模的清洗，试图为儿子执政扫清障碍。

　　然而，尽管俗话说"虎父无犬子"，但这句话用在朱标身上似乎并不贴切。朱标的温和与宽容，虽然有可能使他成为一个仁慈的皇帝，但在朱元璋看来，却显得缺乏必要的决断力和阳刚之气。每当朱元璋处罚功臣或训斥犯错的儿子时，太子朱标总会出面劝谏，请求他宽厚待人。这种行为虽然体现了朱标的仁慈，却让朱元璋感到不满和恼火。

　　有一天，为了阐述自己的道理并证明自己的行为是正确的，同时告诫朱标不要对他的杀戮行为发表意见，朱元璋进行了一个生动的比喻。他拿出一根布满尖刺的棘杖放在地上，然后命令朱标去拿起它。面对这个看似无法完成的任务，朱标显得非常为难。

　　朱元璋解释说："这天下是我好不容易得来的，你将是未来的天子。然而，皇权就像这根棘杖，充满了挑战和困难。如果你不敢握住它，那我就必须为你砍掉这些刺。我杀的都是那些对皇权图谋不轨的大奸之人。我除掉他们，是为了你继位后能够稳固统治。只有这样，你才能真正掌握这个天下。所以，以后你不要再劝我宽恕那些大奸之人。"

　　朱元璋本以为自己的这番比喻和苦心能让太子朱标明白他的用意，但朱标回应说："上有尧舜之君，下有尧舜之民。"这句话暗示了皇帝的行为会直接影响臣民的行为和品德。

　　从这个故事中，我们可以看出朱标并非一个柔弱的太子，他只是与朱元璋的期望不符。实际上，朱标并非朱元璋所想的那样无能。朱元璋在洪武十年（1377）就开始让朱标监国，甚至下诏要求所有政事在上报给他的同时，也要上报给太子朱标。到朱标去世时，他已经监国15年。这表明朱元璋在治理国家方面还是非常信任朱标的。虽然朱元璋有时会强调朱标的儒家气质，但从朱标出使西安归来后生病这件事情上可以看出，他管理国事非常投入，兢兢业业，以至于过度劳累而生病致死。

　　朱元璋对朱标的回应"上有尧舜之君，下有尧舜之民"感到非常不满和愤怒。他觉得朱标在指责他这个皇帝太过暴虐。愤怒之下，他抄起手边的一个凳子就向朱标砸去，朱标只得慌张逃走。这一事件反映出父子二人不仅在性格上存在差异，更在政见和治国理念上有着深刻的分歧。

然而，从历史的角度来看，朱元璋的担忧并非没有根据。历史上确实充满了功臣欺主的事例，因此他对权力的控制和对潜在威胁的警惕性非常高。朱标的理想化和完美化倾向以及他的个性和为政态度，都对后来的继承人朱允炆产生了深远影响。

在审视自己的儿子们时，朱元璋最终对朱棣表示满意。无论是朱棣少年时在阅兵场上的飞马言志，还是后来在凤阳的历练中，都展示了他的威武、沉稳和果敢，这让朱元璋觉得这个四儿子在很多方面都与自己相像。

蓝玉有一次私下里问太子朱标："殿下平日里观察陛下，在诸位皇子中，陛下最喜欢的王爷是谁？"

朱标毫不犹豫地说道："当然是我四弟燕王朱棣了。"

从这段对话里也可以看出大家都知道朱元璋最喜欢的儿子是朱棣，尤其在明朝的典章中也有很多说朱元璋觉得朱棣和自己相像，比较喜欢朱棣的记录。朱棣这样子被喜欢，肯定就会对朱元璋有所期望，甚至是期望自己继承皇位，自己这么优秀，兄弟们这么不争气，为了大明江山，朱棣肯定会想，父亲一定会选择让自己继承皇权。

朱棣降服乃儿不花之后，朱元璋就让乃儿不花跟随朱棣，一起镇守北疆，这样朱棣的实力就又增强了一些。朱元璋自此之后更是对朱棣念念不忘，觉得这个儿子文武兼备，是个真正有能力的人，要是把国家交到朱棣的手中，肯定非常合适。可惜朱棣不是嫡长子，而自己也早已立了太子朱标。朱元璋的这些想法也肯定让朱棣知道了，朱元璋如此表现只能让朱棣对大明的江山更加有责任心，而且萌生了一种非我再无人能保大明江山的想法。

在朱元璋晚年，他多次将朱标与朱棣等其他儿子进行比较，每次都认为朱棣能够担当大任。然而，他无法打破嫡长子继承制，这一拘泥于旧法的选择，最终导致了后代儿孙的连年血战。历史不能假设，只能由后人来亲手改写。

洪武二十五年（1392）四月，太子朱标自陕西归来后突然病倒。由于长期在外奔波劳累，公务繁重，他的身体不堪重负，尽管御医全力救治，但最终还是未能挽回他的生命。噩耗传来，对年近七旬的朱元璋来说犹如晴天霹雳，面对这样的突变和打击，朱元璋一时无所适从。

白发人送黑发人，无疑是一场惨痛的悲剧，朱家江山的继承问题因此变得尤为棘手。原本按照朱元璋坚持的嫡长子继承制，太子之位应顺理成章地传给朱标的长子。然而，不幸的是，朱标的长子朱雄英多年前已经离世。因此，在朱标这一脉中，嫡长子的概念已然不复存在。

朱标之子朱允炆虽为嫡子，但非嫡长子，因此在太子之位的继承上与朱元璋的其他儿子具有相同的资格。然而，朱元璋在深思熟虑后，对次子秦王颇为不满，认为其不争气，甚至曾考虑过废黜他的王位，故而秦王被排除在太子人选之外。

至于朱允炆，尽管他聪明且性格儒雅，但朱元璋担忧其过于文弱，难以肩负起建设大明江山的重任。特别是考虑到朱元璋的儿子们已经各自拥有重兵，朱元璋对朱允炆能否坐稳太子之位，乃至未来继承皇位后能否巩固统治感到十分担忧。

在朱元璋的心中，燕王朱棣实际上是一个非常适合继承大统的人选。然而，由于朱棣是他的第四个儿子，且其前面还有秦王和晋王，直接选择朱棣作为继承人可能会引发内乱。因此，朱元璋在这个问题上纠结了好几年，难以做出决断。

据《明太祖实录》记载，朱元璋在反复思量后确实倾向于选择燕王朱棣作为太子。然而，当他向大学士刘三吾征询意见时，却因刘三吾的回答而陷入困境，甚至悲痛大哭。

据传，那天朱元璋在经过长时间的深思熟虑后，终于做出了决定，于是他召来了刘三吾。

朱元璋问道："刘爱卿，你觉得燕王朱棣如何？"

刘三吾回答："回陛下，燕王文韬武略，镇守北方战功卓越，威严犹如陛下，确实非常优秀。"

朱元璋表示赞同："刘爱卿和朕的见解相同，朕也觉得燕王朱棣优秀，堪当大任。朕有意立燕王为太子。"

朱元璋的话语显得果断而利落，尽管这一决定并不完全符合祖制，但他愿意为了大明江山的未来冲破传统束缚。

听完朱元璋的提议，刘三吾立刻意识到了其中的利害关系，他深深一拜，恳切地说道："陛下，此事万万不可。若立燕王为太子，秦王和晋王将如何自处？按照嫡子的长幼之序，燕王并非首选。陛下若是无视这一传统，恐怕会激起大乱。如今各位藩王手握兵权，一旦内乱，将是一场亲人相残的悲剧。"

朱元璋听着刘三吾的忠告，脑海中浮现出儿子们为了皇位而争执不休的画面以及大明江山因此陷入动荡的情景。他情不自禁地落泪，心中的焦虑与无奈交织在一起。

皇太子位置的空缺使得朝堂政局异常敏感，任何风吹草动都可能引发混乱。朱元璋在文弱的孙子和拥兵自重的儿子们之间左右为难，尤其是无法选择自己心仪的燕王朱棣，这让他寝食难安。他深知，这个决定不仅关乎家族的和谐，更关系到整个大明江山的稳定与未来。

当朱元璋在纠结是选择孙子还是儿子作为继承人时，又一个沉重的打击降临到了这位老父亲的头上。洪武二十八年（1395）三月，秦王朱樉离世，秦王府向朱元璋详细报告了秦王的死因。尽管朱元璋曾对这个儿子感到失望，但儿子的突然离世仍然让他深感悲痛。更令人不安的是，朱元璋对秦王的死因产生了怀疑，他认为秦王可能是被人暗害的。

在这个过程中，朱元璋与晋王进行了两次深入的讨论。第一次，他们探讨了秦王是否因中毒而身亡。朱元璋内心深处对那些有功之臣充满了疑虑，怀疑是他们谋害了自己的儿子朱樉。在第二次与晋王的讨论中，朱元璋已经了解了朱樉的真正死因——中毒。他还发现，这场悲剧是由于正宫受苦、宫禁不严以及饮食无人监管所导致的。

在朱樉的葬礼上，朱元璋写了谥文，很是伤痛地表达了自己对儿子的不舍，但也总结了朱樉的罪名，尤其想到朱樉在修身、齐家、治国各个方面都很失败，朱元璋甚至有些气愤这个儿子失职失责，因此还降低了朱樉葬礼的规格，以此来警告其他的儿子。

在朱樉去世之后，朱元璋在北方营建的北国三藩的局面被打破，北国变成了晋王和燕王并立坐镇的格局，朱元璋依照长幼关系，对晋王的关注和重视也逐日加重，不管是给他的礼物或者敕谕的规格都被视为是诸王之首。但是，这并不是说朱元璋想要立晋王为太子，因为事实是朱元璋就是一边重视晋王，一边立了孙子朱允炆为太子，朱元璋这样选择也是因为可以省去很多麻烦。

当然此时就可以看出朱元璋重视晋王的用意了，第一，因为晋王此时按年龄就是诸王之首；第二，晋王朱棡和朱标是一母同胞的兄弟，他是朱允炆的亲叔叔，朱元璋希望晋王此时可以以年长的身份，给诸位王爷弟弟做个表率，引导大家维护朱允炆。

当然，当朱元璋无奈忍痛立了自己孙子做太子的时候，他也没有忘记自己的老四燕王。这个儿子很得他的心，当他立了孙子为太子之后，其实很不放心朱棣，这个让他骄傲的儿子，终于成了他的担心，他担心朱棣夺了朱允炆的权。于是他让晋王部署人马跟随燕王的行动，并且把他们的军中人员进行了相互调遣，这样的调遣可以看出朱元璋对北方二位藩王的看重，也可以看出，朱元璋是要让他们互相制衡。

晋王和燕王的关系并不是非常和睦，这在洪武二十三年（1390）燕王和晋王一起攻打乃不花儿时就体现出来了，可是因为朱元璋的制衡，两个人在北方相处得还算可以，保证了北方的稳定。

北方稳定，燕王和晋王的关系也稳定，这就让朱元璋有机会做其他事。朱允炆当上太子之后，朱元璋要为文弱的朱允炆扫清一切障碍，哪怕是自己的儿子，他也要敲打他们。朱棣在和朝鲜王交好时，收了朝鲜馈赠的马匹，朱棣把这件事及时告知了朱元璋，可朱元璋却说朝鲜王何得私交？以此警告自己不喜欢朱棣和朝鲜的关系，人臣无外交，这是朱元璋在警告朱棣。

并且这个时候蓝玉因为朱棣对他的态度不是很友好，就对朱棣心怀不满，他怀疑朱棣在北方经营自己的势力，并且看出朱棣不甘心做一个藩王，只不过是前面隔着个晋王，朱棣很难跨越这个障碍去实现自己的大业。就这样，种种原因针对朱棣，这个曾经让朱元璋最为骄傲和喜欢的儿子，在朱允炆做上太子之后，为了大明的安稳，开始备受朱元璋的关注和戒备。

洪武三十一年（1398）晋王朱棡也不幸过世，朱元璋再次受到打击，北方的二藩并立成了一藩独大。燕王朱棣一人镇守北方，成了诸王之首，而且，名副其实是诸王中最有实力的老大，这个时候朱元璋也老了，根本没有办法改变这种朱棣在北方独大的局面。

而且在晋王过世之后，朱元璋即便想要立朱棣为太子，虽然此时已经没有障碍，也不会受到什么指责，可是他的身体不行了，更何况他已经立了孙子五六年了，他也没有精力把孙子废掉再重新立朱棣，所以不管他对朱棣有多少喜欢也都不能实现了，只能坚持立朱允炆为太子。

尽管到了此时，朱元璋还是努力改变和平衡北方的防务，想要改变燕王朱棣北方独大的局面。他派遣杨文去北方参赞朱棣，同时还派辽王朱植分担朱棣的军事防务。但是，事已至此，辽王朱植的能力和朱棣相比差远了。朱元璋最后的这些措施对于朱棣在北方一家独大的现状起不到任何作用。

时间到了洪武三十一年（1398）闰五月初八，年迈的朱元璋在晋王过世后，悲伤过度病倒了，为了孙子朱允炆顺利继承皇位，他找来了驸马梅殷辅佐朱允炆，可还是一切为时已晚。五月初十，朱元璋驾崩，享年71岁，在位31年。

二、朱允炆的纠结

朱允炆被立为太子之后，孙子和爷爷就会进行一些交谈，这些交谈貌似承欢膝下，却是包含着无奈的刀光剑影。朱元璋向朱允炆说起自己封藩治理边疆，用自己的儿子替代功臣的骄傲设计，并且不无卖弄地说自己要给孙子一个太平皇帝当，不会让他的江山受到威胁。

朱元璋以为孙子朱允炆会很高兴自己的安排，他没有想到孙子朱允炆说道："皇爷爷，如果有外敌来犯的话，诸位皇叔就抵御了，可是如果是皇叔们对孙儿江山有威胁，孙儿应该怎么办？"

朱允炆的问题很让朱元璋尴尬，因为这件事情大有可能，自己的儿子这么多，个个都封藩为王，都有实权在握，若是说他们对皇权都没有想法，那是不可能的。

朱元璋为了这个问题曾经把叶伯巨下了大狱，也没有想出解决的办法，现在孙子问，总不能把孙子也下了大狱吧。

朱元璋就反问朱允炆："如果真是这样，你说该怎么办？"

其实这个问题朱允炆是经常考虑的，自他成为太子之日，他经常想到的对皇权有威胁的人，首先就是自己的叔叔们，所以他的内心深处应该是有想法的，但是，当朱元璋问他的时候，他还是遵循着常理。

朱允炆淡淡地说道："只能是以德服人，以礼待人了。"

朱允炆自然知道德和礼是不能服人的，哪家的江山不是靠打得来的？哪家的江山不是靠武力统治的？如果叔叔们来犯，双方肯定会兵戎相见，但是，在爷爷面前，他可不敢直接说出心中所想。

朱元璋看着孙子，觉得孙子没有说完，就一副等着他往下说的姿态，表示自己在听。

朱允炆就慢悠悠地表示，如果叔叔们不听话，那就下旨削藩，让他们听话，这样还不行的话，就只有出兵削藩平乱了。这个方法虽说乍听有些残忍，但是面对皇权，也只有这个方法。朱允炆想要统治大明朝，就只能这样做。

朱元璋听着朱允炆的回答，半天没有说话，或许在他的内心里把忠臣到儿子，儿子到孙子的事已经想了几个来回。作为一个皇帝，最后他无奈地说道："也只有这样了。"还能怎样？其实朱元璋也不知道，此事无解。

有史料曾经记载朱标小时候，朱元璋考问朱标七国叛汉错误在谁，朱标很标准地回答是七国叛乱不对，这本来就是史学家的共识，太子的老师们应该也是这样讲的。可是朱元璋却责备太子，说是皇帝的不对，说皇帝不应该削藩，他这句话当然是说给太子听的，他总不能支持太子削藩。

因为在他的心里本来就是要封藩的，所以他要对自己理想中构建的封藩体制，做好思想的构建。当然朱元璋在教导儿子们的时候，肯定是要他们恪守天子的信条，不能有非分之想，不能违背君臣纲常而去犯上作乱。如此，朱元璋觉得就为儿子们定下了一个不可打破的规矩，这样更利于朱家江山千秋万代的发展。

可是，即便是平常人家，面对分家都会有矛盾，更何况是家国同构的皇家，而且是各个封藩拥兵自重的藩王，长期治理藩国，各位藩王自有一套成熟的治理方案，能力至上后，谁不想指点江山？虽说有祖制，可是哪个愿意遵守？

所以朱元璋在封藩之时应该是理想主义的，觉得这件事情按自己这样安排，应该是正确无误的，但是，事实证明，到了后来，当他面对儿子们的异想和孙子的回答时，已经无力解决这个问题了。至于燕王，也只能是他内心的想法，而实际上，最后他还是让驸马梅殷辅佐皇孙，这样的心思算是矛盾至极。

朱允炆心里想着叔父们的问题不是一天两天，这样的问题压在心头，肯定是坐卧不安，一天天地愁眉不展，长吁短叹。有一天他愁肠百结地在皇宫散步，遇见了伴读黄子澄，黄子澄见太子殿下一副惆怅、心事满怀的模样，作为人臣就想着宽慰，于是上前询问太子为何长吁短叹。

朱允炆就把自己的心思对黄子澄说了一下，这时候太子说起叔父们拥兵自重，肯定就不是像对朱元璋说时那样含蓄平和，而是一副愁死人了、到底该怎么办的语气。黄子澄一听，就很果断地说："这有什么难的，到时候殿下已经是陛下，是一国之君，拥有全国兵力，几个藩王的兵力只有一点点，谁不听话派兵镇压就好了，殿下拥有的可是大国，无需多虑。"

黄子澄的话一下子就把朱允炆说得热血沸腾，这是多么痛快的事情，自己到时候拥有的确实是举国之兵，叔叔们哪个不听话，拉住打一顿就行了。这两位真是理想主义啊，说他们是纸上谈兵一点都不为过。

此时的藩王已经不是北国三藩的结构，参与北方军事防务的还有齐王、代王、肃王、辽王、庆王和宁王等，而且每个王爷都是常年出征，凶悍异常，每一位还都很有带兵出征的经验，一个在深宫中长大的朱允炆能怎样？更别说还有一个长久图谋，做事有谋略，打仗有章法且骁勇善战的燕王朱棣！此时，朱允炆也只有和自己的近臣讨论这个问题，在心底巩固自己理想的计划。他都不知道他爷爷给他的这根权杖上的利刺有多坚硬！

还有就是朱元璋虽然杀了很多的功臣，但是当年跟着功臣们打天下的属下和一般的将士们现在也成长起来了。他们在各个部门和岗位占据了领导地位，他们也是马上打天下的有功之臣啊，他们这些武将的骄傲和朝堂之上科举上来的文官们的心思，当然是不一样的，甚至是对立的。因为根据惯用的治国理念，都是"马上打天下"，但不能"马上治天下"，治天下还要靠文臣。如此一来武臣就不愿意了，他们不想退出自己流血打下的舞台，但是朱元璋还在啊，他们就只好闭上嘴巴听朱元璋安排，可是朱元璋一死，这些武将肯定想要一个能文能武的朝堂，他们不想被文臣排挤。

而朱允炆又是一个文弱的人，他的建文朝堂也只是文人的朝堂，所以他和黄子澄的讨论也是不现实的，他们的以天下之兵力征伐一藩，还真是值得怀疑，有待商讨。因为天下之兵能否为他们所用，还不一定。还有朱允炆带着一帮文臣，一建朝就要削藩，这其实就是动朱元璋王朝布置下的根基，各位藩王和武将旧臣肯定不愿意，这大乱是少不了的。不管是文臣还是武将都明白，只有通过征战才能重定天下，黄子澄这样想，武将藩王也这样想。更何况朱棣，他深受朱元璋喜欢，雄踞北方，为北方边防贡献那么大，前面三位兄长过世，本来应该有希望顺延的皇位却成了侄子的，侄子一上位，还要削他们兄弟的藩王之位，朱棣怎能忍受得了？他若不忍受，又会怎么做？

三、敏感的遗诏

太子朱标死后，朱元璋深思熟虑，还是立了孙子为太子，这让朱棣很是郁闷。不管是从才能还是付出的努力，都证明朱棣更具备继承皇位的资格。可是他是老四，即便太子死了，他前面还有两位哥哥，怎么排都排不到他跟前，他就只能做一个藩王。

他这个藩王有能力又勤政爱民，还维护军队，所以很得人心，这样也算是尊贵至极。可是从小胸怀大志的他怎么甘心？不甘心又能怎样，父亲在位，兄长在前，他只能等待时机，就这样一晃几年过去。

过了几年，秦王过世后，北方成了晋王和燕王并立的局面，晋王是太子的亲叔叔，这个时候朱元璋也意识到了，自己立的孙子过于文弱，于是他就让藩王们互相牵制，互相监督。晋王当然要严格监督燕王朱棣了，毕竟在洪武二十三年（1390）的时候，两人一起出征，朱棣大获全胜，把自己比得一点优点都没有，这让晋王很是耿耿于怀。

所以后来的牵制中，晋王对朱棣各种监视，晋王这样针对朱棣，一方面是因为他自己，另一方面当然也是因为朱元璋的安排，所以朱棣在这样的环境下，为了安全就只有装病，藏起所有的心思，不露出一点破绽。就这样，晋王抓不到朱棣的把柄，朱棣也就安然地默默又度过了几年，顺带着还要在父皇那里好好表现。这样的制衡其实也是朱元璋要的，朱元璋杀功臣，甚至到了立下皇孙之后，又一次大肆屠杀功臣，他这么处心积虑地为朱允炆铺路，扫清朱允炆登基路上的障碍，难道他就想不到他的儿子们也会成为朱允炆的障碍吗？

朱元璋当然能够想到，他喜欢的燕王朱棣应该是很想夺位，他也知道儿子中不仅仅燕王朱棣想夺位，晋王肯定也想夺位，还有宁王等众多儿子，于是他一手安排了儿子们之间的相互制约，但是人算不如天算，和朱棣互相牵制的晋王也过世了。这时候，朱元璋发现，朱棣才真正是唯一能够威胁皇位的人，但是他觉悟得太迟了，年迈的他，在找女婿梅殷托孤时说："燕王不可不虑！"可是这又能怎样呢？朱棣已经是一方独大了。

晋王死了3个月后，洪武三十一年闰五月初十（1398年6月24日）朱元璋驾崩，朱允炆正式继位，立刻向天下宣布朱元璋遗诏：

> 朕膺天命三十有一年，忧危积心，日勤不怠，务有益于民。奈起自寒微，无古人之博知，好善恶恶，不及远矣。今得万物自然之理，其奚哀念之有。皇太孙允炆仁明孝友，天下归心，宜登大位。内外文武臣僚同心辅政，以安吾民。丧祭仪物，毋用金玉。孝陵山川因其故，毋改作。天下臣民，哭临三日，皆释服，毋妨嫁娶。诸王临国中，毋至京师。诸不在令中者，推此令从事。
>
> ——《明史》

可以说，这份遗诏中对藩王的担忧尽显纸上，也正是这份遗诏的内容，拉开了中央朝廷和藩王之间矛盾的序幕，而这个矛盾的主要人物就是燕王朱棣。一方面他是长子，另一方面他从兵力、从能力上来说都是诸王之首，所以朱元璋一死，他生前极力主持的平衡就被打破，叔侄矛盾很快激化。

这份遗诏虽然从语气和内容上来看，似乎是真实可靠的，但是朱元璋为何不让儿子回京城奔丧？这是不是朱允炆防止各位藩王回京闹事出乱子而写的？不论事实是怎样的，藩王不得回京城是个事实。

对于燕王朱棣和各位藩王来说，自己的父皇死了，却不让回去奔丧，这肯定会引起他们的各种不满，心中也会怀疑、不安。此时的燕王，就相当于朱元璋的长子，不让他入京奔丧，不让他在父亲的灵前哭丧送最后一程，他肯定心有不甘。他怀疑朝中有人故意从中作梗，矫诏行事，他甚至想，前面的三位皇兄已故，按照顺序也是自己当皇帝，对于朝中的情况，他很想进京看清楚，还有即便有遗诏，可是作为长子，他如果执意进京奔丧，他想建文帝也不好拒绝。

四、燕王奔丧被阻

朱元璋去世后，朱允炆在驸马梅殷、大臣黄子澄、齐泰和方孝孺等人的辅佐下，办了朱元璋的丧事，宣告了遗诏，阻止诸王进京奔丧，还宣布全国三军必须服从于中央，其他任何人不能指挥，诸位藩王只能指挥自己的护卫。如此就是明文规定了对藩王和军队的重新安排。

可以想象现场的情况，朱允炆伤心痛哭后，对身边几位近臣说目前这些大事还要仰仗诸位主持，你们说说怎么办？

梅殷、齐泰、黄子澄和方孝孺等人自然是深悉朱允炆之心，自然是要顺着朱允炆的心意办事。几人也都是熟悉朝中丧制的，黄子澄就率先理出事情的先后顺序，说是先安排先帝后事，再安军心民心，然后还请朱允炆早点登基，因为国不可一日无君。

黄子澄理出头绪后，齐泰就建议要将先帝遗诏昭告天下，然后写即位诏书。于是几人商议决定，诏书让方孝孺写。朱允炆却问出了自己最担心的问题，就是诸王奔丧的问题怎么解决。齐泰就建议幼主还未登大位，诸王奔丧可能会生事变，所以诸王不宜来京奔丧。

朱允炆当然支持齐泰的说法，可是他知道一句不宜奔丧总要有个理由。不然还是阻止不了依礼奔丧的藩王们。于是，黄子澄又说万岁遗诏中不是写得清楚明白吗？将遗诏昭告天下，诸位藩王自然就不能违旨奔丧。如此几个人商量好，就由方孝孺拟诏，几道诏文写好，昭告天下，丧礼如规进行。6日后，朱允炆登基，建立建文王朝。

朱棣在得知朱元璋逝世之后，满心哀伤，马不停蹄地带着3个儿子和随从星夜不息地往京城赶，想着及时奔丧。据说朱棣奔丧也是思虑再三，想到了朱允炆有可能会有忌讳自己入京奔丧，怕引起猜疑，思考再三他也没有带太多的人，想着就这样去奔丧应该没有问题，因为自己的这些准备也是合乎礼制的。这样的安排应该也是朱棣和身边谋臣商讨的结果，京城是要去，但要去得合乎礼制，不能给朱允炆留下把柄，也不能让朝中大臣诟病。

可是，朱棣怎么都没有想到，他还没有走到南京，刚走到淮安，就遇见了从南京赶来的沿途昭告遗诏的锦衣卫。锦衣卫头领潘安一见朱棣，就赶紧拿出皇帝遗诏，劝说朱棣不得入京奔丧，朱棣一看遗诏内容，不管有多大疑心，哪怕看出遗诏是假的，也不能进京了，一方面是违诏进京可能会被建文帝治罪，这个不得不防。因为建文帝拿的是先皇遗诏说事。另一方面朱棣也意识到建文帝能够这样做事情，肯定南京城已经是步步设防，自己去，无异于自投罗网，还无理可讲，为了安全，朱棣只好无奈放弃奔丧。这样的事放谁身上谁能受得了，但是朱棣当时忍了。可是，遗诏上写的是诸王不得进京奔丧，又没有限制孙子不能奔丧，朱棣只好派3个儿子赴京奔丧，而他自己只有委屈地回北平。可以想见朱棣的失望和悲痛，这种情况下，朱棣对建文王朝可以说是没有一丝好感了。要不是时机不成熟，朱棣肯定是恨不得即刻收拾侄子。

对于朱棣不能进京奔丧还有更详细的说法。据说当时朱棣进京被拦途中，一时大怒，想要强行闯过关口渡江进京，但是他命令船执意向前时，看到了江口的防兵严阵以待，于是停了下来。姚广孝一看这架势，也上前劝说燕王是怀着至孝奔丧之心渡江，无奈这样做会违抗遗诏之命，燕王若是硬闯，反而成了不孝。唯有等燕王他日养成了龙虎之威，待时机成熟，能力强大，再来渡江还有什么难的，何必今日非得做这些事，授人以苛责不孝之柄，当时朱棣一听，也就作罢了。

朱允炆这样做还是因为不自信，怕诸王进京威胁到自己初登的皇位，这些他在太子位时就忧虑担心，叔父们的能力他也清楚，所以他颁个遗诏，还是拿爷爷吓人。可是，他是早立的太子，登基无可厚非，他有什么可怕的？依礼奔丧的诸王还能把他从王位上拉下来吗？当然不会，但是这也架不住他怕呀，这些叔叔一个个骁勇善战，万一聚在一起，嫌弃自己文弱，要立个摄政王，那自己也不能不答应。毕竟这江山的边疆由叔叔们守着，若是当面提出这样的要求，也没法拒绝，以后叔叔们如果挟自己以令天下，这种可能也是有的，想到这种种，朱允炆自然坚决不让诸王奔丧。可是他的这个行为朱棣记住了，诸王也记住了，这个朱允炆太不近人情了，竟然为了自己的一点小私心，不让我们诸王奔丧，所以大家都对他有了意见。但是这意见也不直说，就旁侧敲击说他这是听了谁的意见，有了这样的冷血安排？我们诸王没有奔丧，我们父皇最后到底怎么走的？我们父皇的丧事怎么安排的？诸王对朱允炆是各种腹诽，暗自骂他不近人情。朱允炆虽然顺利登基了，但是他的行为也是授人以柄，让叔叔们有了骂他的理由。

但是，骂归骂，又能如何？朱允炆就是不让诸位藩王回南京，他在南京不仅不好好地做他的皇帝，还定下明年要改洪武为建文。他的意思就是大明天下从此改文治，爷爷的洪武被他改了，他要建立一个不同于爷爷的文治朝廷，要搞不一样的政治，也就是说，武臣要退出大明的朝堂了，文官们治理大明天下了。这样的信息一给到诸王的耳中，这还了得？父皇朱元璋的洪武被改没了，自己努力保护的江山却要被一帮文人治理，关键是这帮文官治理起来还有自己什么事？连奔丧都被取消了，其他事就更不用说了，可想而知以后日子不好过，诸王们对朱允炆更有意见了。可诸王聪明，有意见不说朱允炆，而说是他身边有奸臣了，不然怎么会有这些颠覆祖制的规定？

朱元璋的遗诏只是针对诸王，并非专门针对燕王朱棣，要说朱元璋对朱棣有了警惕心，也只是在晚年的最后时刻，发现朱棣成了北方独大的藩王，才和梅殷说要注意燕王。这说明朱棣一路走来，各方面掩饰得比较好，又加上他沉稳能干，朱元璋那里没有他做错事情的把柄，所以他给朱元璋的印象还是比较好的，父子感情也比较好。

史料中有记载，朱元璋确实喜欢朱棣，所以朱棣给父亲奔丧被阻，生气大怒想要渡江冲关、进南京，完全有可能，根据他的个性和身边的谋士们，他肯定是要一试南京的态度，所以一发现南京为了阻止自己和诸王进京，还安排了兵力防务，就只好让步。

这一让步其实很高明，也刺激了朱允炆，让朱允炆为了皇权的安全，而加快了消藩的步伐。

其实朱允炆要削藩是由来已久的，可以说是继承了他父亲朱标的遗愿，因为朱标作为太子的时候，用《汉书》中七国叛乱之事，就表达了七国之乱，错在七国的观点，就应该灭了七国。朱标的这种态度被朱元璋训斥，可见，朱标对藩王的态度和朱元璋对藩王的态度是截然相反的。朱标深受文人的影响，要治理出一个不同于父皇统治的大明，朱标不喜欢朱元璋的残忍，他希望仁义治国，朱允炆也一样对治国有着自己的见解，他也是个文人，和朱标一样满怀理想而又软弱。但是在朱允炆和朱元璋谈论藩王时，他也没有拿出一个很明确的面对藩王的态度，他问朱元璋应该如何面对各处藩王，朱元璋没有办法，就反问朱允炆应该怎样。

朱允炆对朱元璋说，如果诸位藩王不靖，那就先以德以礼服之，如果德礼不起作用，那就削藩王的权力和收回藩地，实在不行就废其人，若是其人不听，就只有举兵打了。在这段话里，朱允炆表达了削藩的意思，他内心的想法很明了，但也是过于理想主义了，因为他没有深刻分析当时的政局。

前文也说了朱允炆和黄子澄也谈了诸王的问题，两人达成削藩的一致意见。并且硬套了汉史中的七雄之乱，觉得藩王们只有护卫军，朝廷完全可以以大制小、以强制弱。但是两人的讨论过于理想，忘记了各位藩王的骁勇善战。他们这样硬套历史案例，实在是高估了自己。

朱允炆一上位，就立刻建立了他的秀才朝廷，他信任的这几位秀才朝臣，在削藩问题上跟他有着高度的一致意见。他并没有以礼以德面对诸位藩王叔叔，而是立刻急不可待地削藩。

首先是黄子澄，此人名湜，字子澄，以字行，江西省分宜人，洪武十六年（1383）入太学，次年考中乡试第二。洪武十八年（1385）考中会试第一，进士及第，还是朱标的伴读。在朱标死后，又伴读朱允炆，他和朱允炆在东角门就讨论了削藩的事，所以朱允炆上位，立刻问黄子澄可还记得东角门说过的话，黄子澄立刻表示不敢忘，于是黄子澄成了朱允炆削藩的重要谋臣之一。在整个削藩的过程中，黄子澄的态度很坚决。

然后还有一位就是齐泰，齐泰是应天府溧水人，初名德，洪武十七年（1384）应天府乡试第一，次年中进士，历任礼部、兵部主事，为官9年不曾出错，表现非常优秀，这让朱元璋非常欣赏。一次在齐泰陪祀郊庙时，朱元璋给他赐名泰。洪武二十八年（1395），齐泰被提拔为兵部左侍郎。明太祖朱元璋曾经向齐泰询问边境将领的姓名，齐泰不慌不忙一个不错地详细背了出来。然后明太祖朱元璋又询问各种图籍，齐泰拿出袖中的手册给明太祖，详细地说出了各种图集，因为他出色的工作能力，明太祖很重视他。朱元璋临终时，齐泰被召去接受顾命，辅佐皇太孙朱允炆。建文帝继位之后，命齐泰与黄子澄共同参与国政。很快齐泰就被晋封为兵部尚书。在削藩问题上，齐泰也是非常理想主义地要坚决削藩，并且提出建议擒贼先擒王。

除了以上两位之外，还有一个更能体现建文朝廷过于文人理想主义的人，叫方孝孺。此人是浙江宁海人，字希直，又字希古，号正学先生，是宋濂的学生，为人聪明机警。他的父亲方克勤在朱元璋时期，因为"空印案"受到牵连被杀。后来因为他文章做得好，所以有人把方孝孺推荐给朱元璋，可朱元璋看不上他，只说现在还不是用方孝孺的时候，就没有用他。但是朱元璋曾经对朱标说过方孝孺品行端庄，可以一直用方孝孺，朱标自然是没有用上。但是朱允炆倒是一直用，而方孝孺也一直忠于建文王朝，在削藩和靖难之战中也起到了非常大的作用。

朱允炆即位，复古好儒的方孝孺得到重用，一时之间，但凡将相所行，朱允炆都找方孝孺咨询。

朱允炆上位后，和这一帮怀抱理想的秀才开始了建文王朝的系列新政。他们要改变朱元璋时期的严酷风格，推行宽宥的仁政。他们赦免罪囚，减轻逋赋，一时之间赢得了民心。但是这几人都有谋国之忠，而无制胜之策。在他们的引导下朱允炆也做了一些毫无意义的事情，比如调整官制，一帮人在朝堂中，将六部尚书的品秩从正二品升为正一品，又在正三品侍郎之上增设左右侍郎。除了品官，对于那些闲散的文官，朱允炆也重新更定。朝上一派文人即位，要给文人官做的景象。而且他们对这件事情乐此不疲，进行得如火如荼，大有一副文官统治江山，要搞得更加儒雅的气势，要给文官扬眉吐气。其中，最为典型的是方孝孺的复古，要恢复古老的井田制，他这种不切实际的行为，更是把这帮文人的理想主义推到了极致。一时间引得好多人反对，其中，朝中翰林修撰王叔英就好言相劝井田制不适合当下，而引得方孝孺慷慨陈词，不知所云地表达了他不切实际、充满理想主义的空想。这一帮文人，怀着不切实际的治国思想，所以他们削藩的政策最后失败，也是情理之中。但是即便他们失败了，他们想要削藩的想法和作为，在当时却是最切实际、最有意义的，只不过是他们执行得不得当，所以失败了。

第三章　削藩风云，暗潮涌动

一、削藩筹划

建文帝朱允炆登基之后，对藩王早就有了意见，于是他把自己中意信任的一帮文臣聚在一起，整个建文王朝如他所愿变得文绉绉的了，然后他就开始和几个文臣一起商议如何削藩，收拾自己的叔叔们。这件事对于建文帝来说是无可厚非的，他也是为了自己皇权的巩固，朱元璋杀功臣和建文帝削藩，都是为了巩固自己的皇权，不过是一个杀的不是同姓血脉，一个要杀的是自己的至亲，但是这爷俩的区别是一个是马上打天下的武将出身，一个是纯粹的文人。所以他们做出的效果不一样。

就在朱允炆心底下万分想要削藩的时候，朝中就有一位叫卓敬的人上奏，说朱允炆奉天命继承大统，四海皆服，但是他还是觉得应该提醒朱允炆要注意藩王，因为先帝封王太多，并且藩王拥兵而治，实力强大，地图面积也广大，他们各居雄关，一点都不亚于朝廷。卓敬还特意提出燕王雄才大略，酷似高皇帝，又占据北平，还军马强悍，不得不防。最好是把燕王改封在南昌，万一燕王有变，也好控制。卓敬的这个奏章很符合朱允炆的心思，但是朱允炆一看这是明晃晃地上奏，这还了得？这样的事情就应该秘密进行。所以他对卓敬说诸王是我的至亲骨肉，你怎么可以这样说，又说虽然卓敬说得有道理，但是封藩是治国大政策，又怎么能乱议论，最后朱允炆又说自己看到了卓敬的忠心，就不怪罪卓敬了，还要卓敬以后不要乱说。朱允炆和卓敬的事情，肯定传出去了，这样一来，貌似是朱允炆不想削藩，所以诸王也被稳住，大家都静静观察。

接着还有一个叫高巍的山西辽州人，建文帝招贤的时候，被推荐到朝廷，他给建文帝写的奏章中说高祖封藩过侈，而诸王又骄逸不法，屡屡侵犯朝中规定，不削藩的话，朝纲难立，削藩又伤亲亲之情。他便建议把诸王重新分封，在北方的诸王，把子弟分封在南方，在南方的诸王，子弟分封在北方，这样一封，诸位藩王的权力不削而自削，又保全了亲亲之情，在节假日时再派人问候，听话的就赏，不听话的就告太庙废除等。

可以说高巍的方法和卓敬的方法都很好，方方面面兼顾，又温和，朱允炆要是这样做了，可能朱棣也没理由打他。高巍的方法如果被朱允炆采取了，效率虽低，但很安全，朱棣后来也就无法说朱允炆不友爱宗亲的话，另外，即便朱棣找事，朱允炆也可以用这个策略争取其他藩王的支持，比如中立的宁王。

但朱允炆认为高巍和卓敬一样，关于削藩的事情，说得太大张旗鼓、明目张胆了，这样的事情还是要和心腹密谋，朱允炆担心不管是怎样的方法都会引起藩王的不满，自己这里还没有动作，藩王们反了可就不好了。所以朱允炆就没有立刻采取他的建议，而是不予理睬。

而且朱允炆只信任黄子澄和齐泰，只允许他们两人和自己一起密谋此事。

齐泰和黄子澄两人其实在私下里就曾经在一起密谋过关于削藩的事情，当时两人就认为建文帝年幼还不娴熟政治统治，觉得为了他们自己的富贵长久，就应该早早削藩。此两人被朱棣骂做奸佞小人，也不冤枉。

正当两人有这个心思的时候，建文帝朱允炆召集他们两个一起密谋削藩的事，三个人可以说是君臣一心，不约而同了。

三个人在后宫之中，坐在一起，由建文帝起头说最近有众多大臣在朝堂上上奏讨论要削藩，尤其卓敬和高巍还献出了削藩的方法，看来，削藩的事情势在必行，让他们说说他们的观点。看看，建文帝就是这样，明面上在朝堂上含糊其词，下了朝又秘密行事，他这就是要自己先秘密弄出个章程再说，削藩是必需的，就看大家什么意见了。

齐泰一听就赶紧支持建文帝的意思，说万岁圣明，虽然诸王目前还是平安无事，但若是等到诸王闹事，那就是大事情，到那时可就不好管了，说不定就会威胁朝廷。

黄子澄也表示削藩之事势在必行，拖延不得。

一听两位心腹大臣说的话很合自己的心意，建文帝立刻就向两人提问那应该怎么削藩，其实意思就是让这两位也拿出个可行的办法。

齐泰便说诸位藩王之中，燕王朱棣的势力最大，而且智谋超群，要是把燕王制服，其他的诸王自然就好办了，所以齐泰认为削藩就先削燕王朱棣。

但是黄子澄认为先削燕王这样不妥当，他的理由是燕王朱棣的势力虽大，但是燕王自封藩以来就无过错，还屡屡建功，并且守疆尽责无可非议，这样贸然削燕王，师出无名，名不正，言不顺，会引起天下人非议。再说燕王骁勇善战，智谋超群，又颇得人心，这样轻易无罪削藩，肯定会触怒燕王，燕王如果大怒，就不好办了。

齐泰听了黄子澄的话，想一想就来个"欲加之罪"，说燕王带兵赴京奔丧难道不是错吗？齐泰一门心思就想削燕王于燕王不知不觉中。

但是黄子澄又是一番说辞，说燕王作为儿子给父亲奔丧，于理于法于义，都不算有过错，即便是他带兵入京，作为一个藩王，也是出于路上的自卫，他也是占理的，并且在淮安，燕王接到诏书之后，就奉旨回了北平，他这样能算什么错？即便算是错，也不过是小错，这样的小错跟他的功劳相比，就不能相提并论，若是用这样的小过而削燕王，理由不充分。所以不能先削燕王，倒是周王、齐王、襄王、代王等人，在先皇活着的时候，就心存异想，做下很多不法之事，引起先皇不满，现在从他们入手切入，倒是削之有名，也占理。最正确的削藩切入口是周王，周王是燕王的同母弟弟，削周王就等于削燕王手足，这样燕王失去兄弟，行事必将三思而后行，若他给周王主持公道，那朝廷也就有了削他的理由，办他个连带之罪。

黄子澄一番话的意思是要把朱棣往后放一放了，他意识不到这个放一放就是打草惊蛇，反倒觉得是在制造削燕王的机会。

齐泰很不服气黄子澄的话，就又努力争取说燕王是诸王之首，自古打蛇先打七寸，擒贼先擒王，削藩不削燕王，将后患无穷。

黄子澄终是比齐泰厉害，他又说不会的，树大根深，根枝已经除掉，树大无处可依，不攻而自败。言下之意，把其他有错的藩王一削，燕王就会被孤立，也就兴不起事了。

黄子澄的话被建文帝朱允炆听了进去，他认为两人虽然都说得有理，而且现在，燕王势大功高，又没有错误，如果自己削燕王，会被天下人骂成昏君，如果像黄子澄说的先削其他有错的藩王，那么到时候诸位藩王势尽，燕王将势单力薄，也就没什么威胁了。

结果黄子澄又说万岁圣明，等诸藩削尽了，燕王形单力薄，确实就不用忧虑，到时还得听话镇守北方，但是燕王又岂会任我们削藩而无动于衷？困兽犹斗，更何况势力强大的燕王，他虽无错，但他若保护其他藩王，我们可怎么办？

黄子澄最后这个问题可谓一语中的，一时问得建文帝语塞，半晌才说容他再想想，削藩之事，这可是治国的大端，不能操之过急。

如此事情无法推进，建文帝心下很是着急，有一天他就在朝堂上说自从登基后，国泰民安，全靠在朝各位辅佐，又靠诸位皇叔的拱卫。念及诸位皇叔久镇在藩，长别京城，多年不见，很是思念，自己想巡视各处藩国，拜访慰问一下诸位皇叔，表达一下亲亲之情。建文帝如此说，就是想看看群臣是否对藩王有意见，他是想要重议削藩大事。

可是建文帝的话一出，之前一起密谋的黄子澄就说建文帝仁慈，巡视藩王之举是大成治国之道，小全仁孝之德，陛下实在是圣明之主。

如此一开头，后面卓敬便说万岁的巡视必能视察诸藩的贤劣，有益于国家治理。

齐泰更是说万岁巡视是大仁大义，从三皇五帝至秦汉唐宋，都没有万岁这般贤明的君主，万岁可以速速巡视各藩。

建文帝见大殿之上，诸位大臣并没有理解自己的意思，或者是都有顾虑而不说削藩之事，所以才大举吹捧自己，建文帝便心中不快，觉得再议削藩有些困难。

这个时候，就有传事官报说周王次子朱有爋求见，正在殿外候旨。

建文帝一听是周王次子朱有爋，便想这位弟弟大老远从开封跑到京城，肯定有重要的事，就赶紧召见。

这个朱有爋大老远地跑到京城干吗来了？他是告他父亲周王来了。

朱有爋见了建文帝，跪地叩首拜见建文帝，建文帝免礼之后，就开始询问家常，当建文帝询问皇叔周王的情况时，朱有爋说自己的父亲得了重病。建文帝一听赶紧询问病情，朱有爋就说自己父亲得了心不在中的大病，建文帝听得糊涂，世上哪有这种病？朱有爋就说父王是大明的臣，就当有忠君之心，可是父王没有忠君之心，岂不就是心不在中的大病？

建文帝一听心里说甚好，削藩的由头来了，他嘴上却说御弟的话是什么意思？瞧瞧，建文帝这心思。

朱有爋就说父亲周王身居封地，不思为国尽忠，竟然私招兵马，心存异想，想要图谋反叛朝廷，又说自己和周王虽是父子，但不敢从周王，自己虽愚昧，却还是懂得君臣大义，所以长途奔波，只为告知陛下此事。

建文帝到底是皇帝，会做面上的功夫，遇事不急，一脸慎重地说这可是叛逆之事，不能乱说。

朱有爋便说古有民不告官、子不告父之说，今日臣以子告父，是想救父亲，不想父亲做下不仁不义之事！

建文帝就正色说道谋反叛逆可是要斩首的，你不后悔吗？

朱有爋表示一丝都不悔，发誓要大义灭亲。

建文帝就赞他大义灭亲，并表示会善待这位御弟。

朱有爋告父谋反，正好为建文帝解决了一个大难题，自己有理由削藩了，而且正好削的是周王，一削周王，也算是削了燕王的枝干，而且是名正言顺，燕王也无话可说，毕竟周王先谋反，还证据确凿，而且是他儿子告的。

这一下，建文帝心底下顺了，也不计较前面群臣对自己的盲目吹捧了。

建文帝就问大家周王次子告周王谋反，诸位大臣认为应该怎么办。

估计这样的情形下，黄子澄、齐泰等人内心也是在大笑，但不能喜形于色，于是诸位文臣大佬又是一番说辞，说历来治国的大道就是奖功罚罪，万岁当年不是说对诸位皇叔要怀之德礼吗？对于作奸犯科的要初犯教之，化之以德，缚之以礼，再不行，则削之，还不行，就废之，最后可以兴兵征伐，面对谋反的周王，也只有这些方法，别无他法了。

建文帝又犹豫说道怕伤骨肉亲情。

齐泰便说削周王，是救周王于不义中，这是陛下的仁慈。

如此一番讨论，削周王之事定下，还给告状周王的朱有爋封了忠国大义护国侯。

周王朱橚是朱元璋的第五个儿子，洪武十四年（1381）就藩开封府，是朱棣同母亲弟，但他一直是个不安分的人，竟然在洪武二十二年（1389），率嫔妃弃自己的封国，去住在凤阳。朱元璋生气，把他谪迁到云南去，后来又从云南召回，问他云南以及经过的州郡城池的地理山川以及风物民俗，周王竟一问三不知，朱元璋生气地斥责周王自古至今愚蠢的人再没有胜过周王的。朱元璋把他留在京师，让他的长子掌管王府的事，这样观察了两年，才让他归藩开封。

到了建文帝时，朱棣更是时有异谋，长史王翰多次谏言不听，王翰担心被连累，只好装疯卖傻离开周王。所谓异谋，就是指想夺皇位，周王也是皇子，是个有才干的人，有此野心不奇怪。

周王有个不好的爱好，就是特别爱玩鸟斗鸡，他人在开封，朱元璋也管不着。周王玩鸟斗鸡玩出了邪路术，别人玩鸟，都是装笼子中听鸟鸣，看鸟飞，而朱棣就喜欢把一千笼鸟放在一起，点燃大盘鞭炮，一方面看千鸟惊恐逃窜，一方面看燃炮之人趴在地上害怕炮仗和鸟群乱炸的惊恐之状。很多时候鸟雀在炸响中无法飞逃，被炸得非死即伤，周王却觉得异常开心。周王如此费鸟，就要到处捉鸟，开封百姓也要为他放下农活到处捉鸟，这样就引得百姓怨声载道。周王斗鸡也是群斗，一次百只，每轮平分相斗，直到最后斗出一只胜鸡，自己便杀了吃。周王日日沉醉于斗鸡玩鸟，不理朝政。

周王有两个儿子，长子朱有燉和周王一样，喜欢玩鸟斗鸡，但他比他父亲风流。二子朱有爋却聪慧好学，知礼仪，满腹经纶，还忠于朝廷。

朱有燉在外玩鸡被人嗤笑，回来告诉父亲朱棣，说自己虽是皇子皇孙，却连田间种地的都不如，朱棣一听脸上无光，便给长子说要招兵买马打回南京，当个皇帝让瞧不起自己的人看看。

本是一句气话，但是说了不做又不行，于是父子俩就硬着头皮干起了谋反大事。

次子朱有爋被父兄的行为吓坏了，就去南京告发了周王。

建文帝和黄子澄等人一听，这可是大好事情，派了李景隆借口去北方防备西北，实则是去开封镇压周王谋反，顺道削藩。

李景隆削藩抓周王可谓非常轻松。话说李景隆到了河南，就想着怎样才能轻松捉住朱橚。他的副将就建议说应该在朱橚接旨的时候捉拿，这样捉住周王，想必周王的士兵也就不敢乱动。而且这样兵不血刃，还能大功告成。

结果李景隆把周王府围上之后，周王和长子还在府中斗鸡，听说朝中圣旨来了，就忘了自己是个谋反之人，父子俩赶紧去接旨，结果就被就地捉了。周王被锁上枷锁，却大声说道自己是死罪，还请李景隆不要乱杀无辜，跟着自己的人都是无辜之人，是自己逼迫的村民，跟着自己玩耍的。

确实周王招募的士兵尽皆村民，一见周王被抓，就立刻归顺了李景隆。这次削藩可谓是轻而易举，抓了主犯，还收了一万兵士，建文王朝初次削藩可谓大获全胜。

二、叔侄过招

建文帝时期，朱棣就是众藩王之首，建文朝廷的削藩，议来议去，重点其实是想削朱棣的藩，但是，苦于朱棣没有错处，建文帝不能师出无名地找朱棣麻烦，就想着从周王入手。周王是朱棣的亲弟弟，并且从朱元璋时期朱橚就错误不断，现在建文帝只要随便找个借口就可以削周王的藩位，但由于担心引起朱棣的反对，所以没有轻易动手，结果，周王的次子告了周王，建文帝当然就是"瞌睡遇见了枕头"，太舒心了，便派人抓了朱橚。

朱橚被押解到南京之后，面对朱允炆，很是惭愧，毕竟是叔侄，自己也是吃大明王朝供奉的，不好好尽忠，居然给朝廷添乱。朱橚一时间对自己的行为供认不讳，一个劲儿磕头认罪，说自己愧对祖宗社稷，还望建文皇帝念在先祖的分儿上，多多原谅自己。这个朱橚真是个告饶的人才，也是建文帝儒气十足，是个书生，主张仁义治国，所以他对这个叫嚣着要夺了皇位坐一坐的叔叔并没有深刻追究，或许是因为看清楚了朱橚的能力，一无是处，或许是不想对亲亲一族动手。

就这样建文帝把周王关了1个月之后，建文帝就对文臣说道："朱橚是我的叔叔，血脉相连，我们是至亲骨肉，虽然他有谋反的意思，但现在也有悔过之心，我也不忍心让叔叔久坐牢笼之中，我想让他回藩国去，你们觉得怎样？"

建文帝的话顿时就遭到文臣的劝阻，齐泰坚持自己的观点，说周王谋反，按律当斩，可是皇帝仁慈，不杀已是大恩，但是皇帝再仁慈，也不能不顾国法。皇帝若让周王重回藩国，那么，国家的法律就不存在，若再有他人犯法，朝廷该怎么处置？放周王回去，就是置国家法律于不顾，只想全骨肉亲情，这是妇人之仁，可不是帝王之仁。

黄子澄也坚持说周王谋反的事只能按国法行事，理应快速决断，不然国家无法可治。

大殿之上，文臣持一个腔调，建文帝耳朵软，见大家众口一词，便觉得放回周王不妥。

于是建文帝又说要再想想。

退朝之后，建文帝又和黄子澄、齐泰在后官密谈。

建文帝朱允炆让两位近臣畅所欲言，两人便坚持不放周王，并且说如果放回周王，其他藩王日后更不好管理，又说众藩必须削去，不然国家危险。两人建议不杀周王可以，但要把周王关在高墙内，让他尽享天年，这样也符合中庸之道。如此，周王便开始了漫长的幽禁生活，周王成了建文帝保全自己皇权而牺牲的第一个倒霉蛋。

其实周王在他的兄弟之中并不是一个罪大恶极的人，只不过身为王爷做事有些狂妄，所以才让建文帝先拿他开了刀。建文帝这招并不高明，他抓周王，还是因为周王是朱棣的弟弟。周王其实很有文采，喜欢写文章，后来写了一本书，叫做《救荒本草》，顾名思义，这是一本遇到灾荒年间指明哪些野草能吃的书，可见，他不仅深入研究植物，还为百姓着想，想帮着大家度饥荒，是一个很有社会责任感的人。纵然他斗鸡玩鸟过分了，也不过是王爷不同于平民的举动，要说他的谋反，更像是儿戏，没有哪个真谋反的人还要大张旗鼓地说出来，所以朱允炆抓周王，大家都清楚，冲的是燕王朱棣。

周王被抓后，建文帝便和一众文臣观察着朱棣的反应。朱棣早就看透了建文王朝的心思，他静静地按兵不动，静观其变。果然建文王朝给朱棣送来了敕书，让他回朝共同商议周王的罪。

朱棣一看信函，就很有经验地给了姚广孝，姚广孝就说燕王若出面为周王求情，建文朝廷就正好问燕王个连带罪，但是燕王如果对周王的获罪表示冷漠置之不理，这就是示弱于建文王朝，这样一来，建文帝摸清了燕王的软硬，就会很快对燕王朱棣下手。

于是两个人商议一番，商议出一个办法，就是装病。燕王朱棣在朱元璋时期，晋王对他频频找茬，他就经常装病，现在为了不让建文帝拿捏自己、找自己的麻烦，他又开始装病。朱棣说自己在居丧期间，忧思成疾，如今见到敕书心下忐忑不安，不知说什么好。然后又写一封书信回答建文帝，并不明确对周王之事表态，又说周王只是形迹暧昧，又没有大逆之罪的确凿证据，念在一个宗室的亲情上，怜惜骨肉亲情，还是不要猜嫌的好。

朱棣这也是变相为周王求情，又说如果周王罪责显著，有迹可验证，那就遵守祖训，这是朱棣给朝廷留有余地。话说到这份儿上，朱允炆本就是个性子软的，心肠仁慈的，他倒是没辙了，尤其一说亲亲，他就也不再想逼朱棣和朱橚，也是念及骨肉亲亲。但是，这下把黄子澄和齐泰急坏了，黄子澄认为朱允炆这是妇人之仁，饶过朱棣，要坏大事。

　　齐泰和黄子澄为了他们自己的富贵长久，在朱允炆面前反复强调不能放过朱棣，朱允炆才下决心不放过朱棣。两人尤其强调削藩的重要性，如此反复强调，朱允炆耳朵一软就又开始坚定自己削藩的决心。

　　建文帝朱允炆根据齐泰的意见说胡寇来放火，以边防为名，朝廷发兵开往北平，并将北平的护卫精锐，悉数调往边防要塞，如此打乱了北平的部署，这样就削剪了燕王的羽翼。朱允炆就这样一边削减朱棣的实力，一面加强对朱棣的监控，并派了谢贵平、张昺在北平任职，两人也是用心诱导王府的官属，期望从王府官属身上侦探到燕王的动静。

　　尽管建文帝这样做用心昭然若揭，但朱棣表面上依旧是一味装病示弱，王府的官属又都忠于朱棣，没有消息透露给建文帝，所以朱棣硬是暂时安全地逃脱了一劫。朱棣逃过了，其他藩王就不一定逃过。

　　周王被削藩之后，一下子就颠覆了藩王们在百姓眼中的尊贵身份，以前各地的藩王，在人们的眼里都是高贵不可侵犯的，所以他们为非作歹，做了不法之事，百姓也不敢出声去告发。现在可好了，藩王们也可以被废掉，还被关了起来，那些往日的尊贵成了传说，百姓们看清楚了藩王的处境，藩王也不是不可侵犯。于是各地就都有状告藩王的信纷纷投往朝廷。

　　这里面有两个原因：一个原因是这些藩王确实有很多不法行为，引起了民众的愤怒。还有一个原因就是，告密之门打开，有些人就想通过告密立功发财，还有些人想通过告密整人或者公报私仇，这种政治形势和环境，对各地的藩王很不利，接二连三就有藩王被告上朝堂，有告齐王的，有告岷王的，还有告湘王的。正好让朱允炆一个一个地削藩处理。

　　周王被废后，紧接着湘王朱柏被废。朱柏是朱元璋的第十二个儿子，就藩荆州，是一个非常文雅的人，他正直公正，平时不招惹是非。湘王还喜欢谈兵事，刀枪弓箭娴熟，可以说无所不精。这一次他被告，完全是被小人陷害，因为他得罪了湖北荆州的一个名叫吴吾浩的小吏，吴吾浩便一直寻机要报仇。事情是这样的，湘王被废事发 2 年前，小吏吴吾浩的兄弟，一个荆州名叫吴品才的无赖和一个名叫李富贵的乡绅争买一个名叫香芝的女子，乡绅李富贵不敢惹无赖吴品才，因为无赖吴品才的哥哥吴吾诰是县衙的小吏，乡绅李富贵便放弃了香芝，可是香芝却不跟无赖走，还喊着让乡绅李富贵救自己，乡绅李富贵看到无赖吴品才毒打女子香芝，便上去争夺抢救。香芝在撕扯中咬了无赖吴品才的手，被无赖吴品才反手打死，无赖吴品才却说是乡绅李富贵打死了女子香芝，并且在他哥哥吴吾诰的帮助下，乡绅李富贵被问成了死罪。百姓看着恶人得逞，就议论纷纷，到处传说，把这个案子说得不知怎么被湘王知道了，湘王便重审这个案子，翻了案，治了无赖吴品才的死罪，平了民愤。

因此，这个小吏吴吾诰就对湘王怀恨在心，他知道自己在荆州斗不过湘王，就一直等着机会。当周王被削的消息传开，给了他希望，于是他就来到京城告密，捏造虚假证物。这样一件事，其实一查就明，但是朱允炆不想查，他不想为湘王正名声，更不想知道湘王的好坏，他的目的只想削藩，现在有机会削湘王了，那就削，才不会管什么是非曲直，更不会在乎湘王是不是一个好藩王。

朱允炆派齐泰带了五万军马去荆州捉湘王，湘王一看大军围了自己的王府，齐泰又说是有人告自己心怀异志，阴谋造反，私印宝钞，还无故杀人。

湘王是何等聪明，知道这是欲加之罪，何患无辞，就说道："既然大军已经压境，就不会让我自辩清白了，但是我贵为皇子，南面为王，怎可入狱让小吏羞辱。皇上不就是想要我一个说法吗？好，你等着我给他一个说法。"

湘王回到府中，把家中所有人集中在一起，说道："你等无罪，只是错生在帝王家。今日钦差带兵五万，兴师问罪，是要我死，是要诸王都死，朱氏子孙为朱氏江山当死！天要我死，我岂能不死！"湘王说着话，点燃大火，一家人死于大火之中。湘王的自焚，是诸位藩王中最为惨烈的死，他用有气节的死反衬甚至否定了朱允炆的形象，这让朱允炆很生气。

周王之后，朱允炆就削了代王朱桂。因为代王本就是一个作恶多端的藩王，他性格凶残，罪恶昭著，史书中有记载，说代王后来恢复了王位，还是恶习不改，带着恶奴四处强抢民女，引得官民恐惧，怨声载道。代王被削之后，被直接贬为庶民。由此开始，建文王朝的削藩态度已经公开化、明朗化，所以随着告发信的增多，齐王和岷王也被贬为庶人，这两个也是作恶多端。

在建文帝即位的 1 年中，削藩 5 次，其中最惨的是便湘王，他死得很有气节。

建文帝的行为貌似很有气魄，但是他其实犯了大错误，因为藩王之中最厉害的人是燕王朱棣，而朱允炆却没敢动，他是一个又一个地削藩，每削一个都让朱棣警惕，心里觉得下一个就会是自己，在这样的高强压下，朱棣不得不满心警惕准备对付建文帝。但是建文帝却自以为是，丝毫没有意识到自己的行为已经刺激了朱棣。他还认为自己削藩很有成就，最后就会孤立朱棣，所以他目标明确，削藩就是削藩，不论好坏！只要是藩王就拥兵自重，对于建文朝廷的统治，藩王就是分裂势力，就必须削废。

朱允炆的削藩，可以说是没有章法，没有标准，没有一个有序的计划，只是见藩就削。但是对他威胁最大的燕王，最该削的燕王，他却不敢削。藩王们谁被告就削谁，也不查证，毫无规划。而且他削废并行，不仅削去藩王兵权，还要把藩王降为庶人，一般庶人就是指老百姓，在建文王朝，还指被废掉的皇族。

朱允炆的削藩，削掉的是骨肉至亲的叔叔们。这一切都说明建文帝没有气魄，不自信，连骨肉亲情都不能包容。他的行为，让燕王有了足够的理由发难，也有了足够的时间准备发难于他，也让他失去了其他亲人的理解。

关于削藩，建文朝廷中其实有三种态度，第一种是坚决削藩，第二种是曲线削藩，第三种是反对削藩。

坚决削藩的是齐泰、黄子澄、方孝孺等人，因为他们要维护自己的利益，藩王的存在会伤害他们的长久富贵。他们冷静清醒，深知藩王的危害，为了建文王朝的长治久安，就必须削藩，但是这帮人毕竟是文人，书生意气，处理削藩大事不当之处非常多。主张曲线削藩的是高巍和卓敬，他们不主张严厉的削藩，而是想要采取比较温和的方法，逐步削弱藩王的势力和影响。还有就是主张不削藩的都新，这位御史大人认为严厉的削藩就是逼藩王们造反。

但是，建文帝都没有采取这些大臣的意见，可是大臣们的意见还是影响到了他的削藩，比如在处理周王时，建文帝就犹豫了，因为他考虑到了亲情关系。建文帝在面对燕王时也是一再犹豫不决，只是派人查一查燕王府，看看燕王府到底有没有违法的事迹。但是燕王一直知道隐藏自己，他做事低调隐蔽，不会露出破绽，也是燕王这位行大事者的高明之处。所以建文帝派去的人什么都查不到。

但是建文帝也没有因为查不到而放松防备，他反而派谢贵做北平都指挥使，让他把北平控制起来。4个月之后，建文帝又根据齐泰和黄子澄的建议做了一次军队的调遣和分配，他们把驻守在北平的燕王的精锐部下都转到了宋忠的麾下，又把忠于燕王的观童等人直接调入南京，把观童的骑兵队转归给宋忠指挥。

建文帝还在山海关安排了自己的人徐凯。这样布置下来，就是用诸多大将率领大军把北平给包围住了。还有张昺和谢贵在北平城内监督着燕王，而燕王部下的精锐多被调走，如此安排后，建文帝才觉得放心，认为燕王如果举兵反叛的话，也在自己的兵力控制之内，届时可以把燕王一举拿下。

三、燕王装病

朱允炆的建文王朝官员对削藩的态度不一，也有人反对削藩，并且拿出了完整的对待藩王的方法。朱允炆一看，这个方法确实不错，很合理，但是那个推恩令什么的，运行起来需要时间，而朱允炆自己没有时间那样做，只有快刀斩乱麻地立刻削藩才能让他觉得皇权稳固，他连自己曾经说的以德礼怀之都没有做到，可见形势迫切，或者他自己内心迫切。

朱允炆之所以这样做，也是他爷爷朱元璋给他扔了这么个烂摊子。朱元璋在封藩的时候肯定没有想到，自己一手打造的封藩大治，到了孙子手里却是满手荆棘，根本无法把握。朱允炆真是被愁坏了，但是为了统治，还是坚持必须削藩。

朱允炆1年之中削了5个叔叔后，这个事情就不好进行了，因为他的削藩伤了诸位亲叔叔，大家都开始反对他了。还有他最终要削的人是燕王朱棣，可是他削了一圈，就是不敢削燕王，那削藩也就没有意思了。也不知道齐泰和黄子澄怎么想的，那么坚决的削藩态度，怎么就不辅助朱允炆往下干了？直接削朱棣不好吗？真是把大家都等得着急了。

就连一般人都看明白了，这样削藩定会把燕王给惹恼了、惹急了，燕王本来就雄才大略，你们这样不顾亲亲，你们这样无视祖制，你们这样不让人家给父亲奔丧……不管怎样，燕王肯定是要问话了。

有一天，朱允炆收到了一份来自四川主管教育的官员的奏疏，看看人家主管教育一个地方官，都不得不提醒朱允炆了，可见大家的眼睛是雪亮的。这位官员名叫程济，明翰林院编修，洪武末年做四川岳池教授，擅易学，有一夜晚观察天象，觉得有异常，于是上书给建文帝说："北方将会有叛乱兵起，可能在明年。"

建文帝朝议时说程济是没有根据地胡说妄议，把他召回京城想杀掉他。

　　程济说："请皇帝开恩，先把我囚禁起来，如果明年，我的预测不应验再杀我。"

　　于是建文帝命人把他囚禁狱中。程济真是替朱允炆着急，他在奏章中写到北方要在明年起兵，意思是提醒朱允炆赶紧削朱棣，为了让朱允炆相信，他拿上自己的命赌。可是朱允炆说他是胡说八道，是毫无根据地妄言，还要杀他。事闹至此，大家都明白程济的意思，朱允炆却还不许人说燕王要造反，真不明白他在想什么。

　　建文元年（1399），果然北方靖难兵起，建文帝赶快把程济从狱中放出来，并升为征北军事。程济上奏皇帝说："我不愿做功臣，我只愿做一个智士就足够。"这是后话。

　　朱允炆见各种言论四起，便把黄子澄、齐泰又找来，君臣讨论，黄子澄认为燕王是装病，要赶紧定夺了，再不削燕王，真是来不及了。可是朱允炆认为自己已经削了五藩，还把北平控制了，再削燕王就无法向天下人说清，此时的燕王可只是一个病人。

　　君臣几个讨论一番，还是不敢对朱棣下手，但是如前所说，他们也做了一些军事部署，对燕王的藩地做了严实的防备。想着只要燕王有所动，就一举拿下。

　　正在朱允炆做这些部署，防备燕王起事的时候，南京城里传唱起了一首歌谣，这首歌谣的出现非常奇怪，是一个疯道士先唱的，但是听起来很顺耳，因此好多孩童跟着传唱，这首歌传唱得很快，不久就在大街小巷里尽人皆知。

　　　　莫逐燕。

　　　　逐燕日高飞，

　　　　高飞上帝畿。

——《明史》

　　这不是普通的民谣，它的字面意思是说不要驱赶燕子，燕子本是益鸟，你要是驱赶它的话，它就会越飞越高，一直飞上九霄云，飞上帝畿，也就是飞上皇宫。这个歌谣被传唱着，人们就会想，这个燕子是不是燕王？不要驱赶燕子的意思，是不是不要削燕王？民谣中含着预言，是在警告建文王朝。这个疯道士是谁？和朱棣有没有关系？到处传说的朱棣重病不起，到底是真是假？

　　其实，燕王朱棣确实有病，关于朱棣的生病，最早记载在洪武十九年（1386），燕王朱棣曾得过所谓瘕病，他的腹中结有硬块，脸色青黄。经许多医生诊治，总不见效。后来，朱元璋命著名的御医戴思恭前去为他治疗。戴思恭先看了一下以前的药方，认为用的药都很对，怎么不见效呢？他问燕王吃饭方面有什么嗜好，回答说好吃生芹。

　　这使戴思恭恍然大悟，遂投药一剂，明成祖夜里就拉下许多所谓"细蝗"。这在今天看来就是肠道寄生虫病。但是朱棣的病又不单纯是寄生虫病，据史书记载是结合了瘕瘕下的蛟龙病候和瘕病候，戴思恭出手只是解决了寄生虫问题，却没有除去朱棣的病根，这个病影响朱棣终生，甚至影响到了他的子嗣后代，他那年生病之后再没有孩子出生。所以正因为朱棣的身体确实早就有病，而且这病应该是尽人皆知的，所以建文帝才会接受他称病的借口，而没有削他。可是日益严重的局势让朱棣很清楚，削藩肯定要削自己，建文王朝不会放过自己，为了应对建文帝的最后摊牌，朱棣在努力做准备。尤其湘王的自焚，让朱棣更是警惕甚至暗自下了决心。

　　但是在前面就说了，朱棣也是很善于装病的主，在晋王给自己找茬的时候，燕王朱棣为了不和晋王起冲突，就在家装病躲过晋王的多次挑衅。现在朱允炆要找自己的茬，燕王朱棣也就又赶紧装病了，并且说是自己因为居丧忧虑才生了病，意思是自己一直深陷在朱元璋去世的悲痛中，身体也是日益不好，所以关于周王的事就不去京城讨论了。朱允炆也拿他没有办法，他这病就装成了。

燕王如此雄才大略，文韬武略，骁勇善战，实力强大，而且早就胸怀大志，他为什么装病，眼睁睁看着诸位兄弟被削藩，却不动手呢？

这也是一开始，朱元璋死后的奔丧时造成的，朱棣奔丧带了五千护卫，走到中途被阻止而归，若是当时只是简单回归，肯定就会被建文帝指责自己的不臣之心。为了取得建文帝的信任，稳住建文帝，朱棣只好让3个儿子进了南京奔丧，当时也是因为遗诏上只是不让藩王入京，没有限制让孙子入京，所以朱棣才做了那个决定。在他人看来朱棣是很孝顺的，为了给朱元璋奔丧，都不在乎把儿子送进南京，而且是一送3个，这态度端正的，让人找不到一点异心。因为大家都明白，这3个儿子一进到南京就会被建文帝当做人质，朱棣可是再没有儿子啊，如果他和朝廷对抗，那儿子可就没有命了。

朱棣用装病、送子的方式稳住了朱允炆，朱允炆也用朱棣的3个儿子稳住了朱棣。在这样的情形下，两个人各怀目的，一个是快速削藩，想要引起朱棣的反抗，给他办个连带罪；一个是拖延着朱允炆不要削自己的藩，自己赶紧准备自救的实力。

所以当朱棣收集了建文朝廷的罪证，有了理由反击的时候，他首先想到的是儿子们，他必须先把儿子们从南京接回来，才能起事。

建文元年（1399）正月，依照朝觐规定，燕王朱棣必须进京朝拜。在这样的特别时刻，朱棣自然是最好不要进京。有些史料也说朱棣没有进京，而是用写信的方式向建文帝要回了3个儿子；也有的史料说是朱棣进京了，带回了3个儿子。想一想皇权的至尊无上和争夺时的残忍，朱棣应该是千思万虑之后大胆进京。他这样做是为救儿子，也是为了拖延时间，麻痹朱允炆，为自己起事创造条件。

朱棣一决定进京朝拜，大将军张玉立刻阻止说这会儿进京就是自投罗网，朝廷已经布下了多重力量，要削燕王的势力，燕王还是不要去冒险。

陈文说王爷如果不去朝拜，又给朝廷落下口实，朝廷应该会很快对王爷动手，3位小殿下更危险。

张玉还是坚持不让去，觉得去了凶多吉少。

燕王看着两位爱将各持意见，都是为自己着想，就说朱允炆对自己一直忌惮，自己这次进京，既可以看清朝廷的情势，也可以打消朱允炆对自己的疑虑，更重要的是，要把儿子安全地带回来。

这个时候，姚广孝说道，燕王这次进京或者不进京都是很无奈的，存风险的，不过若是准备充分，凭燕王的智谋，只要小心行事，倒是可以一去。姚广孝的能力朱棣非常相信，一听此话，当然是决定进京朝拜。

建文朝廷中一听燕王朱棣要进京朝觐，卓敬便赶紧给朱允炆上奏说这一次一定要把朱棣除掉。可是仁慈的朱允炆一听朱棣要来，就已经心软了，对卓敬的建议很不以为然，他笑着说北平已经被自己部署的兵力和将领掌控，朱棣是没有兵力造反的。还说叔侄至亲，自己下不了毒手，让卓敬不要再出主意以免伤了他和叔父的亲亲之情。卓敬听了很悲伤，觉得国难将要发生。

燕王朱棣决定进京后，便和姚广孝、袁珙仔细做了部署，考虑非常详细后，只带了50个人就进京了，可谓是胆识异常。

南京是朱棣从小生活的地方，那里的一木一草他都熟悉，可是为了封藩镇守北方，他很少回来，连父皇的丧礼都不能参加。如今他回来，一路感慨皇家的世事无常，朱棣看着眼前的熟悉景致，神情黯然，心下难过，但是他只是短暂的一看，并不在南京做游逛。朱棣第二天就去拜见建文帝，朱棣见到建文帝并不行君臣大礼，只是说臣拜见吾皇万岁，还是端着自己是皇叔的架子。就有人指责朱棣不行君臣大礼，朱棣却说自己久居草野，不登殿堂，不知怎么行君臣大礼，请万岁降罪。

朱允炆却早已心软，说是一家人不必行大礼，朱棣就说臣已经拜见过陛下，臣疾病在身，不便在京城久留，这次来先去孝陵拜祭，然后就回北平，还望陛下恩准。

朱允炆看着一脸病相的朱棣，又想到自己的军事部署，觉得眼前之人已没有什么让自己顾忌的，并且他已经对自己称臣，朱允炆心里很开心，就准了朱棣的请求，还说自己要陪着朱棣一起拜祭孝陵。

第二日在孝陵，朱棣带着3个儿子和朱允炆一起拜祭朱元璋，朱棣流着泪在墓前颂祭文，感念朱元璋的功业，又说如今大统有太孙继承，一切都好，还说自己无才，只有自洁其身，还请父皇庇佑江山永固，自己身处草野也无憾。如此一番话，表现出对朱允炆江山的支持和承认。燕王声泪俱下，把朱允炆也感动得沉浸在亲情之中，想起自己身负重任，不得不削藩的内心的孤独和沉重，似乎在听到朱棣的祭文之后，都得到了减轻。他感觉自己被理解，也被支持了，所以那一刻满心里对朱棣只有亲亲。更何况朱棣来南京，只带50人，说明朱棣对自己很是信任，自己自然就不必如临大敌。

燕王拜祭完，看着三个儿子，就对朱允炆说："臣已经好久不见三子，如今他们在京城也没有事可做，我想带他们回北平，一来他们可以照顾我的身体，二来也可以减少他们母亲对他们的思念，还请陛下答应。"

朱允炆想到这3个人质一走的结果，又想一下自己的军事部署，再想燕王是因为对自己的信任，才让三子进京祭奠爷爷的，而自己却扣下三子做了人质，现在朱棣也对自己称臣，更是没有兵力，于是就答应了朱棣的要求。

朱棣和朱允炆一告辞，就赶紧让儿子们收拾东西，不到一个时辰，燕王就带着儿子和50个随从马不停蹄地往北平而去。

朱允炆放走了朱棣父子四人，回到朝堂之后，诸位大臣一看就回来个朱允炆，一问才知道朱允炆把人放走了，于是纷纷说这下子糟了，一个朱棣已经很难对付，再加上他3个儿子，那还了得？朱允炆这会儿一冷静，也觉得自己太感情用事了，便赶紧派齐泰和黄子澄去追，但是，怎么能追得上？朱棣本来就是和姚广孝商量好了的，带人在淮河边等着，朱棣一到河边就赶紧渡河，等齐泰他们追到河边，只能看着河水干瞪眼了。

四、顺应天命

朱棣的3个儿子留在南京，本来是建文帝和朱棣对抗的一个条件，也是朱棣不敢起兵的一个原因，现在好了，朱棣把儿子从建文帝那里带回来了，朱棣起兵就没有顾虑了。而且建文王朝对朱棣的态度也很明朗，已经在北平做了各种部署，还给朱棣身边安排了朝廷的人，再进一步就是动手了，朱棣这个时候还不起兵，那就只有束手就擒等死了。

朱棣要起兵，需要姚广孝出面积极鼓励，不然朱棣还是在犹豫。前面已经讲了姚广孝，僧名道衍，他一跟上朱棣就说要送给朱棣一顶"白帽子"。跟随朱棣来到北平之后，就在王府附近的庆寿寺当住持，两人经常在一起。他的心思不是当和尚，而是要找个明主，燕王就是他找到的明主，他就是要帮助燕王成就大业。如今，建文帝削藩在前，各种压力和矛头都指向燕王，可以说，下一步就要削燕王了。

燕王带回儿子后，姚广孝认为时机已经成熟，就开始使用各种办法鼓动燕王，要他起兵夺取皇位。可是因为朱棣心有顾虑，他擅长卜卦，他就给朱棣占卜一下，朱棣就问他是什么卜术，姚广孝深知燕王的心思，就让燕王掷铜钱，燕王一掷，姚广孝便说燕王要做皇帝。燕王便不让姚广孝乱说，但他还是很开心能卜出这样的卦象。

还有一次燕王写了一个上联："天寒地冻，水无一点不成冰。"姚广孝张口就来了一句："国乱民愁，王不出头谁作主。"以上事迹都说明姚广孝一直在鼓动燕王起兵夺皇位。

但是朱棣这样一直试探不行动，姚广孝看着心里着急，就说：

主臣，大王幸赐臣燕，亡左右窥听，故敢毕其愚。主上猜间宗室，侵渔齐藩，所戮辱囚首隶士伍，盖五王矣，虽未及燕，燕可觊幸免耶？大王先帝所最爱也，又仁明英武，得士卒心，主上所最忌也。夫燕，胜国之遗，而北方雄镇也，其民习弓马，地饶枣栗，悉雄蓟属郡之材。官良家子，毂甲可三十万，粟支十年。大王之护卫精兵，拔石超距者，又不下一二万。鼓行定山东，略淮南，此势若建瓶而下，谁为抗御？大王即不南机或先发，欲高卧得耶？且旦暮匹夫耳。臣窃谓大王卜之心。与臣卜亡异。

——《名卿绩纪》

姚广孝的分析很全面，他故意说得很乐观，目的就是想要鼓舞朱棣内心的战意。朱棣听了很开心，但是又说道："你别胡说。"姚广孝知道朱棣的心思，为了让朱棣下决心，于是又说自己认识一个很厉害的相士，要介绍给朱棣，朱棣听了心动，便答应相个面。此相士便是袁珙。

袁珙，字廷玉，号柳庄居士，鄞县（今浙江宁波）人，元末明初著名相士，官至太常寺丞，卒赠太常少卿。相术能力和袁天罡有一比，曾成功预言两人当皇帝。

袁珙自幼天资非凡，好学善作诗词。喜欢出外游走四方，在海外洛伽山游走时，曾经在别古崖遇到一位特别的僧人，看袁珙聪慧，便传授他以相术。袁珙在元朝时期已很有名，他所相的士大夫有数百人，这些人的生老病死、吉凶福祸甚至生活琐事、行为习惯都被袁珙推算得精准无误，甚至时间可以精准到某日某时，"无不奇中"。

江南行台御史大夫普化帖木儿，曾拜见袁珙，袁珙看过他的面相，对他说："大人面相大富大贵。但是，大人做官不久就会被夺印。若先生坚守节操，忠于朝廷，必定名垂后世，先生一定要努力。"普化帖木儿在浙江做官的时候，果然被义军首领张士诚"逼取印绶"，后不屈而死。

　　袁珙给江西左副都御史程徐看相时说："大人千日之内会得到升迁，然而大人是个不会尽忠守节的人。"次年，程徐拜兵部侍郎，擢兵部尚书。又过了 2 年，降于明朝，为吏部侍郎。

　　袁珙给陶凯看相后说："先生不到 10 年，会以文进，为后世臣，做二品官，大约在荆州、扬州一带。"陶凯后为礼部尚书、湖广行省参政。

　　洪武年间，袁珙遇姚广孝于嵩山寺，对他说："公，刘秉忠一类的人物，请自爱。"姚广孝对刘秉忠很是信仰，对袁珙说自己是刘秉忠一类，很是喜欢，做刘秉忠那样的人正是他的理想。

　　此时，建文帝削藩逼到北平燕王府前，姚广孝鼓动朱棣一时不能成功，就把袁珙推荐给朱棣，意思袁珙是元朝时代就有名的相师，相过的人都是精准无误，名声很大，给你相个面，你就知道自己是真命天子了，看你还怎么犹豫？

　　袁珙被燕王朱棣召至北平。燕王朱棣并没有直接召见袁珙，为了试探袁珙的能力，朱棣挑选了 9 个卫士，他们的相貌威严、体型高大，都和朱棣自己差不多。9 个人都拿着弓箭，陪着朱棣坐在酒肆中一起饮酒。袁珙受命来到酒肆中，目的是从众人中找见朱棣，袁珙一进来，就立马跪在燕王朱棣的脚下说："殿下怎么在如此地方？"另外 9 个人故意说袁珙拜错了人，袁珙却拜在朱棣面前自信确认朱棣。燕王朱棣心里惊讶袁珙能认出乔装打扮的自己，肯定是自己的相貌或者气概异于常人。于是朱棣起身离去，召袁珙入宫，屏退身边人，只留下袁珙，袁珙对燕王朱棣只身拜下说："大王太平天子也。龙行虎步，日角插天。年交 40 岁的时候，殿下的胡须就会垂至肚脐，可登基坐殿。"袁珙看过燕王藩邸的校尉士兵，便对朱棣说他们将来都是"公侯将帅"。袁珙还要朱棣以后不要忘记自己，燕王听完心中暗喜。

　　在后来日子，朱棣府中还来了相师金中。袁珙和金中、姚广孝几人和将士们在一起，为他们看面相，说他们都是将帅之相，但是这一切都和燕王朱棣相关，只要跟着朱棣做事，肯定能实现理想.这些将士也高兴，几个大相士都说了自己的面相，于是更加忠心于朱棣，都想着有朝一日要跟着朱棣拜相封侯。这样一来，朱棣要打天下的事情传得沸沸扬扬，尽人皆知，朱棣当着众人的面假装生气，赶走袁珙，可是等到袁珙走到通州，他又悄悄派人将袁珙接回自己的燕王府。

后来朱棣即位，召拜袁珙为太常寺丞，赏赐冠服、鞍马、文绮、宝钞、宅院。这些都是后话，并且朱棣在册立储君的时候，在3个皇子之间一直犹豫不决。袁珙给皇长子朱高炽看过面相说道："天子也。"相看皇长孙朱瞻基的时候说："万岁天子。"储君于是确定。

姚广孝为了让朱棣坚决相信自己是帝王，不仅找来了袁珙，还找来了金中，甚至把自己的儿子都带来了，以至于后来还来了一个颠士，这些人都擅长占卜和相术，甚至一些玄术。比如金中是袁珙的朋友，此人深谙《易经》，非常擅长卜卦，他在北平以占卜为生，他卜算很灵验，在北平的人都知道他，觉得他是神人。姚广孝就在燕王面前，时常赞美金中的卜算之术，燕王这个时候心里正盘算着起兵造反，就说自己身体不舒服，把金中召唤进来卜算一下。燕王摇出一个铸印乘轩的卦，金中就说此象贵不可言，简言之就是燕王是未来天子，燕王一听，很开心。这个金中从此就在燕王府出出进进，并且一边占卜一边看着卦象劝燕王举兵起事。

还有袁珙的儿子袁忠彻，他自小就学习了父亲给人看相的本领，有一回，朱元璋让他看一些文武大员的面相，这些文武大员中，有些是建文帝安插在北平监督朱棣的，袁忠彻居然把那些朝廷安插的人的命运都说成于法当刑死之命。还看出那些北平守将皆是将帅之才，燕王一听觉得起兵时机到了。

据说还有一个颠士，没名没姓没来处，到了北平，行为疯癫，说话神神道道，荒诞不经，但是他的话往往应验。燕王听说后，就把他召来，听他说那些隐秘的话，他的话中常常含有鼓动燕王起兵的意思。据说有那么一次，张玉的儿子张辅坐在地上，背上沾了好多灰尘，张玉要扶，结果颠士出现，给张辅拍去身上的灰尘，问张辅这里灰尘这么大，还不起吗？颠士说话时是对着张玉的，意思是问张玉，燕王怎么还不起兵，你去催一催。如此鼓动起兵。

还有一次，颠士找燕王说城外有风水宝地，若有埋葬的人，可以埋葬那里，燕王听了生气，但是颠士认真建议朱棣将乳母迁葬那里，后来朱棣居然信了，果然迁葬了乳母，也就是圣夫人墓。

在古代，人们都比较迷信，很多的大人物，对迷信深信不疑，占卜又是一种历史现象，大多数人通过这种方法来预测不可知的事情，很多大人物的命运，几乎都和占卜有关，尤其夺皇位这么大的事，朱棣肯定心里没底，要听天命，不然的话会被人骂的。朱棣正是在姚广孝等人不停占卜劝说下，相信了自己的天命，然后下决心起兵的。

还有一次，朱棣很是发愁地说道："民心都向着朱允炆，你说我还怎么起兵。"

姚广孝就很巧妙地对朱棣说："燕王是天意安排，就不用再谈民心了。"

所以由此可以看出燕王朱棣还是很在乎民心的，为什么他会这样说？因为朱允炆也是个好皇帝，他推行的是仁政，改变了朱元璋的残暴政治，得到了民心，那么，建文帝到底是怎样一个好皇帝呢？建文帝改变了朱元璋时代的很多政治体制，朱元璋在位时残暴、疑心，严猛治国，动不动就是连坐罪，陪他做事的人整天提心吊胆。

但是建文帝的时候，他的政策比较宽仁，尊重文人，推崇文官治理国家，他还告诫三法官员，刑罚要宽，要推行礼教，赦免罪证不足和可以原谅的囚犯。还纠正了一些洪武时期的冤假错案，还将流放的官员赦还，还有一些被抄家杀害的功臣子弟也受到了录用。建文帝执政短短几年，监狱里的囚犯，比洪武帝时减少了三分之二。朱元璋时期经常辱骂打压大臣，建文帝从不这样做，还合并一些州县，减去一些虚设的冗员。建文帝还让官员为老百姓变卖出去的子女赎身。他不独裁，虚心纳谏，常让大臣直言，所以得到百姓和文人的拥护，文人为他写下很多歌颂的文章。但是他是个书生文人，复古思想严重，所以也做了一些无意义的事。

燕王能看到建文帝的所作所为，所以觉得反建文帝有些为难。但是当他认真思考后，建文帝改祖制不用，就成了他起兵反建文王朝的理由，尤其是祖制封藩大治，你却削藩，那怎么行！再加上姚广孝一句天命所归，朱棣也就不用犹豫不决了。

这些天命所归的事情看着神乎其神的，其实都是姚广孝一手策划的，他要推动朱棣起兵，这些都是在为朱棣做战前动员。我们也都看到了，袁珙、金中都是姚广孝推荐给朱棣的，可见姚广孝是一个非常高明的谋士军师。他不是一般的文人儒士，更不是建文帝身边的那些理想主义者，他很深刻地分析了建文王朝对朱棣的态度，并且一开始见到朱棣就要为朱棣送一顶"白帽子"，并且为了这一顶"白帽子"他一直在行动。他一说要帮助朱棣起兵，就开始行动。

燕王府是在元朝的故宫基础上建的，是所有藩王府中最大的，殿院深大，正好可以秘密做事。姚广孝就在里面训练士兵，偷偷地深挖出很大的地穴，并在四周高高建起围墙，召集大量的工匠在里面日夜不停地打造兵器。因为打铁声嘈杂，为了掩饰打铁声，又在上面养了大量的鹅鸭，那些鸭鹅终日嘎嘎叫声不绝，掩饰了打铁的声音。

可是世上没有不透风的墙，不管燕王府的各种起兵活动做得多么私密，各种奇怪动静还是引起了一个人的注意。此人就是跟朱棣来往密切的大舅哥徐辉祖，他看出了燕王府的一些奇怪动向。朱棣的这位大舅哥，忠于建文帝。他之所以经常来到朱棣家里，就是打着大舅哥的幌子打探朱棣的动向，监督朱棣，时常向建文帝报告。他提醒建文帝早做准备防备朱棣，建文帝也非常信任徐辉祖，给徐辉祖加官太子太傅，让他和李景隆一起共掌六军，图谋北平燕王。

在建文元年（1399）正月，燕王派长史葛诚进京奏事，建文帝就秘密召见了葛诚，葛诚就把自己所知道的燕王府的情况全部告知了建文帝，如此，葛诚再回燕王府就成了建文帝安排在燕王府的一个间谍。朱元璋当时在藩王府设置长史，就是为了给藩王们培养能一起长久共事的大臣，这样的大臣一般都是忠心于藩王的，但也要为朱元璋汇报藩王们的活动，说到底还是忠于朝廷的。葛诚作为燕王府长史，在敏感时期这样做，就是背叛燕王，成了燕王府的内奸。他心虚得很，一回到燕王府，就被燕王发现了他神色异常，但燕王也没有打草惊蛇，只是私底下防备葛诚，侥幸的是，葛诚虽然作为长史，但是对深沉的燕王府，知道的并不多。这或许是燕王对这样的长史一直在戒备的原因。

大舅哥的频频探看，府中长史的背叛，这些让燕王更加小心谨慎，让燕王觉得自己活在四面监督之下。但是燕王也很大胆，他也会想着要策反这些建文帝派来的人。

比如，建文帝派刘璟，也就是刘伯温的儿子来查看燕王有没有异动。刘璟是个人才，他饱读诗书，深习兵法。燕王知道刘璟在建文帝那里的重要性，朱棣也喜欢他的才华，于是就对刘璟非常亲热，经常陪着他下棋，试探他。

在一次下棋的时候，朱棣让刘璟让着自己点。朱棣想要争取刘璟，但是刘璟说道，能让的当然要让，不能让的也不敢让啊。刘璟的回答表明了自己的政治态度。这让燕王很是失望。

失望中的燕王，觉得自己被监视，但他不愧是朱元璋的儿子，不愧是优秀的燕王，他在重重监视中还是不气馁，策反工作、试探工作照旧不停，在麻痹建文帝这件事上，燕王做得很大胆，很惊心动魄。

燕王在第一次入京又成功离京后的2个月，居然又一次把仅有的3个儿子一起派往南京，这一次是为了参加朱元璋逝世一周年的祭祀活动。在别人眼中，这就是再一次地自投罗网，但是雄才大略的燕王，就装作不知道上一次建文帝派齐泰和黄子澄追过他，他于五月份再派儿子去，犹赴鸿门宴，但是"不入虎穴焉得虎子"。儿子的再去可以更好地麻痹建文帝。也有人提醒说这样把3个儿子派去就是会再次做了人质。

朱棣说也只有这样才可以打消建文帝对自己的怀疑。但即便如此说，燕王还是感到后悔，毕竟是自己仅有的3个儿子，但是后悔已经来不及了。朱高炽带着两个弟弟到了南京之后，齐泰就建议建文帝关押三人做人质。此时，黄子澄居然说，还是把3个人放回去的好，这样就表示朝廷对燕王没有怀疑。朱棣和朱允炆两方面都在摆麻痹阵，朱棣让三子去南京以麻痹朝廷，让朝廷以为自己没反心。朝廷放三子归，以麻痹朱棣，让朱棣以为朝廷没有怀疑他。朱棣这样的行为还可以理解为胆大艺高，黄子澄做出这样的决定，真是让人着急，谁不知道你黄子澄要削藩啊，你还装，有作用吗？

在这一次放走还是留下朱高炽兄弟三人做人质的思考中，建文帝还做了功课，他听取了好几个人的意见，以帮助自己做出判断。但是即便如此，他还是在最后时刻听取了黄子澄的谏言，要放朱高炽兄弟三人离开南京。这个决定就说明，朱允炆不是一般的耳根子软，也不是一般的宽仁，真不懂朱元璋是怎么选上他的，他在这样关键的时刻听了黄子澄的话，做出了这个决定，简直就是脑子糊涂了。

徐辉祖作为朱棣的大舅哥，面对3个外甥，他可是毫不犹豫就去劝阻朱允炆，他说自己的3个外甥个个悍勇无比，尤其老二朱高煦骁勇善战，个性凶猛，就像个无赖，不忠不孝，如今把这样几个人放出去，就是放虎归山，以后肯定成为朝廷大患。

朱允炆听了之后心里不踏实，又找徐增寿询问，徐增寿和徐辉祖是亲兄弟，但是徐增寿和朱棣的关系好，所以朱允炆一打听到他的跟前，他就帮朱棣说了好多好话，还说朱棣病重，起兵是不可能的，何必起疑伤了亲情，又说燕王和朱标是亲兄弟，已经富贵至极，是不会造反的。朱允炆就听信了徐增寿的话，决定放 3 个弟弟离开南京。

再说朱高炽兄弟三人一听可以回北平，就怕夜长梦多，事情有变，就偷了舅舅的马，偷偷离去。

朱棣再次麻痹建文帝成功，见到 3 个儿子归来便疯狂拥抱。这 3 个儿子都了不得，能够回来就是天意。

第四章　"清君侧"之名，燕王起兵

一、高压前奏

朱棣在儿子回北平之后，心是放下了，可是自己这里还在紧张准备中。他一边在府中秘密准备起事，一边抓住一切机会笼络能共事的可信之人。他在北平地区的文武官员中仔细地观察，拉拢女真人中可以信任的有能力的人，为了和女真人建立坚固的关系，他纳了女真酋长阿哈出的女儿为妾。

除此之外，他还将一批女真的宦官笼络在自己的身边，这些宦官英勇善战，后来在靖难之役中表现得非常勇猛，他们中的代表人物有刘通和刘顺。这两个是兄弟，刘通负责为朱棣探查情报，刘顺从一开始就被朱棣当作军人培养，朱棣把刘顺留在军中，一方面是为自己所用，一方面也是为了做人质，牵制刘通，让刘通忠于自己。兄弟两人在靖难之役中表现突出。

在建文元年（1399）三月的时候，陈瑛被建文帝派到北平出任按察使，朱棣就试图结交陈瑛，没想到陈瑛欣然接受了朱棣赠送的金钱，结果陈瑛的事情很快被人告发，被捉回南京，后来贬到广西。陈瑛对建文帝恨之入骨。

时间紧张而压迫地推进到了六月。燕山护卫百户倪谅上书告发朱棣部下的两个官校，这两人一个叫于谅，一个叫周铎，倪谅上告这两人为朱棣招募勇士，参与燕王府密谋，要对朝廷图谋不轨。建文帝命人将这两人抓捕到南京，经过严刑审讯，两人就招供了自己知道的内容。但是两人也不过是下级军官，所知道的内容也不过是被倪谅告密的内容，其他更高层次的消息一无所知，又加上他们本来也是佩服燕王的，所以至死也没有说出去太多的信息。两个人白白丢了性命，这个事情一发生，朱允炆更是怀疑朱棣。

建文帝命谢贵和张昺在王城外布兵，密切监视燕王。燕王觉得此时起兵还不成熟，就又装病。前面说了，燕王的病根在身没有治愈，所以他装病装得很像，他会发疯狂奔于大街上，胡言乱语，狂叫不止，形状荒诞不经。有时躺在地上，熟睡不醒；有时甚至整天昏睡。就算是谢贵怀疑，试探他，在他面前杀他的随从，从他面前经过不下马，羞辱他，他也没感觉、没反应，北平人都在传说燕王朱棣被建文帝给逼疯了，尤其北平老百姓对建文帝这么不惜骨肉亲情都有了意见。

尽管如此，谢贵等人还是没有放下警惕，于是朱棣继续装病，朱能和张玉为燕王朱棣担心，也为他们心中的大业担心，觉得这样下去就成了案板上的鱼肉。朱棣便安慰他们忍着，说这时没有把柄被朝廷抓住，那就必须忍着，争取时间把准备工作做得更充分一些。

北平布政使张昺和都指挥使谢贵来燕王府假装探望燕王，就是想要一探虚实，看看燕王到底是真病还是假病。可是燕王这个病装得很真，六月天气非常热，燕王居然围着火炉，披着棉被，嘴里还喊着冷，当他看到谢贵等人时，就勉强支起虚弱的身子，拄着拐杖在屋子里走了几步，颤颤巍巍的，面色青黄，给人一种病入膏肓的感觉，而且说话词不达意，疯疯癫癫。谢贵两个人就断定燕王是真的疯了，把看到的情况上报给了建文帝，建文帝才相信了。其实朱棣也是真生病了，常年驻守北方，受风寒俱深，在夏天这样做正好也除除寒湿。

但是燕王瞒过了别人，却瞒不过内鬼。不管他怎么装，都没有瞒过府中长史葛诚的眼睛，葛诚他藏在暗处，偷偷观察燕王，他从燕王的举动中判断出，燕王是在装疯卖傻，他就跟在谢贵和张昺身后，行到秘密无人处，告诉他们燕王没有病。可是这两人也有些怀疑，他们不是很相信葛诚的话，于是葛诚又写信密奏给建文帝。

其实建文帝已经给北平和燕王府安插了很多内线，只是迟迟不动手，他也是一边监视着燕王朱棣，一边准备动手，又不敢轻举妄动，于是他们两方面就这样僵持了起来。

那建文帝到底在惧怕什么呢？其中有一个原因是朱棣在北平这么多年了，北平的居民和百姓对朱棣非常认可，朱棣很得当地人的民心。据说在街道上，一个老太太看到醉酒的兵士在磨刀，老太太就问士兵："你磨刀干什么？"士兵因为喝醉了酒就泄露了秘密，说道磨刀杀燕王府的人。

老太太一听，心想燕王在我们北平，可是好王，对百姓好，可不能让杀了，于是就跑到燕王府报告。朱棣当然知道自己所处的环境，很有警惕心。但是这个事情说明当地的老百姓非常拥护燕王朱棣，如果真的打起来，北平的老百姓肯定是向着燕王的。

燕王朱棣还在加紧准备，准备不充分，他不敢动手，朝廷虽然在王府四周布了兵，但是因为社会舆论和当地军民的关系，他们也观望着，不敢轻易对燕王动手。朝廷就这样控制着燕王府，还是不放心他，有一天，燕王派他的护卫邓允赴京办事，建文帝就听了齐泰的建议，把邓允给抓了起来，严刑拷问下说出了燕王府的真实情况，并且说出了燕王就要举兵谋反的事情，说的是一五一十、有根有据。建文帝听了之后，才切实相信燕王这样做真的是要谋反了。于是建文帝发出密令，派人速去北平逮捕燕王府的官属，又密令张昺、谢贵抓捕燕王。

建文帝朱允炆同时还密令北平都指挥使张信去逮捕燕王，都指挥使，就相当于我们现在的军区司令，让这样的厉害人物去捉朱棣，应该是手到擒来。再说还有张昺和谢贵领命一起逮捕，还有什么不放心的？于是建文帝、齐泰、高子澄坐在南京城，等着人把朱棣押捕回京。

这时候，负责去抓朱棣的将军名为张信，他是如何做的呢？张信其实并没有执行命令。

这张信的父亲是朱元璋旧部，祖籍临淮，官至指挥佥事，类似于当今副军长级别，张信算是官二代，武将，他父亲死后，承袭了父亲的职位，做了北平指挥佥事，后来立功，被加官晋爵升为都指挥使，相当于今天的省军区司令，他曾是燕王旧部。朱允炆一上位，得知张信善筹谋，文武双全，就又把他派遣到北平都司去做都指挥使，可以说是上任没几天，就接到了朱允炆的密令，让他和张昺、谢贵一起监督朱棣，候机逮捕朱棣，直到朱允炆最后时刻下令，捉拿朱棣。

张信是一个比较佩服朱棣的人，接到朱允炆的圣旨之后，张信就不愿意对朱棣动手，可是不动手就是违抗圣命，会被抄家治罪。张信回到家里之后，心情焦虑烦躁，坐卧不安，不知道应该怎么处理这个问题，他的母亲看到他焦虑不安的样子，就关切地问他发生什么事儿了。

张信长叹一口气说道："母亲，朝廷下了圣旨，要我去捉拿燕王朱棣全家，儿子于心不忍，燕王是先皇最优秀的儿子，他镇守北疆，既有功劳也有苦劳，如今，陛下削藩不分好坏，对燕王实在不公，燕王可是没有犯过错误的藩王。可是我要是不去逮捕燕王，朝廷的圣旨又难违，这让我很为难，一时不知该怎么做。"

张信的母亲觉得事情很奇怪，就问张信："朝廷知道你是燕王旧部，为什么还要派你去捉拿燕王？"

张信沉思一番说道："朝廷此番作为，应该是想拿燕王考验儿子，说到底还是对儿子有所怀疑。"

张母就说："儿啊，这个事情你可要想清楚了，为娘的话，你记住，此事做不得。民间四处传说燕王是真命天子，太祖在世的时候，燕王就是太祖最爱的儿子，太祖和燕王都对咱家有恩，你此刻要是选择不清楚，可是要给张家招灭门之祸的。"

听了老母亲的话，张信更是举棋不定，正当他思考的时候，建文帝等不到张信在北平动手的消息，就又派了人来催促张信，并且说张信要是无故拖延，坏了国家大事，就要严惩他全家。

张信被这话一激，再想起母亲的话，又把建文帝和朱棣在心底下做了个详细的比较，结合自己听到的、见到的以及北平的现实，张信把心一横，内心的天平就偏向了朱棣。

可是，当张信急匆匆地去求见燕王的时候，却被燕王以生病拒绝。

张信一直见不到燕王，心里万分着急，就乔装成女眷坐了妇人的轿子，混进了燕王府。

张信直接去见燕王，燕王躲不掉，只好继续装病在床，他以为张信是来监探自己的，所以他装病装得很认真，不敢露出一丝马脚。

张信跪在地上大喊拜见燕王千岁，燕王却疯疯癫癫地问张信是谁，自己不认识，还叫张信来烤火。并且把被子盖在自己头上。

张信跪在地上大喊："燕王不信臣，但是臣信燕王，燕王若是真的病了，心里没有想法，那就随臣进京由朝廷处置。若是燕王没有病，不甘心束手就擒，就不要隐瞒臣，臣张信誓死追随燕王。"

张信说着话，拿出了身上的圣旨，递在朱棣面前。

朱棣看着圣旨，听着张信对自己称臣，明白张信是值得信任的，就下床跪在地上，感谢张信救了自己和全家。

张信也赶忙跪地，他扶起燕王朱棣，再次表示忠心要永远跟随燕王。

朱棣站直了，顷刻间一脸浩然正气，英姿焕发，浑身都是骁勇善战的气息。他说道："当今万岁听信谄媚邪佞小人的谗言，陷害我等至亲骨肉，颠覆祖训，误国害民，令人心寒，本王想要起兵清君侧以正朝纲，如今得将军相助，此大事必能成功。"

事情至此，两人成了自己人，朱棣带张信进密室，和姚广孝等亲信一起商议起兵大事。

二、箭在弦上一触即发

朱棣将姚广孝、张玉、朱能等人召到密室，拿出建文帝的圣旨，简述了张信的投诚。

朱棣说完，略一沉思就对几人分析现状："如今张昺、谢贵领兵遍布北平全城，我们起兵倒是可以自救，但若想成事，一击取胜，真是又难又险，更何况人众我寡。大家都说说吧，如今应该怎么办？"

朱能起家燕山中护卫副千户，他跟随燕王朱棣征伐漠北，骁勇善战，足智多谋，这时他听了朱棣的话，就说道："谢贵、张昺人虽多，但是只要想办法把这两个人捉住，其他的人也就不足为虑。"

朱能的方法大家都赞成，仔细分析觉得也只有这样，朱棣说道："谢贵、张昺二人防守严密，很难立刻捉捕，我们还是需要商量个万全之计。本王认为，如今奸臣派遣内官来王府捕捉府中护卫官属，要依律给大家定罪带走，却还没有明文说要捉我本人，那我就令派来的内官召谢贵和张昺来，就说是要交付他们想要逮捕的王府官属，这两人一听，肯定会来，我们到时捉拿他们两个便是。"

众人一听这个方法可行，就又详细地讨论了些关键细节问题。

由此可以看出，此时的建文帝和燕王朱棣都是箭在弦上，一触即发，尤其张信闯入燕王府告密，张昺、谢贵也立刻行动调军队入城，加强了防务，同时，派人上奏朱允炆，可是朱允炆优柔寡断竟然只是下令逮捕燕王府官员。

所以这就让燕王朱棣钻了空子，想出了上面的计策。如此一来，朱允炆关键时刻的仁慈还是害了他，因为朱棣已经要动手了，他还下不了决心逮捕朱棣，只是逮捕燕王府的官属，结果这样只能使朱棣这方更加主动，逼迫朱棣抢占了先发制人的机会。

就在双方都紧张谋划的时候，在北平布政使司里，有一个非常钦佩朱棣的人，此人名叫李友直，在衙门里做些抄写的活，为人口碑还好，混成了张昺的亲信。一天，他听说张昺收到朝廷密件要对燕王动手了，就偷到密件看了一下，一看内容，李友直大吃一惊，便偷拿着这份密件跑到了燕王府。

李友直为什么要这样做呢？首先，他仰慕钦佩朱棣是真的，燕王在北平期间，爱民拥军，给他留下了很好的印象。还有就是，他在北平布政使司，不过是个小职员，要是不出差错，这辈子也就是这样混下去，再没有升迁的机会，他直觉这次如果能跟燕王一起，怎么想都是大好前程，如此一想，他就觉得与其这样碌碌无名，不如一搏，给自己挣个大好前程。可见这一位也是个有见识有胆量的。

在这样关键的时候，李友直出现在燕王府，朱棣肯定不能轻易相信，说不定他就是敌方的诱饵想要麻痹自己，李友直一看朱棣不相信自己，就说道："燕王防备我是应该的，但这个密件是真的，张昺、谢贵就是谋反，要来捉拿燕王。燕王还是赶紧做部署吧，我李友直不走，就留在燕王府了，若是事情是假的，燕王尽管杀了我。"

李友直这般一说，燕王就相信了他。可以说李友直的出现是个催化剂，朱棣立刻开始部署，因为再不动手，自己只有坐以待毙。

朱棣把姚广孝等人召集一起，商议即刻举兵起事，结果晴空里忽然阴云密布，雷声大作，大雨倾盆，风大得把屋顶的瓦都掀了起来。朱棣一看，觉得这样的天气很是不吉祥，是老天对自己行为不满，顿时他就满脸愁容，这时候姚广孝看到了他的表情变化，知道他在想什么，说道："燕王，这可是大吉兆。"

朱棣心里正烦着，一听姚广孝的话就呵斥他说："疯和尚，天都变成这样了，你还在说狂妄之言。"

姚广孝却沉稳地说道："燕王，难道你就没有听说过吗？飞龙在天，常伴以狂风大雨。房顶的瓦片落地，这是上天告诉燕王，你是要换个黄屋子住了，燕王你这是一决定举兵起事，老天爷就马上给你做了回应，风雨相认。这是大吉啊，燕王应当即刻行动。"

由此可以看出姚广孝不是一般的军师，聪明才智胆识学识都是超常，尤其才辩过人。这样一个坏天气，只能让人往坏处想，他却来一句，飞龙在天，风雨相伴，把瓦砾在地，说成要换黄屋，说得满心沮丧的朱棣顿时转忧为喜，如此鼓舞了燕王朱棣，也抓住了时机。在这危急的时刻，姚广孝这番振奋人心的鼓励，让燕王心生豪气，他果断决定马上起兵。

从这天开始，明朝历史上持续近4年的叔侄争权战争拉开了序幕。

因为朱棣不想坐以待毙，且朝廷下令只抓府官，所以朱棣还有一些自主权力。再加上府中都是他自己的人，他就立刻让张玉、朱能召集王府护卫。

朱元璋在位的时候，一个人拥有好几个护卫，一个护卫按他的编制，在明朝的时候应该有至少5000人，像朱棣坐镇北方至少有几万人。可是朱允炆一上位，立即着手削藩，防朱棣造反，经过他几个回合的部署，对朱棣的兵是各种调遣、调换，到了燕王朱棣要起兵时，王府就剩区区800多人了。怪不得张玉着急说再不造反，咱们就是案板上的肉。

朱允炆之所以有信心，因为他料定了他四叔没兵，如果真的造反也无法成事，到时候一个旨意下去，派人把他一抓，他只能乖乖就范。可见朱允炆的慈悲和犹豫也是有保障的，换谁都不敢带着八百士兵造反！

可是朱棣敢，因为朱棣的八百士兵都是精兵强将，是朱棣的死党，是可以跟朱棣同生死共进退的，他们骁勇善战，以一当十，是随着朱棣坐镇北方常年征战的汉子。

在那个不平静的夜里，朱棣在紧张地部署，天一亮，他就开始自置官员，也就是自己给自己选拔设定一些朝臣，和朱允炆的建文朝堂彻底闹掰了。他要自己选人为自己干活了，他不再承任朝廷命官。首先李友直被任命为北平布政使司的参议，类似今天的省政府的秘书长，李友直欣然答应，如愿以偿。

朱棣霸气自置官员，该立的立，该除的除，在情况紧急、北平混乱的情况下就开始有序且迅速地收粮，调集民夫做备战工作。

王府中都成这样了，张昺和谢贵却还在外进行部署，冲进王府只抓王府官员。

而朱棣却已准备按之前的计划进行，先抓张昺和谢贵。

大家按计划开出王府官员的名单，交给朝廷内官，待张昺和谢贵进王府逮捕府官，然后在府中安排好府兵。

一切部署好后，朱棣让人去和张昺、谢贵交涉，这两人一听来人的要求，商量一下，觉得到了这个时候，朱棣肯定闹不出什么幺蛾子，再说，来传信的还是朝廷的内官，两人就放心进去了。抓人当然是要率兵士进去，可是门口的护卫坚持王府制度，不许一般人众进入王府，张谢二人也没有接到朝廷让带兵入王府的圣旨，也就不敢带兵进去，毕竟事情闹到这份儿上，朝廷那位主子还没说下杀手，张谢二人也不敢逾越。

两人就让随从军士站在门口等候，他们自己进了王府。真不懂这两个为什么此刻还这么讲规矩？是脑子糊涂还是自信满满？总之这二位一进去，便着了道。

七月天气正炎热，燕王朱棣在院中设宴，摆着瓜果，一副闲散模样，看到二人便说："这是新摘的西瓜，你们二位也尝一尝吧！"

燕王朱棣说着话，拿起一片西瓜就要吃，忽然又反手扔在地上，指着二人骂道："现今平民百姓之间，兄弟宗族之间，都知道互相体恤关爱，我身为天子的亲人，就连生命都不能自保，既然已经到了这种地步，这天下之事，我还有什么不可以做的？"

随着朱棣扔瓜骂人，埋伏在四周的士兵，一拥而上，抓住了张昺和谢贵。此时，张昺和谢贵后悔没有带士兵进来，却为时已晚了。与此同时，几个护兵又把葛诚和卢振两个内应捆绑着拉到朱棣面前，这时候，谢贵、张昺才知道他们的事情早已被朱棣掌握，奸细也早已败露。此时的燕王一扫病容，扔掉手中的拐杖，站起来气愤地说道："我哪里有什么病，只不过是奸臣当道，害我不能以健康示人，才不得不如此。"

朱棣杀了张谢二人，因为他痛恨葛诚和卢振背叛自己，又派人杀了两人全家。当时燕王府中，还有两个人，虽说没有做奸细，但是他们反对朱棣造反，也被朱棣杀了，至此，王府中只有忠于燕王的人。

其实自朱允炆上位削藩保全皇位开始，就是血淋淋的杀伐，只是这一次性质变了。

燕王府内已经拉开了"清君侧"的大幕，而门外士兵只以为里面在摆宴会客吃酒席，里面的人一时半会儿都不出来，天色已晚，门外的士兵也就跟着燕王府的士兵下去吃饭了。燕王府外的士兵，吃饭的吃饭，散开的散开，还有的人不明情况，觉得也没有明确指令，便自行散开活动去了。

这时候北平城就传说着张昺和谢贵被杀的事情，北平城二人管理的军士就乱了。有一个叫彭二的都指挥使一时慌乱，骑着马在街上狂奔大喊："燕王反了，为朝廷立功的时候到了，想要封侯晋爵的跟我来！"

这一喊，立刻就集结了千人，这些人敢于一起去攻打燕王府，也是想着燕王府人少。结果，毕竟是临时凑在一起的，配合有问题，到了燕王府门口，就被张玉和朱能冲散，彭二也被张玉和朱能所杀。燕王就派人明白传谕给北平城的士兵，说张昺、谢贵已经被燕王正法，让他们各自撤回。北平城里的士兵，本来就是燕王的部下，只是受命于朝廷调遣，现在一看燕王杀了他们的朝廷指挥，也就无语纷纷散去了，或者直接加入燕王的队伍。

当天晚上，燕王命令张玉和朱能二位大将带着王府护卫趁着夜色攻夺北平九门。张玉和朱能的出现，带的又是精兵悍将，骁勇善战，一时间守城的将士又是怕被杀，又是本身就害怕长期霸主北方的燕王，竟然仓皇中无心应战，举手就向朱棣投降言和，甚至有的城门直接就是接了朱棣的命令，又为朱棣守着城门。

就这样，北平的9个门，8个门在一夜之间被朱棣占领，就剩个西直门还和朱棣做着奋勇的战斗，西直门一时拿不下来。

西直门本来地势险要，又因为守城门的士兵已经做好了防护，燕王府兵想要很快拿下西直门并不容易，而北平城外还集结着朝廷的军队，随时可以反攻北平城。所以朱棣必须快速拿下西直门，掌控北平，用北平作为自己的基地，和朝廷抗衡，不然的话，朝廷军队打过来，朱棣将再无机会。

朱棣军中有个指挥官名叫唐云，平时和士兵们的关系好，在北平的士兵中很有威望，朱棣就让唐云像平日一样，不穿盔甲，骑着马信步来到西直门前冲着西直门士兵喊话："守城的士兵们，你们听着，朝廷和燕王已经谈好了，北平城由燕王自己管理，从此燕王自治一方，你们还在这里稀里糊涂地做什么抵抗？还不赶紧散了，不要等燕王杀过来，走都来不及了，可别怪我没有告诉你们。"

这时候燕王也是一马飞奔而来，就像自己平日经过西直门一般，看着西直门上的士兵呵斥："谁让你们这样做这些不义之事的？你们这是自寻死路。"

守着城门的士兵见朱棣自己出来了，又这样说，再看其他八门也听从了朱棣的，也就信以为真不做坚持了，至此一刻，北平城九门被朱棣完全控制。

由此可以看出，燕王的八百军骁勇善战不假，但是更重要的是燕王在北平城中镇守近20年，从他一开始的为民着想得民心，待军友善得军心，又加上他熟悉地形，更重要的是这个时机正是好时机。因为藩王被削其中的悲惨已经被世人目睹，建文王朝对亲人的冷酷已经有人在诟病，所以，天时地利人和，加上朱棣本就有着远大的抱负，燕王府也做充分助推，这些因素配合在一起，就是万事俱备了。

此时的朱棣已经决心造反，义无反顾，而朝廷却犹豫不决，再就是朝廷用人不当，派的是朱棣旧部张信捉朱棣，结果张信反水，就连北平城的守军都是朱棣旧部，所以三言两语就被策反了，在这种情况下，朝廷能不输吗？

三、燕王奉天靖难

朱棣掌控北平城之后，在七月七日立刻聚集北平将士，给全体官兵做了起兵动员宣讲，以求大家一心一意地跟随自己。

朱棣的宣讲是这样的，他说："我是太高祖皇帝、孝慈高皇后的嫡子，是大明王朝皇室的至亲，我自受封就藩北平以来，一心守法遵法，固守本分，为国效力。如今幼主即位，信任奸佞小人，任意屠杀我的至亲家人，致使国家横起大祸，我父皇母后，艰难创业，封藩诸子，只为藩屏天下，传续无穷。一旦残灭，皇天后土，实所共鉴。"

朱棣说的没错。本来封藩是朱元璋坚持干的，当时没有人反对批评朱元璋的做法，现在朱元璋刚一死，新皇刚一登位，朝中大臣就教唆新皇削藩，这就是违背了太祖皇帝朱元璋藩屏天下的治国大纲，违背了朱元璋遗愿。

朱元璋的遗愿到底是如何说的?

> 祖训云:"朝无正臣,内有奸恶,必训兵讨之,以清君侧之恶。"今祸迫予躬,实欲求死。不得已也,义与奸邪不共戴天,必奉天行讨,以安社稷。天地神明,昭鉴予心。
>
> ——《奉天靖难记》

这段话中心突出,意思明了,朱棣搬出这段祖训,就是指责朱允炆违背了太祖朱元璋的分藩大治,还有就是,太祖朱元璋曾经说过,朝中若有奸恶之人,藩王可以起兵"清君侧"。言下之意,这一切都是按照太高祖皇帝的话办事,这样就把他起兵叛乱说成了正义之师。目的就是"奉行天讨,以安社稷"。

但是《皇明祖训》还规定,藩王举兵要受天子密诏,除掉奸臣还要收兵于营,返回原处,但是朱棣并无天子密诏,也不返回原地,他不过就是要以此为借口起兵而已。好在祖训内容并没有普及军中,不然朱棣这个"创意"还通过不了。为了取得将士官兵的支持,朱棣说自己"清君侧"之后,就效仿周公,辅佐成王,言下之意是自己不会夺皇位,只要除掉齐泰和黄子澄等奸臣,然后就辅佐朱允炆治理大明朝。

燕王打着除去齐泰、黄子澄的名义,称自己的部队为靖难之师,他除掉建文年号,而且更加详细地任命了文武官员。

但是这又怎么扯得清,朱允炆削藩有道理,朱棣反抗起兵自然也有道理,除去祖训,还有被削藩就意味着死,生死关头,都是皇家后代,这样做有何不可?更何况朱棣还是朱元璋的爱子,自小也成就了一颗称霸之心。

朱棣比朱允炆聪明,朱允炆削藩,血刃直指至亲骨肉,朱棣只说朱允炆被奸臣迷惑,自己起兵是要"清君侧",朱棣起兵师出有名。朱棣还说削藩只是齐泰和黄子澄的主张，和朱允炆没有关系，即便建文帝下了圣旨，也不是出自真心，都是奸臣的蛊惑。比如齐泰、黄子澄不但害了周王等5个藩王，现在又要加害自己。而自己从无不法之心，只是镇守北方边疆，这些奸臣，害了诸多藩王，然后又害我，为的就是危害朝廷。

如此名正言顺一番宣讲，打动了昔日将士，北平之师又是旧部，所以原来北平的官员纷纷归降到燕王麾下，同仇敌忾。

燕王起兵前，让金忠占卜吉凶，金忠占出大吉，燕王起兵后，3天便安定北平城。于是他打出奉天靖难的旗号。

可是，燕王出兵时，忽然天气就风云突变，咫尺之间人与人互相看不见，这种天气给人一种出师不利的感觉，燕王正在深感不安，担心天象异常会动摇军心。

但是，这种天气也是稍过片刻，东边天际就乌云开缝，露出青天尺许，耀眼光柱自云缝而下，犹如巨烛洞彻天地之间。本来紧张的将士们忽然齐声欢呼，觉得这是老天在支持燕王，是祥瑞的征兆，燕王内心的惊恐瞬间消失，满心喜悦，也有种被老天支持的强烈感觉。而姚广孝再一次趁机说了天意支持燕王起兵。

而此时，北平城外，朝廷部署的军队正在待命围剿燕王，正如黄子澄当年在皇宫的东角门对太子说藩王若乱不用发愁，以天下之力围剿一隅之力便是。朱允炆在南京看着朱棣起兵的消息，提笔削去燕王属籍，也就是他把燕王从皇族的玉碟中给除掉了。

而朱棣此时连之前藩王的正经护卫力量都被早早削了，所以，燕王只能找一个正当借口，然后招兵买马，迅速出兵。于是，他在姚广孝、金忠、张玉等人的帮助下，借着天上突变的风云打出了"清君侧"的旗帜。他提出靖难的口号，意思就是平定国难，后来他的这个行为又演绎成"奉天靖难"，也就是说朱棣自己是有天命的，他这样做是顺应天意。总之，他就是顺理成章地出兵去为朱允炆的朝廷除奸臣了。

至于朱允炆的朝廷是什么意见不重要，重要的是朱棣给自己找了一个很光鲜的理由。

朱棣占领北平，3天就安定了这座雄城，为了喊出的"奉天靖难"这个口号和为了他自己心中的理想，他必须出兵了，他要训兵入朝，这也是祖训上规定合理的内容。朱棣要打仗了，这第一仗对军队特别重要，直接关系到军队的战斗士气，也关系到朱棣自己对朝廷的示威的成功，所以这一仗非常关键。

朱棣明白这一仗只能打胜，不能打败，可是怎样才能一战而胜？这并不是一件容易的事，毕竟朱棣和朝廷军队从人数上就很悬殊。

都指挥使俞瑱是谢贵的得力部下，燕王朱棣在快速占领北平城的时候，俞瑱带兵抵挡了一番，见抵挡不住朱棣，就在仓皇间带兵退守到了居庸关。

同样的时刻，朝廷派了驻守蓟州（今天津市蓟州区）的官员马宣带兵奔赴北平来镇压朱棣。

马宣到达北平之后，和朱棣进行了短暂的交手，又退回蓟州，这时候朝廷命令开平都督宋忠镇守怀来，俞瑱、马宣、宋忠三方军力联合起来，对北平形成重兵包围之势，朱棣虽说在北平一战胜利，但是面对朝廷军的包围，他的压力依旧很大。

朱棣在北平誓师之后，军队在北平稍作休整，他又调整和设置了北平的官署，重新布置防务，以此安抚和收揽民心。北平都督宋忠本身就负责防备燕王，朝廷做了军队的调整之后，把从燕王那里削来的一些精锐部队都归集在宋忠的部下由他掌管带领。

燕王起兵之后，宋忠就接受朝廷命令，带领三万大军从开平赶往北平，但是当他还没有赶到北平时就得知北平已经失守，于是便上告朝廷，又领朝廷的命令去守怀来。

燕王朱棣起兵第二天，通州卫指挥房胜便举兵响应朱棣，还率领众多将士和士兵来降，并协助燕王作战，燕王便一举收服通州城，可以说有了房胜相助，通州被收服就是走了个过程。

但是，通州（今北京市通州区）的地理位置非常重要。房胜这个人本身就是燕王朱棣的旧部，他本来和燕王的关系就很好，他率兵归降后，迅速壮大了燕王朱棣的部队。而且他这个行为也影响了其他的地方将领和官员。

其实很多武将后来也都投降于朱棣，这也和建文朝廷重文轻武有关系，当然，另一方面也是因为很多兵士是朱棣的旧部。轻易地收服通州后，朱棣仍旧让房胜镇守通州。

朱棣打下通州之后，就想着大军由通州挥师南下，但是张玉献策说南下并不是好的决策，不如先打下蓟州。因为此时朝廷大军就围在北平城周围，虽然没有立刻进攻北平，但他们都在等待朝廷的命令，如果此时朱棣带兵南下，北平城里无人镇守，朝廷再下令围城的军队攻打北平城，到时候北平必失。

如果朱棣在途中再遇到风险，这种局面将对朱棣非常不利，朱棣届时肯定会成为丧家之犬，逃到哪里都只有挨打的份儿，而且还将无处可去。朱棣听了，这么一想觉得很害怕，他便接受张玉的建议，先为北平除去周边的威胁，安稳巩固自己的大本营、大后方，然后再向外图谋。

但是，在蓟州、居庸关、怀来三地的兵力对北平形成怀围之势时，朱棣也不敢留在北平死守，因为那样只会被动挨打，如果朝廷的这三路大军齐力围打北平，北平除了挨打也会被很快打败。

所以，朱棣只有在几十万大军的包围下主动出击，也好在北平城周围的建文军队只是围着城，而没有发动攻击，这样就给了朱棣喘息的机会，从而也可以发现朝廷大军不是过于自信，就是过于迂腐，他们居然围而不打，眼睁睁地看着朱棣折腾，得以喘息。

张玉给朱棣献策说是先攻打蓟州，于是朱棣就派朱能率大军攻打蓟州，守蓟州的马宣因为之前在北平和朱棣已经交过手，而且还失败了，所以这会儿一听朱棣来攻打蓟州了，就已经败军心怯，不敢迎战，便严防死守在城里。

于是，朱棣派朱能打蓟州先想着和平招顺马宣投降，结果马宣虽然是个败军之将，却是个有血性的将军，他坚决不向朱能投降，于是朱能只好四面强攻蓟州，马宣在激战后被朱能所俘，宁死不屈。马宣死后，城内守军再也无心恋战，便举城投降朱能。

朱能抚定蓟州后，立刻率兵奔往遵化，朱能是个优秀的大将军，他带兵有方，对兵将要求严格，军纪森严。朱能虽然打了胜仗，但是他要求自己的部下进了攻下的城池后，不可以胡乱虐杀百姓和俘虏，要善待归降的城中军民，行为做事以得人心为本。

到了遵化后，朱能派遣勇士在夜里登临遵化城，打开城门率兵而入，守兵到了此时才知道燕王大军到了，遵化城不攻自破，遵化卫指挥蒋玉遂传令部下，不战归降。这些地方的守军归降朱棣之后，又转向为朱棣守城，严防朝廷大军。

紧接着，密云指挥郑亨也率兵归顺了朱棣。就这样朱棣在占领通州、蓟州、遵化、密云等地后，北平的东边安定了。

这些地方的守军归降朱棣之后，就继续为朱棣守城。

这时候，建文帝朱允炆的南军暂时还赶不到北平，所以北平最大的军事压力还是来自北边怀来的宋忠，因为他随时准备着向北平进军，但宋忠也在小心地观望着。

我们知道，怀来在居庸关的西边，前边说俞瑱的军队在北平被燕王的军队打败，然后俞瑱就率兵退守到居庸关，俞瑱简单整顿一下自己的败军，还有兵士数千人，他就和怀来的宋忠依旧相互呼应，达成统一战线。

朱棣打下蓟州之后，下一步首先就要攻取居庸关。因为居庸关地理位置很重要，那里地势非常险要，自古就是兵家必争之地。原来是北平的门户，有着"百夫镇守，万夫莫窥"的名声。但是因为俞瑱是从北平仓促退回居庸关的，他手下的几千守兵也是临时集结，俞瑱觉得自己兵力不够，他还强迫当地百姓协助自己守关。如此一来，居庸关虽说有兵将镇守，但是战斗力很一般。

朱棣在听说居庸关守军的真实情况后，还是觉得打起来吃力，毕竟自己的兵力也很是有限。但是他依旧鼓励手下将士说："居庸关被别人占领着，就相当于我们北平的大后门由别人看守着，起不到保护北平的作用。如今，朝廷大军并没有全部赶来，居庸关的守军人数有限，还是一盘散沙，如果我们不能趁此机会快速打下居庸关，以后再打，肯定就难了。"

诸位将士同意朱棣的建议，于是七月十一日，朱棣派徐安、钟祥、徐祥等一起率军勇猛地突袭居庸关下，俞瑱因为兵力不凝聚，果然又兵败了，他在等不到朝廷支援的情况下，只好弃关而逃，急急投奔怀来的宋忠。

朱棣一听前方传来居庸关已经被自己将士夺下的捷报，他很诚实很开心地说道："俞瑱知道团结地方百姓，又是这么用心地镇守居庸关，可是我们还能赢取居庸关，这个胜仗简直就是上天对我军的馈赠，我们可要更加用心防守，千万不能丢掉居庸关，这可是我们北平的后门啊。"朱棣把居庸关交给吴玉小心把守。

四、出兵怀来

战事进行至此，朝廷在蓟州、居庸关的地盘尽失后，对北平的环围之势已经被打破了，在北方，就剩下宋忠的这一支大军对朱棣形成压力。

朱棣和诸将军商量要攻打怀来，但还是有很多将军主张守在居庸关，等着怀来的宋忠率军来打。将军们这样建议，也是从实际情况出发，毕竟敌众我寡，敌强我弱，燕军若是长途奔袭进攻失败，后果也是很可怕的。

不如镇守在居庸关，依靠天险以逸待劳。

诸位将领的想法的确很好，也是根据自己的实际情况出发。但是朱棣有自己的想法，而且在宋忠的队伍中，大部分将士都是朱棣自己的旧部，而朱棣自己和那些旧部还有着秘密联系。

当然，这个事情朱棣不能说给大家听，他只是面对诸将领说道："我们现在的实力适合攻取，在游走中避开敌人的强大军力，出其不意地进攻，才能取得胜利。如果一直坚守在居庸关，即便居庸关很坚固，最终也是被动挨打，对于怀来，我们要智取，如果宋忠不来攻打居庸关，而是等着朝廷大军集结再来攻打我们，我们坚守不动，就是给自己造成困难。所以我们应该主动攻击怀来，趁着朝廷大军还没有开往怀来，我们还有机可乘。"

再说在朱棣的内心，他的理想并不是要割据北方，他的目的是大明朝的皇位，他要一统天下。所以想要平定北方后南下攻打夺取皇位，他就必须一路进攻。

可还是有些将士不懂朱棣的心思，朱棣就又对将领们说道："宋忠这个人我还是很了解的，他性情浮躁，缺少打仗的智谋，为人还刚愎自用。现在他刚到怀来，他的军队也是新结集在一起的，军中将士们上下未必同心，我们和他们实打实地打仗，肯定是力量悬殊，难以取胜，但是我们要是智取的话，趁着他立足未稳突然发起攻击，肯定是能够取胜的。"

朱棣就这样说出了自己的想法，决定主动出击怀来。诸位将军结合从北平出击一路战胜的经验，讨论一番，也就接受了朱棣的建议。

就这样，大家在居庸关仔细讨论了打仗策略后，也就是七月十五日这天，燕军在朱棣的亲自带领下，马云、徐祥等将领带着精锐的骑兵和步兵八百，星夜兼程，第二天就赶到了怀来地界。

再说怀来的宋忠，为了打败朱棣，居然动了歪心思。虽然说战争中兵不厌诈，但是宋忠这一诈是扎自己所带领军队的心。

事情是这样的，在宋忠集结带领的军队里，有很多士兵都是北平人，不管是将领还是士兵，他们除了是朱棣的旧部，更是北平的老百姓，他们参军打仗跟着朱棣驻守北平，保卫北平。

在朱允炆削藩期间，这些北平籍的将领和士兵又被朝廷从北平调走，此时被宋忠带回来北平，和朱棣剩下的军队打仗，这对于这些将领的和士兵来说，还是很有压力的，毕竟是和自己人打，很多人心里是极其不情愿的。

宋忠居然把北平的原有军队的将领和士兵都集中起来，对他们说：朱棣起兵后，把他们的家人和朋友都杀害了，现在朱棣要攻打怀来，大家一定要奋力打仗，只要打败朱棣，也算是为自己的家人和亲朋报仇了。

朱棣的那些旧部一听，也不知道真实的情况是怎样的，就对宋忠的话信以为真。但是也有人不相信曾经关爱军民的燕王会这样做，所以就悄悄四处打听家人消息。

而那些相信了宋忠的士兵，想到自己为国征战，家人却被朱棣所杀，一时间就对朱棣很是仇恨，都想着自己曾经跟着朱棣镇守北平，现在朱棣竟然把自己的家人都杀了，仇恨奋勇一时间都在心里被激起，就等着和朱棣打一仗为家人报仇雪恨了。

"杀朱棣，为家人报仇！"

许多人义愤填膺，对朱棣恨之入骨。宋忠一看这个情景，内心偷着乐了。

再说朱棣这里，朱棣刚一到怀来城下，怀来城中就有朱棣的探子从城里偷偷跑出来，告密给朱棣，说宋忠为了让士兵奋勇打仗，对士兵说朱棣杀了他们的家人，并且用他们的家人的尸体填了沟壑，如今北平城已经不是他们的家，而是成了血流成河的屠宰场。探子还说士兵们都已经听信了宋忠的谎言，正在满腔仇恨地等着找朱棣报仇。

朱棣一听，这还了得？自己还没有做什么，这里已经有了一大波仇人。他立刻和将士们商量对策，商量过后，朱棣和将士们快速地集结北平城原有居民出身的将领和士兵，组成先锋队让他们打先锋，这些燕军将领和士兵打着旧旗帜，来到怀来城下，挥动手中的旗帜向着怀来城阵前的家人和亲朋好友喊话。

既然宋忠采用舆论战，那朱棣也打算以彼之道还施彼身，破解对方的舆论攻势，给自己澄清。

怀来城阵营里本来要和朱棣决一死战的士兵，一看自己的家人没有死，立刻走出来和家人相见，并且互相拥抱问候，感慨自己和对方都没有死去，原来家人都还平安健在，并且互相打听北平的其他亲人的信息，一听大家都好好的。

于是，这些军士在朱棣士兵的鼓动下，互相转告家中消息，士兵们明白自己受了宋忠的欺骗，差点对自己的亲人动手，差点就要去攻打自己的家乡，于是立刻对宋忠的奸计非常痛恨。

"这个宋忠太坏了，胡乱放消息，抹黑燕王，还差点利用我们去对付家乡人！"

"就是啊，只有燕王才是真正爱惜咱们的，不能攻打燕王。"

众人议论纷纷之后，那些燕王的旧部临阵倒戈，全部回归到燕王旗下，大家齐声发誓要为了燕王和北平城而战，要保护自己的家乡。

就这样宋忠聪明反被聪明误，他狠毒的谎言被揭破，第一仗就打得一片凌乱狼狈，燕王旧部不但没有因为他的计策为他而战，还阵前倒戈打乱了他的阵脚。

燕王指挥人马冲入宋忠的军中，宋忠心慌逃往怀来城里，燕王率军直接跟着宋忠的军队冲进怀来城。宋忠仓皇之间藏在厕所里，被朱棣的士兵捉住。

但是，并不是所有的将领和士兵都举手投降，怀来城还是有一些士兵在和燕王朱棣的军队大战。从居庸关逃到怀来的俞瑱，就率军和燕军激战不休，最后被燕军抓捕，因为不屈服而死。还有建文朝廷的都指挥孙泰乱战中中了流箭，但他只是随意地把伤口一包，又继续跟燕王的军队作战，一直大战到最后，和都指挥彭聚一起英勇战死。还有百来名被燕军抓捕的将校，因为不愿屈服于燕军不肯投降，而被燕军杀掉。

在怀来之战中，燕军大获全胜，斩杀朝廷军首级数千人，缴获战马数千匹，就这样，朝廷布置在西北边区对北平的威胁势力被朱棣铲除了。

怀来之战中，宋忠用诈，欺骗自己的士兵，这种手段无可厚非，但他不严谨，用诈用得过于简单表面，准备得过于潦草，所以才会出现在战前消息被泄露的情况。

当然也正如朱棣所说，宋忠是一个才能一般的人，可见，建文朝廷用人，还是考察得不够详细，用宋忠实属用人不当，才打了这样的败仗，被朱棣以少胜多。

但这次怀来之战中，也有脑子非常冷静够用的将领，就是指挥庄德统领的一支军队，他趁乱带着队伍仓皇逃走了。庄德算是应变非常迅速，他一看到战场上士兵临阵倒戈，全体混战，就知道再这样坚持下去，损失会更大，于是他指挥自己的一支部队及时退出战场而逃脱。

能从大败中逃脱的庄德到底是怎样一个人，很有必要了解一下。

庄德在洪武六年（1373）担任平凉卫指挥，在洪武二十八年（1395）任三万卫属卫指挥。洪武二十八年（1395）六月十九日，周兴等率师抵达开元安东卫，得知西阳哈在黑松林，便命令庄德寻踪围攻西阳哈。洪武末年（1398），在朱元璋即将离世之前，朱元璋用来制衡燕王的晋王竟然在朱元璋之前去世了。

在这种无人制衡燕王的恶劣形势下，朱元璋一面立即让晋王世子接任王位，一面秘密下达圣旨要求新任晋王做好应急准备："说与晋王知道，教陈用、张（文）杰、庄德预先选下好人好马，堤备临阵时，领着在燕王右里行。"

庄德后来跟随盛庸在夹河战斗，斩杀了燕将谭渊。不久燕王朱棣在黄昏时分亲率精骑突击，庄德毫不退却，奋力战斗，最后战死。

庄德在整个靖难战役中可以说是一名无足轻重的人物，可是他与历史上所有有气节的人物一样令人可敬，在士气低落、人人只求保命的南军队伍里，他是一位真正的将军。

从朱棣平定收复西北的这几天战争中，可以看得出他骁勇善战、足智多谋，他在战场上不仅兵不厌诈，而且善于随机应变。一个军事家和政治家的智谋被他发挥得淋漓尽致。

燕军大捷，燕王朱棣的全军上下非常高兴，军中将士们纷纷向燕王朱棣表示祝贺。

马云一看捉住了宋忠，立刻对朱棣恭喜道："恭喜燕王，宋忠被我们燕军捉住了，这次可以说是重击了朝廷的脸面了。"

徐祥也在旁边祝贺说道："恭喜燕王抓获宋忠，还是我们燕王威武神勇。"

燕王听着诸位将军的恭贺和表扬，很是谦虚地说道："像宋忠这样的一个凭借巧言令色取悦他人爬上去的庸才，又靠着奸猾行贿拍马溜须获得了军权，哪有实战的能力？像这种无用的小人，胜了他都不值一提。这样的小胜利就让你们高兴得兴高采烈地祝贺，那以后要是有了大胜利，你们还不骄傲得忘形？大家切记，以后我们还要打仗，我们胜利后大家千万不要骄傲，要小心骄兵必败。"朱棣的一席话说明他是一个胸怀大略的人，懂得及时训诫自己的军队和将士，让大家戒骄戒躁。也说明燕王朱棣对战争还是很谨慎的，他确实高人一等。

怀来之战以后，开平、龙门、上谷、云中等地的朝廷守将陆陆续续都归顺了燕王朱棣。

五、反间计

七月十七日，燕王朱棣命令孟善率兵攻打永平（治今河北卢龙），守卫永平的朝廷守将赵彝和郭亮等人，一见燕军来攻，也举城归降了朱棣。

因为这个郭亮曾经跟随燕王朱棣征战蒙古，他本就是燕王旧部，还有赵彝也是燕山右卫出身，都是燕王旧部，将士们人心向着燕王，这仗也是没有办法打了。这样一来，北平西边和北边的所有重镇都轻易就落入了朱棣的手中。

到了七月二十二日，驻守在遵化的蒋玉紧急来报，说大宁的一支队伍在陈亨和刘真以及卜万的率领下，要攻打遵化。这支大宁军队本来是要在打下遵化以后和怀来的宋忠相呼应联手一起攻打朱棣的，结果大宁军还没有攻打遵化，就收到怀来宋忠战败被俘的消息，所以他们又想着先攻打遵化，占领遵化据守。

结果，大宁军还没有动手，就又见朱棣亲自率兵气势汹汹地支援遵化来了，于是刘真等人因为害怕朱棣就又退回松亭关，在那里坚守不出。

这支大宁的队伍来自宁王朱权镇守的地方，因为大宁也是北边重镇，朱元璋在世时也很喜欢朱权这个儿子，所以给朱权部下的兵力还是很强大的。现在这样一支强大的军队被朝廷派遣来攻打朱棣，死死驻守在松亭关上，既不作战，也不出关，一天就守在里面不出来，让燕王朱棣毫无办法。

在这种情况下，如果燕王朱棣忍不住离去，这支队伍就会去攻打遵化，制造麻烦。但是燕王要是想要攻打松亭关，也是不行的，毕竟这支队伍庞大，士兵数量达十万之多，燕王如果正面攻打这支大宁军，根本就打不赢。这可如何是好？

为了这场战斗能赢，燕王朱棣动脑子做了详细的功课，了解到这支军队的 3 个领头人物的详情。首先是刘真，此人年岁已经高了，本就年老力衰，毫无斗志，他带兵出来也不过是奉命行事走个过场，心里对打仗没有想法，所以他才坚持死守不出兵。

还有一个人是陈亨，这一位本就是燕王旧部，和燕王很有交情，他也不想和燕王冲突，这次能来也是奉命行事，他心里早就做好了投降燕王的准备。

另外的一个人是卜万，虽然在军中职位比不上刘真和陈亨两人，但是此人年轻能干，一心要为朝廷效力，又和朱棣没有半毛钱的关系，所以这场战争中真正能和朱棣对着干的人只有卜万。

于是燕王朱棣深刻思考之后就对将士们说："不把大宁的这支军队打垮掉，将来会对我燕军后患无穷。这支大宁军队的 3 个领军人物，刘真已经年迈衰老，没有战斗能力，也没有智谋；陈亨与我交好，也是北平的旧部，他已经托人表达了自己要忠诚于我，只是现在这个卜万在盯着陈亨，所以陈亨也不敢轻易行动来投降。所以只要除掉卜万，陈亨一定会带军投降，刘真这人年老昏聩没什么筹谋，很容易对付，我只要稍动脑子离间他和卜万的关系，让他们二人产生矛盾，然后借刘真的手除了那个忠于朝廷的卜万，这场仗我们就赢了。"

至此，可以看出，朱棣已经给松亭关的两名敌将想好了反间计。

反间计是在历史战争当中运用得比较多的一计，尤其在打仗的时候，很多军事家都会用这个计谋来战胜对方。用反间计，就是让敌方内部能够反目成仇，从内部来瓦解敌人。

三国时期，赤壁大战前夕，周瑜巧用反间计杀了精通水战的叛将蔡瑁、张允，就是特别有名的反间计。

当朱棣看到大宁军中的实际情况是刘真衰老，只是奉命行事，并无作战能力，而陈亨是自己人却不敢轻易行事，只有一个卜万一心和自己作对时，他就想着要离间刘真和卜万，借刘真的手除去卜万，可是这个计谋怎么进行呢？

这时候，恰巧朱棣的部下活捉了2个大宁军方巡逻的士兵，朱棣一看正好，这简直就是上天的眷顾，自己需要什么上天就给自己什么机会。

于是朱棣给卜万写了一封信，信中言说自己和卜万的深厚交情，并且说了卜万非常多的好话，还说就等着他领军前来投降了，希望两人能联手共谋大业。然后朱棣又在信中把陈亨骂得狗血喷头，说自己和陈亨之间有尖锐的矛盾，两人势不两立，若捉住了这厮必杀无疑。

朱棣给那个士兵说了卜万的好，并且叮嘱一定把信送到卜万手中，为了表示感谢和让士兵重视，朱棣对士兵又是许诺官职，又是赏赐银两，并且还设了酒席宴请这名士兵。然后朱棣把信给士兵缝在了衣服中。

但是，朱棣对另外一个士兵就是故意遮遮掩掩，似乎怕他知道自己和那个士兵做下的送信之事，却有意无意让那个士兵发现并偷听到了细节，朱棣还对这名士兵叮嘱要他分一些钱给另外一个，或者干脆别告诉另外一个，这样越少人知道事情越安全。

然后朱棣也不给另外的那个士兵一丝好处，却依旧关着这一个士兵，另外的那个士兵心里着急就问看守，你们这是要那个人干什么？看守不说，只说那个人会被放走，因为他愿意帮燕王和卜万办事。

这个士兵就说自己也愿意帮燕王办事，请求把自己和送信的士兵一起放回去，他还答应保密。于是，看守把两个人都放回松亭关。

那个没有得到奖赏和贿赂的士兵，看着自己的同伙得了钱财和好处还装得若无其事，似乎就在等着办好了事情升官发财。

这个没有得到好处的士兵心里想，两人一起被捉，一起担惊受怕，凭什么你得尽了好处要升官发财，而我什么都没有，还白受一场惊吓？既然你不给我分享，我也不让你好过，这个士兵心底下打定了主意，他一回去就向刘真和陈亨举报了这名送信的士卒，士兵说得非常详细，甚至还添油加醋渲染一番。

刘真听完之后，大惊发问："此言当真？"

"千真万确！"

刘真感觉背后发凉，如今大敌当前，卜万竟然做这种通燕的事情，他立刻把那个士兵抓过来搜，竟然真的从士兵身上搜出了那封信，信的确是朱棣写的，还盖着朱棣的印，内容就是说卜万和朱棣有旧，让卜万按照约定的方式带兵投降，如果刘真和陈亨发现反对卜万，那就一不做二不休，让卜万把二人都杀了。

这下子，卜万怎么说都说不清楚了，大敌当前，投降给朱棣的人有那么多，个个都是心甘情愿，如今卜万要投降，人证物证俱在面前，谁会听他的辩解？情况紧急，也没有人敢冒这个险为卜万辩解。

这就是离间计，目的就是让对方信以为真。

于是卜万成了暗通燕王的奸细，被抓进了监狱。

卜万很快被刘真所杀，紧接着，朝廷那边还抄了卜万的家，但是那个真正在私底下准备为燕王做事的陈亨，却被视为与燕王朱棣势不两立的建文朝廷的忠臣。

朱棣的反间计成功后，就驻兵松亭关外，不再前进。

而陈亨看着刘真杀了一心要为朝廷卖命的卜万，他就不怕刘真了，继续假装和刘真守着松亭关，而朱棣也不再攻打松亭关，他知道到时候陈亨就会率部下投降自己。

确实在不久后，陈亨率领部下偷袭刘真，刘真在慌乱中逃走，才发现真正的通燕人是陈亨，但是大势已去，后悔莫及，这些都是后话。

我们来看看陈亨是怎样一个人。

陈亨，寿州人，明朝开国名将。元末时，他担任扬州万户。后来跟随朱元璋起兵以及跟随徐达北征，屡立战功。

洪武二年（1369），陈亨镇守大同，历任燕山左卫指挥佥事、北平都指挥使，在军中时和朱棣关系交好。建文帝即位后，他做擢都督佥事。史料记载靖难时燕王朱棣攻克松亭关后，陈亨十万部下归降朱棣，在靖难战役中多次打败南军，进卫都督同知。

陈亨是曾经跟着燕王朱棣几次出塞立功的人，也是和朱棣一起出生入死过的战友，后来担任了北平都指挥使，在建文帝削藩期间一直和朱棣保持着非常隐秘的关系，说白了他就是朱棣安排在建文朝军中的势力，所以燕王朱棣在松亭关很成功地使用了反间计，杀了朝廷忠勇的卜万。

燕王一封信就瓦解了大宁军给自己的十万大军的压力，可谓是智勇无双。现在的朱棣占领了居庸关和怀来，又化解了大宁军，再无压力的燕王终于可以腾出手来讨伐朝廷的北伐之师了。

此时的朱棣，不再是当初起兵时只有八百兵士的燕王，他拥有了一个以北平为中心的根据地，可以说朱棣已经有了一个安定的大后方，他的后顾之忧消除，他就可以向朝廷进军了。朱棣起兵的目标本来也就是向南京城进军。

这时候，朱棣面对全部将士做了一场演说报告，也是他对将士们的训诫和感化。朱棣是个情商非常高的政治家，他的这一次演说训诫是这样的。朱棣面对将士们，大声地说道："我的父亲太祖高皇帝，一生征战，戎马天下，平定四方之后，统一天下，然后，经过长久的深思熟虑，决定分封诸子为藩王，为的就是藩屏护国，父皇也教导我们诸位藩王，要共同拱卫我们的国家，让我们相互辅助，共保皇朝千秋万代。可是父皇不知得了何病，突然离去，当今皇上也不让我们知道父皇的病情，父皇过世之后，当今皇上又不让我们去京城奔丧，不让我们最后面见父皇的遗容。闰五月初十亥时，我父皇去世，第三天就殡殓，7天之后就下葬了，这么大的事情，过了1个月才让我们知道，民间穷人百姓家都不至于如此不遵礼法不讲情义。就在这期间，当今圣上又把宫中掘地三尺，拆毁祖宗宫殿，毁改祖宗法度，这些不正常的事情，难道不能给我们一个说法吗？

当今皇上年幼听信奸人的谗言，不顾骨肉血亲，就是要屠杀各个藩王，可曾想到这样做不仅危害亲情，还危害江山社稷？诸王并没有犯下大错，只是在藩地按着祖上要求生活，可是高祖去世不到1年，5个亲王惨遭横祸，可怜他们一心藩屏，只是奉高祖的旨意行事，他们至死并不明白为何被削。我派人去京城奏事，竟被奸臣们抓住了严刑拷打，就是要对我兴起大狱。现在又听信恶毒奸人的谗言，征调天下兵力围剿北平，想来围杀我。

如此危急关头，性命都要不保了，我不得不起兵靖难，试问藩王就藩错了吗？我们遵的可是高祖皇帝的大治，即便是建文皇帝想要建立新制，就再没有其他的方法了吗？难道非要我们藩王死吗？我害怕被害，我是高祖嫡子，我有保家卫国的责任，我想要救国图存，就不得不起兵靖难，抵抗这场无妄之灾。朱允炆年幼不辨忠臣奸贼，肆意执行变乱谗言，淫虐无度，他不管上天的警示，不尊神灵，轻视礼法，践踏祖训，执意孤行，不顾天下人的反对，把高祖艰难创下的大业置于危险之中，听信奸佞小人齐泰、黄子澄等人的谗言。

如今，我带着八百将士都能够平定北平，辗转取胜，这实属上天眷顾。因为以上这些原因，我朱棣要号召天下的忠勇之士，来助我实现我的愿望，消除国家面临的大难，安定朝堂，保家卫国。高祖皇帝的在天之灵，一直关注着我们，你们要听我的命令，和我一起齐心协力努力实现高祖皇帝的愿望，如果你们做不到，那就是自寻灭亡，到时候你们后悔也来不及。"

在这场发言中，朱棣步步为营，层层递进，思维严谨，逻辑非常有序地从朱元璋病故说起，他万分委屈而又神情凝重地质问当朝对藩王们的迫害，再说到当今朝堂奸臣当朝，他指责齐泰、黄子澄等人借幼帝之手杀害藩王，又杀害和太祖一起的老臣，意思是建文帝听信奸臣的话重文轻武，让武将没有了权力。

然后，朱棣指责朱允炆是幼冲之年，所行无法无天，自己不得不号召天下举兵靖难，维护祖宗好不容易打下的天下大业。

朱棣这么说，其实就是在否定朱允炆这个人，认为他年龄小、不懂事，听信奸臣的话，在为非作歹，还要谋杀亲叔叔。那么我朱棣作为叔叔中的一个就要靖难起兵，既然你朱允炆不会管理国家，今后就不用再管了，就由我朱棣来管理好啦。

在这段话中，朱棣不再装病，不再装委屈，不再像之前那样要说清楚自己是被逼无奈，也不再向建文帝索要真相。现在的他兵强马壮，北平一带的许多军事重镇已经成了他朱棣的地盘，他要和朝廷对着干了。并且他对着干的资本也是杠杠的，打仗的实力，理论上的资本，都是杠杠的。

朱棣除了诋毁朱允炆，指责奸臣外，还捏造谎言，夸大其词，给自己制造合理起兵的理由，由此可以看出燕王起兵的目的不只是为了救国图存，还为了夺取皇位。他说这些话，就是在争取民心军心，他是要部下明白自己的不得已。他经常告诫部下不要欺压百姓，不要滥杀无辜，要维护百姓和商人的利益，以赢得民心，才能成大事。可见他此时的发言也不过是他在争取民心而已，这一切都是他计划中的行为。

后来的事实证明，燕王朱棣起兵，还是有很多人非议，但是他的部下对他忠心耿耿，甚至很多从建文帝阵营中投降过来的士兵和将领，也没有背叛过燕王朱棣。军中将士的忠心和燕王经常给士兵宣讲，收服士兵之心有关。

第五章　朝廷动怒，壮大自己

一、大梦初醒的建文帝

当朱棣在北方起兵，纵马奔驰、大杀四方、平定北方的时候，自信自己拥有天下之兵力的建文帝朱允炆，还沉醉在治理大明朝的理想美梦中，他带着他的书生文臣们坐在朝堂之上，讨论着怎么调整领导班子，怎么合并一些地区。

崇尚复古的建文帝甚至和方孝孺等人讨论着要复古改制，还想着恢复井田制，这几个迂腐的理想主义书生坐在朝堂上，讨论得热烈而又严肃，根本就没把朱棣起兵的事情当回事。他们乐此不疲地讨论古书中的古法，尤其建文帝朱允炆一有问题就去向方孝孺请教讨论，知道的人明白他是在寻找古人的治国方法，在研习那些方法。有点类似搞学术研究，开学术讨论会。

朱允炆带领着文臣们，更改修订朱元璋时期的官制，方孝孺在这次更改官制的过程中，由翰林侍讲改名为文学博士。朱允炆还和朝臣讨论修改了大明律令，减轻了刑罚，号召朝堂上下，从京城到地方都要用仁义治国。他们还合并了州县，这样就裁减了一些官员，减少了朝廷的一些支出。

尤其是在讨论井田制的时候，这些人非常有兴致，有很多文官参与其中。朝堂上这帮纸上谈兵的文人，和建文帝朱允炆一样，根本就是小看了朱棣在北方的起兵动作，他们都认为朱棣搞不出什么大事情，如果朱棣实在闹腾的话，就举国家的兵力镇压就好了。

朱允炆把对付燕王的事情交给了专人处理，自己一心沉浸在复古改制、以文治理国家中。

这两个"专人"就是黄子澄和齐泰，这两个嘴上劲大，纸上谈兵、不切合实际说的就是他们。削藩大事一直是他们两个人负责，朱棣也是藩王，那也就由他们处理，而朱允炆自己在和方孝孺讨论复古治国改制，就这样一次又一次耽误了战机。

同年七月二十日，那一天建文帝正在和方孝孺讨论复古改制。在宣府就藩的谷王朱橞回到了朝廷，他带来了让建文帝震惊的事情。既然是削藩中，为何还有藩王幸存？谁又是朱橞？

朱橞，是明太祖朱元璋的第十九个儿子，他的母亲郭惠妃是滁阳王郭子兴的女儿，朱橞是明朝的第一代也是唯一的一代谷王。

洪武二十四年（1391），朱橞受封为谷王，朱橞之所以被称作谷王，是因为他就藩地的宣府古名上谷郡，又称作如意王。洪武二十八年（1395），朱橞就藩宣府。建文四年（1402），朱橞改封长沙，又增加岁禄2000石。

由此可见，这一位藩王没有被削藩，还被建文帝朱允炆重用了。靖难之役后期，燕王朱棣围攻南京城时，朱橞与李景隆一起投降朱棣，并打开他奉命镇守的南京金川门，恭迎燕王朱棣的军队进城，史称"金川门之变"。

朱橞少年得志，也是个优秀的人物，被册封为谷王后，统领上谷郡地和"长城九镇之一宣府镇"。朱橞就藩宣府后，一边兴建谷王府（皇城），一边致力于搞戍边建设。

之后的十几年，朱橞全力主持并参与到扩展宣化城的建设中，他将始建于唐代的宣化城，一举扩展出二十几里的城垣，并在沿城设"一关七门"。城外建有吊桥和皇堑，城墙上设角楼和铺宇。这样的城墙建筑具有攻守兼备的功能，是明代早期城防建筑的典范。

同时，他还参与构筑了常峪口至大境门60多公里长的明长城，还主持兴建了独石口和锁阳关的关隘，为抵御北方少数民族的袭扰，巩固明朝的疆域做出了明显贡献。从这些事迹中可以看出朱橞这位藩王在城防和国防建筑上很有天赋，是个很有建筑才华的藩王。

朱元璋驾崩之后，朱允炆继承皇位，这自然会让各位藩王不服，朱允炆着急削藩，又使叔侄间矛盾激烈，宫廷矛盾加剧。朱棣举兵靖难，率兵直逼南京那一刻，谷王朱橞听从建文帝召唤，来到南京，他把朱棣起兵的事情如实告知建文帝。

谷王朱橞对建文帝说："陛下，燕王朱棣已经起兵了，陛下您就没有想法吗？"

朱允炆淡淡地说道："朕早就知道四叔燕王有谋反的心意，但是他一个常年生病、久卧病榻之人，能做出什么大举动？更何况我还派了大兵在北平死死盯着燕王哪，布置在北平的朝廷兵力可以说是层层包围了燕王府，他带领那区区几百个府中的兵士，难道还能和朝廷的大兵对抗吗？十九叔啊，你不必过于忧虑四叔的举动。来，我们一起讨论复古的治国大策吧！"

朱橞不甘心，就又说道："陛下，燕王朱棣长期有病是不假，但是他这次可是假装有病，靠着长期生病的名头骗过了陛下，陛下又忙着和诸位大臣讨论复古治国的大事，应该是忽视了燕王起兵的事情。"

朱橞的话刚说完，就有送信的内侍送来北平的信，说是燕王的靖难之兵已经占领了整个北平，打下了通州、蓟州、遵化等地。

这时候建文帝一听，顿时觉得事情有些严重。朱棣不是在生病吗？朱棣不是才有几百府兵吗？怎么就占领了北平，还打下了周边的城市？建文帝赶紧问详情。一问才知道是自己部署的那些燕王的旧部在战场上都归顺了燕王，建文帝一听，便又觉得压力减轻了，他觉得燕王的旧部和自己的全天下之兵力相去甚远。

结果，建文帝朱允炆还没有把这一口气出顺畅，就又有北方的消息传来了，信上说燕王朱棣在怀来之战中已经大败宋忠。这时，朱橞在下边说道："陛下，臣也是听闻了这件事，觉得陛下可能轻视了燕王的起兵，才上殿的，还请陛下重视此事，早些平定。"

于是，建文帝这才和群臣们开始商量怎么对付朱棣，建文帝问大殿上的大臣道："诸位爱卿，现在燕王在北平举兵造反了，已经打破了我们在北平布置的防务，燕军已经占领了北平四周的州县，声势浩大，诸位爱卿说说这个事情怎么办。"

齐泰一听，率先往前一步，行个礼说道："启奏陛下，臣以为当务之急应该是先向天下公布燕王造反的大罪，然后就举天下之兵去平叛。燕王这次的行为就是背叛朝廷，平叛他理所应当。"

高巍一直对激烈削藩很是反对，他一听齐泰的话，上前一步上奏说道："启奏陛下，臣以为把燕王起兵造反之事宣告天下非常不当，燕王是圣上的皇叔，并且天下人已经觉得是因为圣上剧烈削藩才逼得燕王造反，朝廷再这样宣布，会让天下人觉得陛下过分。"

建文帝一听，就说道："高爱卿说的对，让朕以罚罪的名义讨伐叔叔，朕也觉得脸上无光。"

齐泰一听着急了，赶紧大声喊道："陛下，古人说名不正则言不顺，名正则言顺，只有将燕王定为造反之罪，朝廷才能师出有名，争取到天下舆论的支持打败他。"这一位齐泰，他认为打仗就是口诛笔伐，有了舆论支持就所向披靡，真是个书生。

但是，优柔寡断的建文帝听了齐泰的话后，还是说道："容朕再想一想。"

这时候黄子澄赶紧支持齐泰的说法："陛下，燕王的兵马征战北方，一直很强悍，朝廷还是要早做安排，要不然整个河北可都要失去了，陛下不能再当断不断了，陛下再这样下去，必会纵容燕军的。"

一些大臣也跟着黄子澄他们纷纷发言。

"陛下，国家社稷重要，不能再犹豫了。"

建文帝一看各位大臣都催上了，觉得自己要出兵伐燕也是师出有名了，讨伐燕王治罪也是正确的，就下定决心要讨伐燕王了。

不过，虽然建文帝终于下定了决心要挥兵北上征讨燕王，可是又有难题出现了。那就是朱元璋在世的时候，先是为了让儿子们顺利就藩，杀了很多武将功臣，后来又为了孙子朱允炆能够安稳地坐在皇位上，他又杀了蓝玉和后面的一些武将，而且牵连众多，所以到了建文帝朱允炆要用兵的时候，他才发现满朝文人，竟没有人可以带兵出征。

于是建文帝这边就急忙地寻找合适的大将军，经过大家苦思冥想，最终请了65岁的耿炳文带兵出征。为了此次出征，建文帝又请了自己最喜欢的、最有名气的文学博士方孝孺，写了一篇讨伐朱棣的诏令，内容如下。

朕奉先皇遗诏，纂承大统，宵衣旰食，思图善政，以安兆民。岂意国家不幸，骨肉之亲屡谋僭越。去年周庶人橚，潜为不轨，辞连燕、齐、湘三王，皆与同谋。朕以亲亲之故，不忍暴扬其恶，止治橚罪，余置不问。今年齐王榑谋逆事觉，推问犯者，又言与燕王棣、湘王柏同谋大逆，柏自知罪恶难逃，自焚死，棣已废为庶人。朕以燕王棣于亲最近，未忍穷治其事，今棣乃忘祖逆天，称兵构逆，意欲犯阙，危宗社。悖逆如此，孰不骇闻？昔先皇帝时，棣包藏祸心，为日已久。印造伪钞，阴结人心，朝命穷极，藏匿罪人，先帝震怒，遂以成疾。至于升遐，海内闻知，莫不痛愍。今不悔过，又造滔天之恶，虽欲赦之，而获罪宗社、天地不容。已告太庙废为庶人，遣长兴候耿炳文等率兵三十万往讨其罪。咨尔中外臣民军士，各宜怀忠守义，奉职平燕，与国同心，永安至治。布告天下，咸使闻知。

——《明朝小史》

方孝孺替朱允炆下的这篇诏文是很高明的，因为朱棣在自己的起兵宣言中说朱元璋死得不明不白，言下之意就是朱元璋的死肯定是朱允炆造成的，方孝孺就用朱允炆的语气说朱元璋是因为朱棣要图谋不轨，生气成疾而死的。还说朝廷的削藩是大义所在，因为国家不幸，总有亲人，也就是总有藩王要对国家图谋不轨。最先是周王造反，当时周王就招供牵连了燕王，因为都是至亲，所以才没有怪罪。后来又是齐王造反，也牵连了燕王，我又法外开恩，没有处罚燕王。再后来湘王更是牵连到燕王，但是我朱允炆还是没有处罚燕王。如今，燕王居然自己起兵造反，他的行为将被天地和祖宗所不容，我朱允炆也无法再继续包容燕王朱棣了，只有发兵一国之力去讨伐他……总之朱允炆的意思是自己要征讨朱棣了，是因为朱棣自己造反，逼得他这个皇帝不得不征讨。

现在朱允炆带兵征讨的将军有了，诏文也发了，看着准备齐全了，但是他选的人真的能够为他平定燕军吗？

朱允炆这一次真的无奈了，因为朝中无人，所以这个事情在朝堂上几经商讨，就落在了65岁的老将耿炳文身上。

耿炳文是跟着朱元璋起家的仅存老将，他身经百战，行事谨慎，又恪守人臣本分，和朱元璋也是同乡，因此他在洪武年间才逃过了朱元璋几次清杀老臣的运动。这一次朱允炆命令耿炳文挂帅，是他当然的选择，因为朝堂中再没有人比耿炳文的功绩高，可是耿炳文此时已经65岁了。

65岁放在现在算不上老，可是在明朝，就已经是很年迈的老人了。让一个年迈的老人出征讨伐朱棣，可见，建文朝堂上真的没有能带兵的大将军了。建文朝廷文臣众多，但是武将匮乏，能找到像耿炳文这样的老将军，已经是很难得的了，像徐达、蓝玉那样骁勇善战的大将军，大明朝已经再没有了。建文王朝的这种现状，是朱元璋造成的，也是建文帝一意推行文治造成的，国家再安宁，又怎能没有武将？国家虽然要文治，但建文真的文治过火了，出现如此窘迫的情况，也是有因有果了。

就这样找来找去，总算有了合适的主将，也发了诏文，于是朝廷就在全国上下火速调集各路军马，诏文中说有三十万大军，可是真正只召集到了十三万。就这样，朝廷磨磨蹭蹭地准备着，就到了八月上旬，距离朱棣起兵已经一月有余了，再也不能磨蹭拖延了，耿炳文便挂上征讨大将军印，率领十三万大军，雄赳赳气昂昂地向北方进军，去征讨朱棣了。

自从朱棣起兵占据了北平和周边的城池，朝廷在北平的官员就没法工作了，于是朝廷就把在北方的地方办事处搬到了真定。原来的办事处在北平时叫做北平布政司，搬到真定之后，就成了平燕布政司，也就是要平定燕王叛乱的机构，这个布政司的名字针对性极强，但是这不过是一帮舞文弄墨的文人，他们似乎忽略了北平布政司是一个地方行政机构，管理的是整个北平的政治、民事和其他大大小小的事情。可是一旦改成了平燕机构，就成了朝廷针对燕王的一个小小指挥所而已，这帮文人可以说是自行放弃了对北平的管辖，可谓逻辑混乱至极。

暴昭曾任北平采访使，因为他侦察得到一些燕王谋反的消息，就上奏建文帝早做防备，建文帝因此很信任暴昭，就派他去真定协助伐燕。

建文元年（1399）八月，朱允炆派太祖朱元璋的旧将耿炳文做伐燕大将军，率领大队人马到了真定以后，便和各路朝廷军队汇聚真定，大家聚在平燕布政司，做了平燕的部署。

耿炳文命令徐凯率领军马驻守在河间，潘忠率领一支军马驻守在鄚州，杨松做先锋，率九千人马驻守在雄县，与潘忠成掎角之势，互相呼应。

这里已经距离北平不远了，如果快速行军的话，也就两天路程。耿炳文这是摆出了随时要进攻北平的架势。

耿炳文的长子耿璿建议先派精锐部队出其不意地直接攻打北平燕军，但是因为耿炳文人老了，用兵思维僵化，他没有采纳儿子耿璿的好建议。耿璿被父亲拒绝，觉得这样会坐失取胜的良机，他又无法改变父亲，所以很是忧虑。

那这一场仗，究竟谁胜谁负呢？

二、月夜奇袭

朱棣知道是耿炳文带兵北伐自己，他也知道耿炳文是一位久经沙场的老将军，很有带兵作战的经验，从双方人数上比较，南军占优势，自己这一边不占优势。但是这一仗对燕王朱棣很重要，生死攸关，于是燕王便和姚广孝商议如何应对耿炳文的大军。

姚广孝说道："燕王，如今建文朝廷派耿炳文来讨伐我们，还调集了吴杰等八路大军一起来围攻，朝廷的这些人马来势凶猛，军情又复杂，我们要多做调查，查明事实之后，了解清楚了敌人的情况，才能想出应对的破敌之策。兵法上说，'知己知彼，百战不殆'，调查敌情是我们第一要做的事情。敌众我寡，所以我们要智取，此次用兵关乎我军生死，一定要多动脑子，这是第二必须做到的。还有第三项，我们和宁王是邻居，若并宁王之地，就可以跟南京对抗了。我说的这三项可供燕王殿下参考。"

燕王朱棣一一认真记下，他依着姚广孝的建议，认真布局，在涿州严阵以待。

在刺探军情这一方面，燕王朱棣派了细心可靠的张玉去探查军情，张玉回来后说："耿老将军人老了，精神也不成了，他治军松垮，军队全无军纪。还有那潘忠、杨勇两人都是有勇无谋之人，根本不值一提，我们要想寻找南下之路，先打了潘杨之军，再破了耿炳文即可。"听了张玉的话，朱棣就有了主意，定出了夺取雄县的计划。

燕王定下的作战时间是八月十五的晚上，他认为南军从千里之外奔波而来，又是中秋节，疲惫的南军肯定要休息并且喝酒过节，他们也不会想到北军会在节日来袭，所以朱棣定下中秋夜进军偷袭雄县。

因为此战性命攸关，所以朱棣自己带兵，由张玉做先锋，他们急行军到了与雄县一河之隔的娄桑镇。在这里，朱棣命令燕军让军马吃饱，将士们稍作休息，吃饱喝足，做好进攻南军的准备。

朱棣对将士们说道："此时是中秋之夜，我们去突袭，敌人肯定想都想不到，他们这一会儿应该是在饮酒作乐，我们偷偷去攻其不备，肯定能取胜。"

就这样，朱棣率领燕军，悄悄地过了河，神不知鬼不觉地来到了雄县城下，等候时机发起进攻。

雄县的军队一共有9000多人，也是一支精锐部队，可是在潘忠和杨松的率领下，这支精锐队伍骄傲自大，以为依靠雄县的地势险要，就会高枕无忧，他们根本就没想到燕军会偷袭，所以他们中秋之夜对酒赏月，轻松过节。

当燕军爬上城墙时，南军还是十分松懈，根本就没有作战的准备。当燕军把雄县团团包围并登上城墙头的时候，守城的南军才发现，但这时燕军已经杀到了面前。此时的南军，本来应该手忙脚乱，赶紧杀敌抵抗北军保护城市，可是他们骄傲惯了，他们看到燕军，竟然开始辱骂燕军，他们一边辱骂燕军是叛逆朝廷之军，是大明朝的造反分子，还骂燕军在中秋节来袭就是不仁不义，不考虑人性。

怎样的日子，燕军才不管，张玉一声令下，战士们蜂拥而上，和南军展开了激烈的战斗。南军虽然是仓皇应战，但毕竟是精锐部队，抵抗起来还是很有实力的。可是南军喝了酒，尽管他们英勇拼死抵抗，激战一夜，还是在快天亮的时候败给了燕军，迷迷糊糊地做了燕军的刀下鬼。还有一些南军将士，被燕军俘虏了，但是他们拒绝投降，还一直破口大骂燕军是反军，不是正义之师，燕军一生气便全部杀了，因此，雄县的九千南军人马无一生还。

天亮时候，朱棣率兵进入雄县城，看着血染的雄县竟然没有一个活着的俘虏，不由生气地训诫士兵："这样杀降将，所得甚少，所失甚多，以后打仗，只要对方投降，就要留下他们的性命，这样多杀人不是更坚定了南军与我们死拼的决心吗？今后再也不可滥杀俘虏，你们一定要记住。"

将士们便说是俘虏不投降，还要骂燕军是反军，不得已才杀的。

但是，很有可能将士们这样的说法是朱棣觉得这次战役过于凶残，杀人过多，为了美化自己，而这样记载的。我们从中可以看出，朱棣面对朝廷这样的精锐大部队，应该是非常有压力的，所以他才定下了中秋之夜突袭的计策。如果不是因为中秋之夜防御松懈，面对朝廷的精锐部队，朱棣的偷袭应该很难成功，南军对骂，奋力抵抗，死不投降应该也是事实，朱棣不会留下一支这样倔强的部队，因为死不投降的部队自己也不会用，留下就是给自己制造麻烦，放走还会再来杀自己。他不会有朱允炆那样的妇人之仁，但是他可以在上位之后，美化自己，为了凸显自己是仁义的而对事实进行篡改。

月夜突袭是一场不小的胜利，歼灭雄县全体南军，长了燕军的志气，又灭了南军的威风。这一战所得战马近八千匹，军资甚丰，有力地补充了燕王的军需空缺。这种情况下，朱棣心里应该是高兴万分，而并非怕杀人太多，失了人心。因为不投降的士兵于他无用，更不可能放回去让他们再来打自己。

朱棣知道，雄县被攻击占领的消息一旦传开，守据在莫州（今河北任丘市北）的潘忠和杨松肯定会以最快的速度前来救援雄县，因为这二人有勇无谋，根本就不会相信燕军能够攻下雄县。

燕王朱棣对将士们说道："莫县的潘忠和杨松肯定还不知道雄县已经被我们攻破，他们听到雄县危急的消息，肯定会快速前来支援，我今天要围点打援，一定要活捉潘忠和杨松这两个南军的将领。"

众将军都觉得燕王的计谋绝妙，在燕王的指挥下，士兵们口里咬着草秆，头上顶着水草做掩护，一动不动地埋伏在月漾桥下的水中，就等着伏击潘忠和杨松的援军。果然，潘忠和杨松一听雄县告急，不做丝毫思考，立刻给莫州留下1万多人守城，两人亲自带着军马来援助雄县了。当他们带领南军急匆匆行军到月漾桥的时候，埋伏在桥下水中的燕军杀了出来，张玉又领着埋伏的炮手轰击刚刚到来的南军。水中士兵和步军对南军前后夹击，南军在慌乱中乱作一团，既不能向前突围，也不能往后撤退，南军想要抢桥，燕军奋勇杀入南军中，许多南军坠入河中淹死，潘忠、杨松被活捉。这一次南军又大败。

燕王问潘忠："莫州城内还有多少兵马？"

潘忠兵败到了这会儿，他也不再做丝毫反抗，就投降了朱棣，然后如实交代："莫州还有1万多名军士，9000多匹战马，守城的军队如果知道我战败了，便一定会快速退走。殿下可以急速进军，便可得此城。"

燕王一听这个情况，立刻带领百名精兵和潘忠直取莫州。到了莫州城下，潘忠向城墙上的士兵喊话说："我潘忠战败已投降燕王，你们也不必再打了，快点打开城门。"

莫州城的守城军士一看主将已经投降了燕军，就无心再战了，便打开城门纷纷投降，朱棣不战而得到莫州城池。莫州城内的军马辎重，转眼之间都成了燕王朱棣的。

南军的先锋军都是精锐，骑兵和辎重车辆众多，可是，燕王朱棣竟然在一天之内迅猛地将这支精锐给消灭了，大量军马和投降士兵壮大了自己的军队，这一仗为燕王朱棣后面在真定打败耿炳文的主力军奠定了基础。

燕王朱棣一举灭掉耿炳文的先锋军后，就退回白沟河驻军，休整军队3日，他清楚此时他与耿炳文的南军力量依旧相差悬殊，自己真正的困难还在后面。但朱棣还是鼓励军队准备进军。因为朱棣的目的就是当皇帝，而真定这个地方，是他必须打下的进军南方的关口。但是到底该怎么进军真定？明摆着只能以少胜多，那肯定还是要靠智取，靠军法的灵活应用，于是朱棣找来姚广孝，和姚广孝深入探讨。

朱棣问姚广孝："如今，我军与南军相差悬殊，虽然我军连连取胜，但对于南军来说，这些失败只是一个小小的挫败，他们的主力军主要在真定，日后进军真定，我军的胜败还是难定。"

姚广孝就说道："我们现在应该速取真定，虽说两军实力相差悬殊，但是南军是新集结的军队，他们各路人马互相不熟悉，内部指挥失调，所以我们可以乘胜进攻，不过还是要谨慎行事，先摸清南军的情况再进攻，千万不可轻举妄动。"

朱棣接受了姚广孝的建议。

第二天，张玉主动请命去摸敌情，他带着几个亲兵化装成工匠，潜入真定城侦察城内敌情。

而在真定耿炳文这方面，得知先锋军被燕军消灭的消息，朝廷军队的士气就一落千丈了。耿炳文不愧是一位久经沙场的老将，他作战经验丰富，行事特别谨慎小心，他看到了燕军的骁勇善战，也看到了南军的士气低落，于是他决定不跟燕军硬拼，他坚守在真定城内，拥兵固守，打算先消磨燕军的锐气，以便寻找对自己有利的战机再进行攻击。

张玉潜入真定之后，发现南军虽然实力强大，防守严密，但是士气确实低落，士兵们少了奋勇的气概，于是张玉回来对朱棣说："南军士气低落，适宜迅速攻打。"张玉跟着燕王朱棣南征北战久经沙场，他非常清楚士气对军队的重要性，于是他从南军士气上做出了判断。这个判断正合燕王朱棣和姚广孝商量出的意见。可是，耿炳文带兵打仗一生，沙场经验丰富，他的军队是不是真的会松散无纪律，是不是真的会士气低落，这个很难确定。但是张玉带来的消息，无疑鼓励了北军的士气，让燕王朱棣决定带兵直扑真定。

燕王对诸位将军说道："如今潘忠等人被我们擒获，南军的先锋军被灭，耿炳文现在驻守真定，肯定不会想到我军的到来，我军要出其不意，必攻破南军的防守。"

于是，商定之后，燕王迅速带领北军往真定，燕军队伍到了无极驻军。无极距离真定已经很近，此行的凶险未定，燕王在无极休整时又集结诸位将士商议下一步如何进军。此时，燕王也很是担心北军的士气，毕竟敌众我寡，凶险的大战在即，万一北军士气不足，如此带军进发也很危险，因此燕王就试探将士们，问将士们敌众我寡应该如何应对。

此时，大多数北军将领认为，南军虽然人多马壮，但是北军也不应该气馁。可是他们觉得北军应该移兵新乐驻军，与南军对垒，再找机会打败南军。理由是新乐在无极的西面，新乐的城池大，防守坚固。将士们确实没有表示要立刻进攻真定。

这个时候还是只有张玉坚持他自己的意见，张玉认为，燕军就应该率兵直取真定，真定虽说南军兵多，但新集结的军队人心不齐，北军可以乘胜一鼓作气攻破真定。此时燕王非常高兴，听到张玉坚持了和其他人的不同见解，他也向诸位将军又讲了直取真定的理由。朱棣决定直取真定，而不能驻军对垒，是因为驻军对垒，拖延时间，就会给南兵休整队伍统一人心、鼓舞士气的机会，并且南军人多势众，等到他们人心一齐，北军是无法对抗的。如此详细分析后，诸将一听有理，也就服从朱棣的命令，一心一意攻打真定。

这时候，朱棣又给诸位将军讲了一个详细的作战方案：先声后实。所谓先声后实，就是先造声势，再针对具体情况，采取实际性行动。也就是先把自己的实际情况让敌人知道，然后看着敌人做出相应的对策，自己再变换方法去做出更好的战略方针。

可以说，朱棣是一个非常优秀的军事家，他总在不停地变换着自己的作战方式，他在打怀来的时候说兵不厌诈。在战术上，他实行的是先虚后实，总是虚晃一招，进行佯攻，又忽然改成实攻，让敌人摸不清他的意图，而克敌制胜。尽管朱棣这样说了，可是把自己的实际意图如实地暴露给敌人，让敌人做了防备，这仗还怎么打？朱棣到底是怎么想的？

三、真定之战

真定城地处南北要塞，在滹沱河的北岸，朝廷军队驻守在这里，就堵死了燕军南下的道路，想要做皇帝的朱棣，要打南京，就必须先打下真定。

朱棣起兵之后，一直是以少胜多，集中优势兵力打快速歼灭战，耿炳文仔细研究总结了朱棣的打仗特点，就把兵力布置在滹沱河两岸，因为滹沱河向西还通往山西，实属战略要地，要谨慎镇守。

耿炳文这样布兵，也是为了把两岸都守住，而且两岸的兵力相互呼应，可以互相打援助，南岸有事，北岸相助；北岸有事，南岸相助。朱棣如果想集中兵力打歼灭战可就不容易了，说不定还会被南军包抄掉。就单单从这个布兵上也可以看出耿炳文不愧是经验丰富的老将军。

可是，他这样自以为万无一失的布置，还是被朱棣想到了破解之法。朱棣想你耿炳文不想集中在一处让我打你，那我就把你的两岸兵力往一起调，我要把你弄在一起打。这个事怎么办？别人当然不知道怎么办。别人是看一步走一步，但是军事家朱棣是看透全局、部署全局的人，这个难不倒他。朱棣到底要怎么部署？

就在朱棣要部署的时候，有士兵说抓住了一个形迹可疑的人，朱棣命令带他上来，让张玉一审讯，就审讯出，此人名叫张保，是奉耿炳文的命令偷偷来打探燕军消息的。

朱棣心里可开心了，这下都不用再挑选雄县的俘虏士兵去出任务了，就直接用了张保。朱棣给张保松绑，说道："张将军，本王起兵南征只是为了清除朝中的奸人，保护幼主，将军也是朝中良将，若是放下兵器，我们就不是敌人，还请将军助本王锄奸，以靖朝廷。"

张保一想，两人都是为朝廷，再看朱棣军中降将众多，以前都是南军之人，现在跟着朱棣大家也很好。反正都是为朝廷，张保这样一想，也就投降了朱棣，并表示愿意为朱棣效力，还把真定的兵力情况、怎么布置的都如实告诉了朱棣，和朱棣派人探知的一样。

朱棣便说："你既然投降于我，想要为我做事，那我给你一个功劳吧，我放你回到耿炳文的军队中去。"

张保非常不解地问朱棣："我已经投降于你，你现在让我回去，不就是送死吗？"

朱棣笑着说："我给你一匹马，你就装作被俘，又偷马跑了回去，然后把我这边的所有情况如实告诉耿炳文，也告诉他我要攻打他的方略。你说得越详细越好，你说得越详细，你立的功就越大，耿炳文也就不会怀疑你，现在就去吧！"

张保听了，就飞马去了真定城。

诸位将军就不明白朱棣的意思了，纷纷问朱棣："我军由间道迅疾赶来作战，为的就是隐秘行踪不让南军发现我们，然后出其不意地发起攻击，现在殿下让张保回去，告诉耿炳文我们的军事机密，南军有了防备，这仗我们还怎么打啊？"

　　燕王一看诸位将军急了，就告诉诸位将领说道："诸位先不要着急，且听我说。首先，我们应当坚持在南军还没有聚齐的时候，就一鼓作气歼灭南军。我让张保回去，把雄县和莫州实战的情况告诉耿炳文，就是用我们的胜利，灭南军的士气。然后让耿炳文知道我军将会马上发起进攻，让他把河南的军队调往河北，这样就便于我们一举全歼南军。不然的话，他河南河北都有守军，我们打任何一面军队都很难取胜。"众位将领一听，恍然大悟，立刻和燕王的意见一致，雄心勃勃等着作战。

　　在这次大战中，张保是一位神秘的间谍人物，他是否真正投降了燕王，这个无法确定。张保一去就没再回来，燕王这边便有人说，张保实则是耿炳文的奸细，燕王只好说："去一张保，于我军无损，他若是真心归降于我，那么他就会在南军中做内应，若他不想归降于我，他回去也会把看到的我军的情况如实告诉耿炳文，我的事情也就被他办成了，若是耿炳文听了他的消息，真把南岸的兵力调到北岸，那样我们就可以实现在一岸作战的部署了。"

　　不过这样的先声后实，并不是很容易就能实现，不但要找机会，还要冒险，因为耿炳文若是不听信张保的话，那么这个作用就没有起到，所以朱棣还是要前去鉴定一下张保的作用。

　　朱棣率军到了距离真定20里的地方，看到前方有几个砍柴的樵夫，就命人捉了过来打听真定城的布军情况。

　　樵夫说："耿炳文亲自在城的西北安排了军队防守，东南方向没有布防。"

　　朱能不相信樵夫的话，威胁说他们可不许骗人，骗人是要杀头的。

　　几个樵夫就说没有骗人，实在不行我们先留下，你们去看是不是这样。

　　虽然樵夫们不怕死留下了，但是谨慎的朱棣还是不太相信，于是他带着几个亲兵到了东门进行侦察。到了东门之后，燕王朱棣就带人闯入了南军运输粮食的车队中。

朱棣他们飞快地掳走南军运粮队的 2 名士兵，等运粮的车队反应过来，才发现有人被抓走了，左右不见踪影。

这 2 个被抓的士兵一见是燕王朱棣抓了自己，就立刻如实说了耿炳文的布防，和樵夫说的一模一样。这样的情况正合燕王朱棣的心意，燕王知道，耿炳文已经中计上当了，只在河岸西北布防了，这样就便于自己攻打了。

于是燕王便命令张玉、朱能、谭渊诸将绕过城西南直奔南军的 2 座大营，这两队人马很快就冲垮了南军的 2 座大营。

这时候，耿炳文正在送朝廷的使臣出城，还没有回城，就听见一声巨响，燕军突然从天而降一般闯了过来，凶猛地就要往城里冲。耿炳文赶紧一边往回跑，一边让部下拼死抵抗，把燕军挡在城门外。这股燕军人数少，才让耿炳文逃回城去了。守城的将士见耿炳文进城，赶紧拉吊桥，可是桥还没拉起来，就被赶上来的燕军砍断了桥索，吊桥未能拉起来。但好在城门关上了。

城上守将死死守住城门，礌石飞箭严阵以待，除此之外，南军还立在城头骂朱棣。

"叛贼朱棣大逆不道，不得好死！"

"朱棣逆贼，劝你下马受死，还你全尸！"

朱棣听得清清楚楚，他抬手一箭过去，骂人的士兵便被射杀，边上的士兵也往城上射箭，压住了城头南军的骂声，城中一片大乱。

南兵虽乱，但耿炳文也是很快就集结起队伍，出城应战。但是这个时候，北军已经完全占领了城外的有利地形，而且率先做好了冲击阵形，张玉、朱能、谭渊、马云等将士率军队正面迎战耿炳文带领的南军。

而燕王朱棣则带着更加精锐的部队沿着城墙根摸到南军的后面发起了

猛烈进攻，燕军就像秋风扫落叶似的，前后夹击南军，燕王带军队横穿敌阵。

史书中是这样说的："循城夹击，透阵而过。"就是说朱棣带着人从朝廷军队的列阵中间穿过，砍杀勇猛无敌，如入无人之境。耿炳文的南军大败，想要撤回城中，结果拥挤地堵住了城门。有些南军沿河逃跑。

朱能率兵 30 余骑追击南军，一直追到滹沱河边，这时耿炳文的南军还有数万人，他们又迅速列阵阻击朱能。朱能带领的士兵虽少，但他们士气高昂，朱能跃马向前，大声喊杀，三十几匹战马冲向南军，犹如饿狼入了羊群，南军的阵营又被燕军冲乱。士兵们在慌乱中自相践踏，死者不计其数，甚至有的士兵为了撤回城中，而自相残杀寻找生机，最后总算跑回城中，坚守不再出来，而留在城外的也只好投降。

这一仗，南军死者不计其数，投降的有 3000 多人，燕王因为朱能骁勇善战而提升他做了都指挥佥事。

南军纷纷紧急抢涌入城时，因为拥挤，耿炳文还下令杀了后面的士兵，才关上城门，如此城外留下一大批人，又是和燕军混战，又是投降燕军。

左副将军驸马都慰李坚整军来迎战燕军，被燕将骑士薛禄冲入阵中，一枪刺于马下，眼看就要丧命。

李坚吓得大喊："别杀我，我是驸马李坚。"

士兵们把李坚推到了朱棣面前，朱棣批评了李坚一通："不是本王要说你，你是皇亲国戚，与本王没有仇，你来助什么逆？你今天的罪责怎么逃脱？"

李坚因为受伤了，面对朱棣的问话，也不回答，朱棣只好命人送李坚回北平养伤。

李坚被送走之后，士兵们又押来了顾成、宁忠和都指挥刘隧等，这些将士都被燕军活捉，而投降了朱棣。

随后，将士们绑着顾成来见燕王，燕王早就听说过顾成为人稳重，虽然他和顾城没有什么旧交，但是目前正在和南军作战，正是用人之际。燕王想着如果能够劝降顾成，对于瓦解朝廷方面的将领，扩大北军在军界的影响是大有好处的。

于是燕王朱棣下马亲自为顾成解开绳子，动情地说道："将军是父皇的旧人，怎么也参与了这场战争？"

顾成听到朱棣的话，不觉心有所感，他说道："我也是没有办法呀，今日见到殿下，就如同见到太祖一样，这场战事，横竖都是你的家事，殿下若能饶我不死，我一定为殿下效劳。"

燕王一听非常开心，就对顾成说："本王能得到将军相助，犹如得天相助，我朱棣三生有幸，将军且回到北平休息，以后就辅佐世子朱高炽吧。"

此时，真定战场上的硝烟还没有散去，安陆侯吴杰又率偏师来支援真定，被燕王拦截在半道一顿猛打狠搓，吴杰狼狈地大败而去。

对于燕王来说，真定大战，战果辉煌，他从南军处获得马匹两万余匹，俘虏投降的士兵有数万，还有更多的敌人战死于战场，耿炳文此战总共损失 3 万多人。

在投降的南军中，有人在窃窃私语，说燕王暴虐杀人不眨眼，就讨论怎么离去，有的说要叛离逃跑。这些传言被朱棣发现后，朱棣就对投降的士兵们说："但凡是在阵前投降的南军士兵，你们想留想走自己做主，谁要想走就明白地告诉我，我给你盘缠，送你回乡，但是谁若私下里溜走再去了南军军营，日后被抓住我绝不会轻饶。"

投降的南军士兵听了燕王的话，大受感动，有 2000 多人纷纷表示愿意留在燕王的部队里为燕王而战，其余的人被燕王分发路费遣散归去。那些拿着路费离开的人，沿路逢人就说燕王仁慈，不杀好人。

就这样，燕王优待南军俘虏得到了军心，以至于到了后来的南北两军战争的时候，南军常常不战而走，或者刚一战南军就投降，这和燕王优待俘虏的政策有关系。

耿炳文这次虽然损失三万军队，但是还有十万的兵马，他的战斗力依旧很强大。南军在真定完全可以固守，真定城内粮草充足，耿炳文又是一位善于战争、有战争经验的老将，因此，当他死守真定城、闭门不战的时候，朱棣攻了3天3夜也没有结果，士兵们在城下叫骂也没有人理，真定城没有攻下来。

朱棣便同姚广孝商议，姚广孝说道："3日攻不下真定城，军力已经用尽了，长期对垒，徒劳无益，时间一长，一旦城内的援军抵达，我们反而容易失败，不如趁着我军锐气正盛，我们撤回北平养军，再做打算。"

于是朱棣便决定撤军回北平，不再打真定。

朱棣明明打了胜仗，现在却不攻打真定城了，还要撤兵回北平，士兵们就不明白了。朱棣便给士兵做了解释，说攻城是下策，南军是步兵，擅长固守不动，北兵是骑兵，擅长野战，真定城长期攻不下来，北兵就会士气受挫，再打下去，就有可能会兵败。将士们听明白了朱棣的安排和用意，也不想在真定这个坚固的城墙下耗费精力，便跟着朱棣退回北平休养。

朱棣撤退的时候很会说话，他把真定的胜利成绩说是将士们共同努力的结果，还说朝廷举三十万大军出师伐燕就是同室操戈。朱棣特意指出，这是因为齐泰和黄子澄散布流言造成的，他鼓励部下们再接再厉，一直到肃清朝廷的奸臣，再做彻底休息。

四、临阵换帅

朱棣在真定城下围打3天，没有进展，就和姚广孝商量了一下，放弃攻城，回北平养兵。因为他们断定朝廷军一时半会儿也不敢进攻北平。既然已经是北军取得了胜利，打得耿炳文不敢出来迎战，那就先回北平去，再图后进。

朱棣的这个态度叫审时度势，因为他看清楚了耿炳文有丰富的作战和守城经验，而且真定城里物资丰富，守军众多，北军人少不宜长期对垒。还有一点就是朱棣每战必胜，他打的是行动迅速的歼灭战，可是这一次，他的方法在耿炳文这里行不通，所以停战也是一种必要，并不是失败。朱棣的这个停战反应，耿炳文自然很清楚，在这激烈的战争中停下来休息，再做战争准备，是战争不可缺少的环节。这说明耿炳文守城的方法正确，也说明朱棣在审时度势地做选择。

耿炳文带兵号称三十万，实际只有十三万，结果在一战中损失先锋军三万。在真定之战中，一些重要的将领被俘，但是真定的主力军依旧存在，近十万士兵驻守在真定城，死死卡在燕军南下的路上，堵住了燕军的南下。

可以说，耿炳文能做到这些已经很不错了，但是朝廷里那些书生却看不透耿炳文坚守着真定城的意义。他们只是一味以为，有着耿炳文这样身经百战的老将军，出征北伐应该一战而胜，然后直接在北平平叛，抓捕朱棣回南京城受审就好。

结果事实却是耿炳文让朱棣打得连连败退，损兵折将不说，还待在真定城里不敢出来，更别说进攻了。事情成了这样，建文帝朱允炆愁坏了，如此被动的局面，可如何是好？

这个时候，黄子澄出面了，他安慰建文帝说："陛下，胜败乃兵家常事，这次只是一次小失败，陛下不必太过于忧虑。"

建文皇帝很信任黄子澄，问道："现在连耿炳文都失败了，爱卿你可有什么好的方法？"

黄子澄就说道："让耿炳文带兵出征北伐，是我们用人不当，他毕竟年龄大了。这次我们把耿炳文换掉吧，再选个有能力的人去讨伐燕庶人朱棣。而且现今国家昌盛、粮饷充足、兵强马壮，像北平那样的偏僻小地方，怎么能够抵挡得住全天下的兵力呢？我们这次派大军五十万，四面围攻北平，一定可以擒住燕庶人朱棣。"

其实这次北伐的失败，耿炳文是有责任，但他失败的原因是因为不清楚燕军的能力，也不清楚燕军的作战方法。燕军对于他来说，就是如天兵天将突然下凡，所以他们一下子被打得乱作一团，但是他毕竟是老将军，立刻以守为攻，很快稳住场面，才让朱棣知难而退。如果朱允炆就此信任耿炳文，不撤他的帅，就这样打着，这叔侄相争的最后结果怎样，还真不好说。

但是，这3个文人只会纸上谈兵，又怎么懂一位老将军的用兵意图？即便耿炳文能够以守为攻，要伺机再战，遇上这样的3个领导，既优柔寡断又不懂用兵之道，估计耿炳文迟早都要被朝廷问罪。

此时，心烦意乱的建文帝一听黄子澄说换帅，心就动了，因为他也觉得耿炳文老得不行了。

建文帝问："那朝中还有谁能率军出征？"

黄子澄就说道："臣觉得李景隆可以担此大任，他上次捉拿周王就很彻底，不如就封他为伐燕大元帅，把耿炳文换下来。"

齐泰一听黄子澄的话就急了，虽然他也不理解很会打仗的耿炳文为何失败，但是他清楚地意识到李景隆不成，齐泰着急说："李景隆是个文官，他怎么能够领兵打仗？这肯定不行，如果用了李景隆，肯定要误了国家大事。万岁，想想赵括和马谡，万万不能用李景隆领兵打仗啊！"

这下精彩了，黄子澄一听齐泰和自己唱反调，立刻就反对齐泰，说道："像赵括、马谡两人是应当引以为鉴，我们是要防止纸上谈兵，但是文人领兵打仗也不是没有成功案例，历史上自古就有诸葛亮、范仲淹这等文人，他们可都是帅才。"

齐泰顿时也说不出个什么反驳理由了。

建文帝听了之后，思考一下就说道："如今我们也找不到什么更恰当的人选了，那就让李景隆去做讨燕的大元帅吧，让他统领大军去北上伐燕。"

于是，前线大军的主将耿炳文就被撤职了，虽然他的死守真定战略在当时是正确的选择，却不被朝廷理解，引发朝廷不满。那么耿炳文会有什么遭遇？

根据真定之战的过程来看，耿炳文在新主帅未抵达真定之前，他继续统领三军，坚守真定，也没有阵亡于城内，后来应该是被撤回到了南京。一直到建文四年（1402），朱棣即位后，耿炳文作为真定的老将，也没有受到朱棣的追究，只是到了永乐二年（1404），刑部尚书郑赐等人上奏弹劾耿炳文衣服器上面都是龙凤，诸如此等是说耿炳文有异心，朱棣则说："先朝老臣亦为此乎？命速改之。"此后就再也没有耿炳文的记载。

事实上，关于耿炳文在明朝的结局有两种矛盾的记载，第一种记载认为耿炳文死于真定之战，时间是建文元年（1399）十月。还有一种说法是耿炳文于八月死于真定之战。但是还有史书记载耿炳文八月大败，差点被擒，逃回城后，坚守真定，十月继续战，才死于真定。不管是八月还是十月，都说明了耿炳文是阵亡在真定战场上。但是另有说法是耿炳文在永乐二年（1404）被弹劾后，自尽身亡。

那么，既然耿炳文是在八月或者十月就阵亡了，为什么在永乐二年（1404）还会有朱棣"命速改之"的内容？顾诚先生认为朱棣这样说是因为耿炳文的坟墓超过了一个将军的应有规格，朱棣才说改了，至于在《明太宗实录》留下的弹劾之后的空白，有史学家推测说是编纂者刻意为之，就想留下耿炳文归降了朱棣这样一个模糊的概念。

但不管怎样，由此可以说，在真定之战中，建文朝廷损失特别严重。那么，朱棣到底是为何能够抓住耿炳文出城送客的这么一个时机而发动突袭呢？这个事情其实很明了，这样一场战争虽然是南军和北军在作战，但其实是朱家的家人和亲戚朋友在作战。早在朱元璋时期，大家都在一个朝堂共事，可都是熟人。

到了建文时期，只不过是一些人支持了建文帝，一些人支持了朱棣，这就有了两个阵营，比如说李坚在真定城外战斗的时候，城门关上，他被隔在了城外，就大喊"我是驸马"，所以免于一死。还有就是顾成，被抓住之后直接投降，还被朱棣当场重用，送回北平城做了世子朱高炽的老师，后来还在辅佐朱高炽守卫北平时起了大作用。但是他的儿子却在他一投降时，就被建文帝杀了。从他们几人的对话中可以看出，他们的关系很熟悉，加上朱棣是非常善于使用间谍的。所以，像耿炳文出城送客，这样的机密事件和时间的精准，都能被朱棣知道。可以看出肯定是在南军中有高级将领和朱棣相通，所以才有了朱棣那致命一击的准确性，朝廷杀了顾成的儿子，肯定也是确认了他和朱棣的关系，所以才报复他。

所以在真定大战之后，建文朝廷非常顾忌和朱棣有旧的将士，或者有可能和朱棣私通的将领。所以在那之后，只要是朱棣出去打仗，南军中不是纯粹的忠于朝廷的人，看到朝廷的忌讳之后，也会抓住时机投降朱棣，不然的话，被朝廷怀疑会丢了性命的。

所以朱棣打真定之战，也不完全靠运气，一方面是他真的骁勇善战，另一方面是他在南军中有很多旧人。这样的战争，一方是偏听偏信文官的建文帝，一方是骁勇善战的朱棣，谁输谁赢已很清楚。

第六章　燕王发威，攻城略地

一、李景隆挂帅

虽然齐泰认为李景隆不足以担当领兵出征的大任，但是在黄子澄的推荐下，还有一个人也很推崇李景隆挂帅，这个人就是方孝孺。方孝孺之所以推荐李景隆，是因为他曾经在北方见过李景隆的父亲李文忠，他还受到过李文忠的礼遇，这说明他和李家的关系很亲密。所以建文帝最终在黄子澄和方孝孺的推荐下，还是用了李景隆代替耿炳文作为北伐的最高统帅。

但是父亲是名将，不代表儿子就是名将，李景隆是个纯粹的书生。此人是朱元璋的外甥，李文忠的长子，袭爵为曹国公，他和朱允炆、朱棣都是没出五服的亲戚，他和朱允炆的关系是表兄弟，朱棣是他表叔，总之就是一家人在打仗了。他自小读书，颇通典故，生得仪表堂堂，顾盼间眼神威然，行为举止雍容大度，而且对儒家礼仪规范特别有研究。因此，朱元璋非常喜欢他，他曾经多次受命训练军马，朱元璋升他为左军都督府事，还是太子太傅。

建文帝上位之后也是非常信任李景隆，加上他逮捕周王的时候，不费吹灰之力就轻松地完成了任务，所以，李景隆更加受到建文帝的信任。但是李景隆确实只是个书生公子，没有实战经验，而且妄自尊大，很多武将和从征的将士，一听要让他挂帅去出征，都暗暗地叹息摇头。大家都清楚燕王朱棣并不好对付，连耿炳文那样身经百战的老将都吃了败仗，现在却派个书生去和骁勇善战的朱棣打架，并且是书生表侄打勇猛的表叔，简直让人不敢想象，纯粹就是派去挨打了。

这次建文帝和黄子澄换上了年轻的李景隆后，就非常迅速地安排了李景隆的出征仪式。李景隆的出征仪式非常气派，建文帝亲自把李景隆送出午门，并且一路送到了长江边上，为他饯行。赐予他通天犀带，还赐予他代表最高统帅权力的斧钺，让他一切相机行事，可以不用请示朝廷和皇帝。也就是说让李景隆在外时，自己决定该怎么办就怎么办，可见建文帝对李景隆非常之信任。

李景隆身着华衣彩服，行走于队伍中，带领的将士仪仗整齐威严。出发的时候，金鼓齐鸣，乐声大作，李景隆得意洋洋，朱允炆和黄子澄也非常开心。他们看着五十万大军，便心中满怀希望，想着只要李景隆一出马，就能像上次捉周王那样轻松，到北平一下子就把朱棣给捉了，然后押回南京受审就行了。

李景隆出征，建文帝还派了高巍和刘璟做参赞军事。高巍很激动，说自己愿意出使北平，他要去向朱棣陈晓大义，感以亲亲之情，令朱棣退兵。高巍这个人在朝廷决定削藩未定的时候，就勇敢上书，反对齐泰和黄子诚激烈削藩的政策，建议朝廷推行推恩令，不要激化各位藩王和朝廷之间的矛盾。一开始的时候他这样上奏是很有见地的，如果建文帝采取了他的意见，或许事情的发展是另外一种景象。

但是，建文帝没有听取他的意见。在削藩这件大事中，他是被齐泰和黄子澄排挤的，让人很想替他鸣不平。可是当朱棣已经起兵控制了北平和几乎所有西北地区的要地时，他还在幻想着要去找朱棣陈晓大意，劝想当皇帝的朱棣停止起兵立刻退兵，他的勇敢也就不过是书生的理想主义罢了，甚至很迂腐。

但即便如此，高巍也让人欣赏，在强权面前，明知皇帝不采用自己的意见，他还要站出来坚持推恩。后来面对异心灼灼，明目张胆想当皇帝的朱棣他又要推恩，晓之以理，还真是勇敢得可以。此人最后还为建文朝廷自尽，可叹！

再说朱棣退兵回到北平之后，还没有好好地喘口气，就接到探子报来的消息，说是李景隆乘船到了德州，收集了耿炳文败逃的将卒，并调各路军马五十万进营于河间。

朱棣一听这个消息，很清楚五十万大军对于北平的压迫有多大，说不定还没有打，就把北军将士吓得失去了战斗力。为了稳住军心，于是朱棣表现得非常兴奋，他召集手下大将，对李景隆做了个总结，主要是说李景隆做主帅肯定要败的理由，以此来稳定军心。他知道李景隆和耿炳文相比，耿炳文死守不动，以逸待劳，而李景隆肯定是五十万大军都要攻打北平，所以相对来说，李景隆倒是容易打一些。

朱棣说："李九江这个人就是个寡谋骄横的无能之辈，从前，汉高祖用兵如神，都不能自如地调遣十万大军。如今，朝廷派个李九江，此人无勇无谋，表面上看起来声色俱厉，实际上是一个心虚胆怯的人，他就从来没有领过兵打过仗，抓周王的时候，也不过是周王未作反抗，便宜了他。像他这样的膏粱竖子，带上五十万军又能怎样？还不是来白白送死的吗？"

姚广孝一听朱棣的语气轻松，就劝说道："殿下还是不能轻敌，毕竟那可是五十万大军啊，人多势众，我们还是要小心谨慎。"

朱棣大笑起来说道："本王不是轻敌，本王是说李九江必败无疑。昔日赵国就用了一个年轻的统帅赵括，此人读了很多书，说起兵法来头头是道，可是他只会纸上谈兵，没有真正的作战经验，结果与秦国大战的时候，四十万的大军都被秦国给坑杀了。李九江那点才华还不及赵括，赵括被坑杀了四十万军队，他竟然敢带五十万来，那也只有被我们坑杀的命！所以南军必败无疑！"

张玉一听就说道："殿下，这仗都还没有打呢，你怎么就说南军必败无疑？"

朱棣很自信地说道："兵书上说，会兵败的军队一般有五个特征。其一是为将者政令不一，没有军纪可言，上下不同心。上次在抓周王的时候，他已经犯了这个错。其二是北方天气早寒，南军远道匆匆而来，物资准备得肯定不充分，他们想要速战速决，可是战争哪有那么容易结束？他们没有物资抗寒就会挨冻，到时候天寒地冻，怕冷的南军还怎么作战？其三就是李九江不顾形势危险，贸然孤军直入，贪功求胜。其四就是李九江这个人，贪图贿赂，刚愎自用，对部下没有信任感。其五就是军中部下随意说笑打闹，混乱无序，李九江不懂治军，就连战鼓的节奏都没有固定，还是个很喜欢拍马溜须的小人。李九江把兵法中的五败都占全了，像他这样的人带兵，他不战败，谁战败？"

燕军的诸位将领听了朱棣的这个总结，顿时信心大振，士兵们士气高涨。朱棣之所以把李景隆看得这么透彻，也是因为熟悉李景隆，表侄和表叔的关系，能不清楚吗？从朱棣的话中也可以看出燕王朱棣是一个很成熟的军事统帅，在后来的战斗中，朱棣就是牵着李景隆的鼻子一步步地打出了胜仗。

朱允炆却没有真正了解李景隆的能力，这也为以后的败北埋下了隐患。

不过，从目前的表面实力上看，朝廷南军还是占据着兵力上的绝对优势。虽然朱棣说出了南军必败的五个特点，也说明白了南军的弱点，但是朱棣所宣扬的北军的优势也不是他说的那么夸张。虽然朱棣的燕军善于野战，善于骑马突袭、打歼灭，但那都是要速战速决。之前他的战法连连取胜，北军的士气也非常高，但与南北军数量相比，真的是兵力悬殊。光是人数的差别就真是一个硬伤，这个朱棣无法改变。

而且当李景隆出兵来北伐的时候，辽东的朝廷军马就开始围攻朱棣了。这支军队的最高将帅是吴高，他带兵入了山海关，包围了由燕军控制的永平。永平的守将是郭亮，永平城临山海关，是屏隔辽东的前沿。郭亮在归降燕王朱棣后，仍旧驻守永平，这样就让朱棣没有了后顾之忧，所以朱棣才安心地打了好多胜仗。

此时，如果永平被吴高占领，辽东的朝廷兵就可以直驱北平，这样李景隆再从南边打过来，和吴高两人联手围打夹击北平，北平就很危险，北平城再坚固也难以抵挡住两路大军的夹攻。

在这个关键时刻，朱棣决定先带兵出城去救援永平。他的目的就是用北平守军少的条件，吸引李景隆孤军深入打北平。而北平城坚墙高，留下徐夫人和朱高炽率不多的人守城就可以。朱棣简明扼要地向各位将领陈述清楚了自己的意见。

朱棣的这个意见一出，立刻遭到一些将领的反对。

大将丘福说道："我们去支援永平了，李景隆攻打北平怎么办？北平可是我们的根据地，怎么能放这么少的守军？"

燕王朱棣就说："永平我们是必须支援的，如果我们失去永平，就失去了与榆关的通路。而且我们所有的人要是都留守在北平，李九江肯定不敢来攻打北平，但是他如果知道我们离开北平去救援永平了，他就会想着趁虚而来攻打北平，到时候我们杀个回马枪，李九江既攻不下北平坚城，我们又在后面打他，到时候他肯定手忙脚乱。"

尽管朱棣这样说很有道理，但是，张玉也很担心北平的安危，觉得守兵太少了。

燕王朱棣很自信地说："北平守兵少是事实，这些兵出城打仗是不足，但是守城还是很足，更何况我们大军在外，奇变随用，就是说我们在外边的时候可以灵活机动地用兵，当我们去支援永平的时候，辽东军马肯定会闻风而逃，我们这样就给永平解围了，如此一来，我们没了后顾之忧，再回师打李景隆，肯定能赢。"

尽管朱棣再次做了详细解释，但战士们还是很怀疑。他们认为留下少量的兵马带着大部分的兵马奔波而去解永平的围，再奔波回来救北平，如此人马劳顿，长途跋涉，会挫伤士气。而李景隆大军就守在城外，以逸待劳，己方胜算太小，觉得朱棣的计划过于冒险了。

但朱棣也再没有什么好的办法，因为他认为大军守城是很被动的，长期被围，就会被朝廷大军消灭在北平城内，所以他坚持兵出在外，边打边看，奇兵随用，寻找战机，也是在运动战中给北平寻找生机。

最后将士们也没有更好的办法，只好接受朱棣的计划。就这样朱棣和诸位将军一起开始布防北平的守军，最后决定由姚广孝和顾城辅佐世子朱高炽留下据守北平城，徐夫人坐镇。

燕王朱棣的意见是让朱高炽只管坚守北平城，无需出战。

朱能建议说："卢沟桥是咽喉索道，那里必须派兵把守，只要把卢沟桥守住，敌人就不能攻城。"

燕王朱棣说："卢沟桥不要放一个守兵，放了守兵也是白白送命，就让李景隆长驱直入，兵临北平城下，北平城坚墙高，他李景隆攻不下，只能在城外耗时间耗兵力耗士气，还要挨冻。这样诱敌深入，我们再反攻时也好打。"

诸位将领接受了朱棣的这个建议。

其实当时的实际情况很明了，朱棣这样安排也是因为兵力不足，实在没有兵力分出去再守卢沟桥。这个情况或许才是他如此布兵的真实背景。所谓诱敌不过是一种美化，依着坚城死守根据地，出外机动随意打歼灭战，才是朱棣的真实意图。他内心应该是还想着出去在运动战中寻找机会壮大自己，使自己由弱变强。

同年九月二十五日，围攻永平的吴高，听闻朱棣亲自率军支援永平了，立刻率兵退回了山海关，躲开了燕军的直面攻打。而燕王让朱能做先锋军追打吴高，一气斩杀辽军数千，俘获数千。

但是，这并不算打赢了吴高，因为吴高虽然退出了山海关，但是他等燕王一离开永平，就会又杀回来。如此拉扯也是很烦人的。朱棣就说这个吴高虽然胆子小，但是很狡猾，做事情又谨慎小心，和他一起的杨文倒是勇而无谋，若是除掉吴高，就不用担心杨文了，后顾也就无忧了。

那么朱棣到底会怎样除掉吴高？当然还是用老方法离间计，可见离间计杀伤力之大。

二、再施离间计

朱棣感觉到吴高在山海关有着重要的作用，只要他存在一天，山海关外的兵马就对北平一直构成威胁。可想要除掉他，思来想去，还是得用离间计，借刀杀人。

于是，朱棣给吴高和杨文分别写了一封信，在给吴高的信中，语言非常热情，表达得很有感情，一看就知两个人非常交好；而给杨文的信，就是辱骂，说他空占其位，不配治军，还劝他回家抱孩子去。

朱棣把两封信写完之后，故意把信封装错，就是为了使吴高和杨文互相怀疑。当杨文收到信之后，打开一看，居然是朱棣写给吴高的私信，杨文心中就想燕王如此赞美吴高是为何呢？他就觉得吴高肯定和燕王有私交，那就是有通敌谋反的嫌疑，不然吴高在永平为什么不战自退？杨文很快想清楚了这个问题，就对吴高有了意见和戒备。

而吴高收到信一看，竟然是燕王朱棣写给杨文的私信，吴高就认为，虽然在信里面，燕王看不起杨文，还辱骂了他，但是燕王能给杨文写信，就说明杨文跟燕王有私交，不然的话，在这个关键时刻，燕王为什么要给杨文写信？

就这样，两个人为了表示对朝廷的忠心耿耿，把收到的信都交给了朝廷。

而大敌当前，建文帝朱允炆一看这两封信，对两个人都产生了怀疑，不再相信二人。朱允炆认为，朱棣表扬赞美吴高，那么吴高跟朱棣有通谋就是肯定的了，于是他就削去吴高的爵位，把吴高发配到广西去了。

其实建文帝之所以这么容易就中了离间计，还是因为他自己本身就不放心吴高这个人。因为吴高有个堂妹，数年前嫁给了湘王朱柏，而湘王朱柏和吴王妃在削藩的时候都在湘王宫里自焚了，所以朱允炆就觉得吴高会怀恨在心，肯定打算跟朱棣合谋造反，里应外合，要给自家妹子报仇。

就这样，朱棣的离间计奏效了，依然是建立在充分了解敌人的基础之上，否则，很难起到效果。朝廷发配了吴高以后，让杨文独自镇守辽东，从而对北平不再构成威胁。

如此一来，燕王朱棣的计划实现，他再无后顾之忧。

与此同时，李景隆驻扎在河间府，组织了五十万大军，犹豫着准备进攻北平。结果一听探子来报说燕王率军离开了北平去支援永平了，他果然就像燕王所想的那样，立刻率着五十多万大军，铺天盖地，潮水一般迅速涌向了北平城，就想着趁着北平城中空虚，把北平拿下。

当李景隆带兵走到卢沟桥的时候，看到卢沟桥这样的咽喉要道竟然没有一个守军，不觉轻蔑地大笑，他幽幽嘲讽燕王竟然没有在卢沟桥防守，可见用兵也不过如此。

李景隆兴高采烈，带兵长驱直入，到了北平城下。

城中世子朱高炽，一看李景隆大军围城，心里很是惊慌，就赶忙向姚广孝问计。

姚广孝安慰朱高炽说："北平城墙高耸坚固，不易攻破，南军远道而来，不但气候不适应，而且他们准备的军需也不够，我们只要坚守着城门城墙，不让他们攻进来，朝廷的南军在城外缺吃少穿，挨冻受饿，在这饥寒交迫中是围不了几天城的。"

朱高炽又说："可是北平城里将少兵少，他们人多势众，我们怎么守得住？"

姚广孝就耐心说道："自古至今，打仗靠的是精兵良将，就是说兵不在多而要精，将不在多而要勇敢。精兵良将可以一当十。还有我们燕王，在北平驻守经营20年，爱民如子，北平民心无不归向燕王，若是南军攻城，城内的百姓为了不遭屠杀，肯定也要和我们一起同心协力地守城，这样军民团结的力量不可低估，只要我们精心调配这些战斗力量，我们肯定能赢。"

于是朱高炽、姚广孝、徐妃和顾城在一起精心策划，呼吁全城军民一起加强北平的军防。城内军民不分男女老幼，个个都决心与南军决战，发誓与北平城共存亡。

李景隆率领大军来到北平城下，见朱高炽闭门守城，还以为朱高炽害怕自己，便在北平九门筑堡垒，又是攻打，又是要围困死北平。

在这期间，李景隆还派出兵马去攻打通州，在通州和北平之间布置链接九营，自己亲自督战，意思要断了燕王回北平的路。

此时，在北平城外，南军把北平城围得水泄不通，如同铁桶一般。朝廷兵马发起的攻城战斗也很激烈，其中攻打最激烈的地方是丽正门。在丽正门南军又是火炮轰，又是用箭射，城墙上的北军被压得抬不起头来，南军趁此机会搭上梯子上墙，眼看就要爬上城头。

北军守将李让和梁明等人沉着应战，只要南军的炮火一停，就让军士们往下投滚木，砸礌石，攀城的南军败下，后面的南军继续用炮火掩护攻城，就这样一场又一场的激烈攻城在北军的英勇抵抗下失败。李景隆怎么都没有想到，北军护城这么勇烈。

但是北军毕竟人少，加上阵亡死伤，守城变得非常艰难，朝廷南军见守城军力量渐弱，进攻得更加猛烈，就想着打开丽正门，进入北平城内。

李让和梁明一面休整调配士兵，一面组织城中的百姓守城。朝廷南军的进攻更加猛烈，甚至有些南军在不要命地往上爬，一拨接着一拨。李让和梁明见状不妙，身先士卒，带着士兵们在城墙上奋力砍杀。

这时候，他们听到了徐妃的声音。徐妃是徐达的长女，自小就有"女诸葛"的称号。

此时是徐妃带着自己的府兵们杀上了城墙，这些女兵不是很会用弓箭，但是她们可以投瓦块、石块打击敌人。

李景隆虽然人多势众，但是他治军不严，士兵不勇敢，军心也不如北军齐心。

北军和城上的老百姓，一看徐妃亲自带人杀了上来，巾帼不让须眉，顿时士气大增，军心大振，一个个一鼓作气，就把南军打退了。

李景隆看着丽正门久久攻不下来，便让攻城的士兵撤退，稍作休息之后，便开始想用火攻丽正门。他们备下柴草，堆在丽正门下，准备点火。

李让一看就明白了，让士兵们准备砖瓦土石。南军点火之后，一时间，浓烟滚滚，烈焰腾空，火势冲天。北军也不退缩，齐心协力把大量的土方石块砸下去，又是投湿土倒沙石，大家一鼓作气，将南军的火攻击退，丽正门被保住。

这时候，朱高炽不再坚持朱棣的死守不出的政策。他和姚广孝商量了一下，在姚广孝的指挥下，带兵在夜里偷袭南军的阵营。城外的南军因为想着北平城内守军少，所以一心攻城，营防空虚。朱高炽带着精兵一冲，还在营房里放火，这样的情况吓得惊慌失措的南军跟着李景隆逃出10里才罢休。

就这样一次又一次，朱高炽他们白天守城，夜晚带兵偷袭，扰得南军夜夜不得安宁，有时还会在半夜里误会而互相厮杀，伤亡甚重，直打到天明后方知是自己人在杀自己人。

朱高炽他们这种方法效果非常好，李景隆五十万大军攻不下北平，又被朱高炽偷袭，于是不得不退营10里。

南军将士一看李景隆竟然因为怕被偷袭，就主动退后10里，毫无大将军的气魄和胆量，也就跟着无心再战，士气一蹶不振。从此，北平保卫战进入时打时停的胶着状态。

但是，朝廷南军中有一个叫瞿能的将军，此人打仗非常勇猛，在洪武时候他曾随蓝玉出大渡河西征。这一次攻打北平城，他带着儿子率领几千精锐攻打彰义门，锐不可当，几乎就要攻破彰义门了，可是却因为没有后援支持，父子俩便只好一边打一边等候援军支援。

不过，他们等待半天，没有得到支援的军令，却传来让他们停止进攻彰义门的命令。之所以这样，是因为李景隆猜疑瞿将军擅自攻城而令其退兵，最根本的原因还是李景隆担心瞿能攻城胜利，抢了他的功劳。

其实这个时候天气非常寒冷，攻城和守城都很不易。北平守军一看瞿能停止攻城，心里长出了一口气，就连夜提水浇在了城墙上，只一夜就把城墙冻得不可攀登，只能望而兴叹了。

这次南军本来可以一鼓作气乘胜攻陷北平彰义门，可是因为李景隆的小心眼而失败，毫无做主帅的心胸和眼光。事后瞿能只有独自叹息："机会已经失去了，难有作为！"

三、借兵大宁

当李景隆大肆攻打北平城的时候，燕王朱棣把诸位将领聚集在一起，商议如何攻取大宁（今内蒙古自治区宁城西）。朱棣的目的是把离北平城不远的宁王的军队收编过来为己所用，这样就可以壮大自己的军队。

宁王朱权是朱棣的十七弟，朱元璋在世的时候非常喜欢宁王朱权，就把他分藩在大宁。大宁是西峰口外一个重要的镇子，在今天的内蒙古自治区和辽宁相邻接的地方。朱元璋因为非常喜欢朱权，所以分配给他的部队最多。据说宁王的全部武装的精兵部队有 8 万人，装甲车有 6000 辆，还有朵颜三卫蒙古骑兵，人数相当于 3 个骑兵集团军。

在当时，骑兵的行动快，冲击力强，一般步兵是很难抵抗的，所以说宁王的军队是兵强马壮一点都不虚说。如果朱棣能够得到宁王的相助，或者把他的部队据为己有，朱棣的实力就可以和朝廷的大军相抗衡了，这场大战也就有了胜算。

但是靖难之役爆发后，建文帝因为担心临近北平的朱权、朱植和朱棣联手相助抗衡朝廷，就命辽王朱植和宁王朱权回京。朝廷的命令一下，辽王非常乖地就回朝去了，甚至在陆路不通的情况下，他走海路返回南京，乖乖地听命于建文王朝。

可是宁王朱权深受朱元璋亲亲思想的影响，并没有听建文朝廷的命令，甚至还说自己忠于朝廷，守着藩地，并没有犯罪，凭什么要接受召见？而且朱权借口张妃病重不出大宁。朝廷便以此为借口处罚他，削去了他手下的军事护卫，他的军队就由朝廷接管了。

实际上，朱权虽然没有听命于朝廷，但他也没有和朱棣成为一党。因为他的儒家"亲亲"思想非常严重，所以他既反对朱允炆的削藩制度，又反对朱棣的起兵造反。朱权的这种中立态度，在当时那种混乱的情况下，让自己陷入了两难的境地，也造成了他手下人员的分裂。

宁王麾下军队的将领士兵一部分是支持朱棣的，一部分是支持朝廷的。而朱权本人，还没有公开表示对朱棣的支持，所以朝廷没有削朱权的藩位，还把他的大宁军调入关参战。

可是，这支大宁军队被朱棣的反间计收拾了后，就驻扎在松亭关不动了。显然这也是不积极听从朝廷的调遣，抱着一个中间派的态度。所以朱权的这种实际情况，给朱棣提供了机会。朱棣就想着借大宁的兵力，壮大自己的队伍，然后跟朝廷抗衡。

因此，朱棣领着大军在永平解除了吴高的围困后，他并没有急着转回北平去，而是把目光盯向了"带甲八万，革车六千"的宁王朱权。他打算带精锐兵马先奔大宁，去收服大宁军队为己所用，以便彻底解除北方的后顾之忧。

但是如前面所说，朱棣手下的将领并不支持朱棣直奔大宁。先不说大宁是否容易被攻取，这个时候北平城被李景隆围攻已经很危险，还分兵出去实在是冒险。此外，更重要的是要取得大宁，就要先攻占松亭关。要知道，此时的松亭关上是刘真和陈亨坚守，朱棣用第一个离间计时，促使刘真杀了卜万，主帅就变成了刘真。而现在，北军的将士们依然认为松亭关不好攻打，因为松亭关地势的原因，短时间的歼灭战根本不好拿下，还浪费兵力，不如先回师北平攻打李景隆，给北平解围，再攻打大宁不迟。

就这样，朱棣和将领们的意见不统一，再次出现了分歧。朱棣只能硬着头皮给大家解释："本王去大宁并不是要消灭宁王，只是暂时借取大宁作为一个根据地，宁王和我是兄弟，他现在和朝廷有了矛盾，朝廷削了他军队护卫，我们趁这个机会，从刘家口取大宁，也就是几日时间。大宁的大部分主力军都在松亭关，大宁城中都是老弱之兵，而且松亭关将士的家人都在大宁城中，我们趁此机会拿下大宁，好好安抚那些将士的家属。这样一来，松亭关我们就可以不战而得。北平城中有姚广孝等人辅助，李景隆就是有多少兵力也攻不下北平城，我们取了大宁之后再回兵打李景隆，也不耽误！"

众将领听朱棣这样解释一番后，也就都同意了，没有再闹意见和情绪。

朱棣松了一口气，然后立即命令将士们火速前进，并且是绕过了松亭关，在向导的带领下，走近路，翻山越岭，直接去了大宁。

这支北军并没有在松亭关浪费时间和兵力，也不跟那里的驻军交战。

此时，兵士们终于明白燕王朱棣为什么这样奔波运动作战了，原来他真正的目的是收大宁，壮大自己。

燕王去大宁，说是为了争取和宁王做同盟，所以他在去的途中给宁王写了一封信，大概意思是说：自己如今起兵，也是被逼无奈，自从父皇归天，人世沉浮，沧桑巨变，我们这些皇兄骨肉，本当亲亲善善，谁想到幼王朱允炆竟然会听信奸佞小人的话，不但变祖法削藩王，还同室操戈，令人心寒。蝼蚁尚知贪生，更何况我们还是皇子，所以我起兵自救，都是时事所逼，朝廷所逼，还请十七弟念兄弟手足之情，棣特上表乞情，赦免罪责，使棣有立足之地，别无请也。

朱棣的信写得全面诚恳，而他此时的境况在别人眼里，确实很困难，正被朝廷五十万大军围攻北平，而他自己到处奔波，还真是一副无立锥之地的模样。

宁王朱权收到信后，想想兄弟之情不免伤感，而他自己也是被削了护卫，他和燕王本是同病相怜，所以对燕王的到来并没有报以敌意。

朱棣率兵行到刘家口。这刘家口路窄险，人马只能单行，而守在刘家口的人就只有百余人，朱棣没有正面攻取，他担心这些军人一受惊吓就回去大宁报告，让大宁守兵有了准备。

与此同时，大宁守兵和宁王的关系尴尬，因为宁王的中立态度，大宁守兵有一部分支持的是朝廷，有一部分支持的是朱棣，这就使得宁王军队内部充满了争执，有一股火药味在酝酿。所以，朱棣行事也要非常小心，纵然他是来争取和宁王达成同盟的，他还是用兵诡秘，不暴露自己的行踪，生怕出了意外。

燕王朱棣命郑亨率领数百人，从山中悄悄绕到刘家口关后，前后夹击，拦截守兵回城的路，一举擒获所有守关士兵，然后才从刘家口带兵直奔大宁。

建文元年（1399）十月六日，燕王朱棣到了大宁城外。大宁城守兵看见燕王军队，万分惊悚，立刻关门守城，但是朱棣并未强攻城门，而是率数骑绕城考察地形，找到西南隅，看到一处地形容易攻取的地方才展开进攻。

燕王率领精锐兵士，攀墙而上，大宁城门很快被燕王朱棣攻陷，都指挥房宽被俘获，另一个都指挥朱力战死。燕王下令安抚城中军民，并下令凡危害百姓者处重刑，大宁城很快安定。

一切如燕王计划，燕军把守在松亭关的陈亨的家属和家奴找来，让他们去松亭关找陈亨和刘真报信。

这个时候，刘真和陈亨已经从松亭关率兵往回赶，要救大宁，途中他们知晓自己的家人无恙，这支队伍的军心更加涣散。宁王朱权的三护卫，在燕王起兵时虽然朱权被削了爵位，但是这些兵仍留守在大宁，只是宁王无权支配而已。本来这支军队现在改由朝廷支配了，结果燕王攻下大宁后，这支大宁军就归降了燕王朱棣。

因为大宁是北边的军事重地，大宁行都司领导兴州、营州共20多卫。这些兵将都是西北的精锐，尤其朵颜、泰宁、福余三卫，本身就是从蒙古投降过来的骑兵精锐，所以特别强悍。

这些骑兵归降了朱棣之后，成为燕军以后作战的主力军，而朱棣的兵马也扩充达到十二万之多，具备了与中央军抗衡的实力，这就是燕王去大宁的真正目的。

如此，大宁归燕王坐守，到了十月十一日，刘真和陈亨率兵到了乱石黄崖。陈亨因为早和燕王有通，他就动员徐理、陈文，说大宁已经失陷，城里的大宁军都已经投降，尤其燕军作战骁勇无敌，再对垒也不过是消耗兵力，不如早点投降，免去在战斗中相杀。

于是半夜里，陈亨、徐理、陈文三人起兵，袭击刘真的营房，一顿冲杀。刘真在仓皇间逃走，单骑携带几枚敕印往辽东惊慌而去。后来从海路回了南京，而陈亨带所有剩下的将士，皆归降了燕王朱棣。

大宁被攻破，朱棣收降了所有的大宁军以后，便单骑入大宁王府去见宁王。

在洪武朝时，朱棣曾经奉命来过大宁，本来他和宁王的关系就好，这次攻打大宁，提前又写了信，做了铺垫。所以被朝廷削了爵位、已无兵在手并被困在大宁的宁王，一见到朱棣，两人便相拥而泣，毕竟血浓于水，再加命运相连之感，让朱权并没有怪朱棣这番夺兵权的操作。

燕王在宁王府中住了数日，两人相处得非常好。燕王回北平的时候，宁王一直送到郊外饯行，燕王的部下一拥而上，胁迫宁王及其世子和妃妾一同去北平，等于强行绑架了。甚至燕王的士兵把宁王府的金银细软一起打包带走，看架势不打算放他回来了。

朱棣这样突然的操作，让中立的朱权措手不及。这时候，朱棣才把自己的意图告诉朱权，并邀请他参加靖难，给他许下一个事成后会中分天下的空口诺言。但朱权身不由己，他手下的将士早已背叛了他，无奈之下，只有随燕王去北平。

就这样，燕王收了大宁军，胜利班师返回北平。

四、郑村坝战役

朱棣在借兵大宁强大队伍后，为了加强军队的战斗力，适应接下来跟朝廷军队的拼杀，他就迅速对军队进行整编，建立了五军，建军具体内容如下：

> 大军至会州卫，指挥张玉将中军，升密云卫指挥郭亨、会州卫指挥何寿为都指挥佥事，充中军左右副将。都指挥朱能将左军，升大宁前卫指挥朱荣、燕山右卫指挥李浚为都指挥佥事，充左军左右副将。都指挥李彬将右军，升营州护卫指挥宋理、永平卫指

挥盂善为都指挥金事，充右军左右副将。都指挥徐忠将前军，升
营州右护卫指挥陈文、济阳卫指挥吴达为都指挥金事，充前军左
右副将。都指挥房宽将后军，都指挥和允中充后军左副将。升蓟
州卫指挥毛整为都指挥金事，充后军副将。以大宁归附之众分隶
各军。

——《奉天靖难记》

从以上内容可以看出，燕王还是保持了自己的旧属将士，以他们为主
体，将大宁降服的兵士分隶诸部，就这样，燕军才有了五军之制。唯一例
外的是，后军的将领，竟然是大宁归降的房宽，这就说明了一个问题，房
宽早就跟朱棣有关系，因为他在此前事变时就积极配合朱棣，态度表现得
很是暧昧。

由此可以推断，他和朱棣早就有通结。朱棣不但建了五军，而且在整
个分立五军的过程中，朱棣对将领们的职务都多有升赏。朱棣这样的行
为，其实是违法僭越的，因为明朝的朝廷对藩王的权限是有规定的，藩王
没有权力对部下擅自升赏，更没有权力任命这些朝廷职务。朱棣这样做，
其实是对朝廷这类规定的公然蔑视和否定，也表明了一个态度，就是他自
己不再受朝廷法度的约束。

所以，燕王才在会州立五军，升赏所有的将士。实际上朱棣在整个靖
难之役中，一直在对部下进行升赏，这就说明燕王起兵的目的绝对不是为
了"清君侧"，他真正的目的是夺权夺取皇位。

朱棣收降大宁后，带大宁军入关，这是他起兵之后难得的轻松时光。
因为大宁一路的城池关口已经被朱棣控制，所以他在率兵回头走的过程
中，再没有打仗，而且当大军在遵化的时候，他们还举行了娱乐活动。但
这仅仅是大军在一起的互相娱乐和熟悉放松，并没有太多时间休息，因为
此时的北平城已经陷入了李景隆大军的持续性围攻中。

　　北平城危在旦夕，朱棣必须抓紧时间回去给北平城解围，不然，北军一旦失去北平这块根据地，后果将不堪设想。就这样，朱棣与朝廷讨伐大军的第二次激烈交锋，就在朱棣向大宁借到兵后展开了。

　　燕王即命薛禄带兵先行，一路攻城略地，威风震天地向北平而去。

　　北平城中燕军仅万人就抵抗了数十万南军的日夜进攻。而且，每当南军人马进攻疲惫后的夜里，城里的燕军又出击偷袭南军的营地，这样的不断搅扰，使李景隆不得不后退10里再筑营。李景隆如此一退，士兵们攻城的力度就减弱了，城里城外就形成了一种对峙胶着的状态。

　　朱棣收到这些消息的时候，他已经收服了大宁军，正在带着这些精兵强将奔向北平，准备着为北平解围。当朱棣经过松亭关，李景隆就得到了消息，他便放松了攻城，在郑村坝一带用大军布防，做好了和朱棣决一死战的准备。

　　可是李景隆在计算着时间等候朱棣大军的时候，朱棣并没有如期而至和他决战。

　　李景隆左等右等地想打一场漂亮的伏击战，他想着朱棣远军奔袭，人疲马乏，自己肯定可以伏击取胜，但是朱棣迟迟没有出现，李景隆就做了各种猜想，甚至每天都派出去侦察兵寻找朱棣。他一点都不敢放松，他已经知道朱棣善于打歼击战，万一从天而降突袭自己，那可不得了。

　　朱棣当然知道李景隆在等自己，想以逸待劳打伏击。朱棣看看此时的北方天寒地冻，便心生一计。他偏偏就不着急回去，就让李景隆的士兵和寒冷的老天做斗争去吧。

　　朱棣要利用冬天的严寒来消耗李景隆的兵力，他从松亭关出来之后，就直接向西进发去了广昌，于十月二十四日到达广昌。广昌守将一看朱棣的燕军突袭，守城的易胜就直接开城投降，广昌附近的县也相继投降了燕王朱棣。燕军在广昌这里补充了足够的粮草，稍事休整之后，便飞速直奔北平。

当燕王带着大军到达孤山之后，却被白河水阻拦，冬日漫天大雪，河上无船。诸位将军犯愁，朱棣命大军在白河边驻营。

朱棣自己看着河水犯愁，冷风吹得他瑟瑟发抖。为了鼓舞士气，他挺直身子，抬头看天，忽然看见天上有卷云，风吹着旗帜飘向东南，聪慧的他立刻判断出，今天有西北大风。立于河边，他忽然想起姚广孝的话，但凡成大事者，一定要有人辅佐，想让别人辅佐就得制造神迹，在别人的心中立下神威，有了神威，众人才会一心一意辅佐，想到这里，朱棣便对着大河仰天大笑说："天若助燕，河冰即合。"

诸位将军都以为燕王朱棣因为发愁在说笑，根本就没往心里去。

夜里，忽然北风狂暴，冽冽地吹了一夜。次日果然白河结冰，诸位将军惊喜不已，都说苍天助燕，燕王当兴。

这个神奇的传说在军中传开，一时间，北军士气大振，朱棣当下就率大军踏冰过河，向北平前进。

这个时候，李景隆派陈晖领兵一万在白河附近巡逻，因为两军走的路线不同，陈晖的军队错过了朱棣的大军。等到朱棣的大军过了白河之后向前而去时，陈晖也发现了朱棣的军队，他便带着人马跟在朱棣的后边，想着要跟前方驻守的李景隆夹击朱棣。结果很快便被朱棣发现，他的这个想法本身就很可笑，带着那么多人尾随在朱棣的军队后面，怎么会不暴露？

于是朱棣派了一支精锐部队，突袭陈晖，双方展开一场激烈的混战，阵晖败军而逃，仓皇间率军队踏冰逃命，结果河上冰因为大军的两次重踩而裂开。南军惊慌失措间只顾逃命，未曾发现冰裂，逃至河中时，冰碎，人马淹死冻死无数。

燕王大获全胜，在这次前哨战中，朱棣缴获战马2000余匹，陈晖仅以身免。

在朱棣消灭陈晖以后，率燕军直奔郑村坝。

郑村坝的南军耐受着天寒地冻，也没有得到李景隆很好的安抚，现在又看到陈晖首战大败，南军的士气更加低落，军心更加动摇，当燕军列阵要进攻时，南军竟然都做不到整齐地列队迎战。

朱棣把南军的这些表现看在眼里，对燕军诸位将军传话说道："南军敌阵骚乱，正是发动进攻的好时机。"

燕王抓住时机一声令下，燕军向南军猛冲猛打，双方在千里冰封的北方荒原上，杀得难分难解。数十万大军打马挥枪、冲杀混战，刀枪碰撞，炮火纷飞，箭飞如雨，血流成河，哀鸿遍野。

南军将士人多，燕军将士勇猛，双方激战不下，都在为朱家的江山浴血奋战。

北军在燕王朱棣的领导下，从中午一直打到天黑，也没有取得决定性的胜利。

天黑的时候，燕王趁黑出奇兵左右冲击，张玉带领大兵排成方阵从南军营中冲杀穿过，横冲直撞一阵猛杀。南军体力不支，士气低落，燕军乘机正面猛攻，南军才大败而逃。这一仗燕军斩首南军数万，投降的南军也有数万。双方直杀到天色黑透，才鸣金收兵。

北方的夜晚非常寒冷，燕军只能就地休息，夜渐深，天气越来越冷，都指挥火真在战场上冒着风寒和危险找来了几个破马鞍，给朱棣生了一堆火，火升起后，附近的士兵围了过来都想烤火取暖。燕王的卫兵怕出现危险，不让士兵靠近，燕王看着冷冻中饥寒疲惫的士兵，内心很是感动，这些人都是为了他才浴血奋战，置身在这种境况的。

于是，燕王说道："火真，士兵们都是好汉英雄，想要烤火取暖，你们不要制止，现在我穿着皮衣，都难以抵抗寒冷，更何况他们穿的是冰冷厚重的铁甲，你不要指责他们，我恨不得在这荒野上都生起大火，我们一起取暖。"燕军们听到燕王的话，很受感动，都觉得跟着燕王如此拼命值了。

但是，在南军的阵营里，李景隆因为初战失败，再加上天寒地冻，他觉得再战也无胜算，于是带着将士拔营南逃。因为郑村坝离北平还有二十几里，他就抛弃了还在围攻北平城的将士，也就是说，当部分南军还在围攻北平城的时候，李景隆带着郑村坝的剩余军队已经逃跑了，并且把很多军需物资丢在了郑村坝一带，全都丢给燕王了。不知朱允炆若是知道了李景隆的这个情况会怎么想。

郑村坝战役，燕王朱棣从李景隆手中夺得战马 2 万余匹，天亮后，朱棣的将领要求率兵追打李景隆，朱棣因为想到天气寒冷，士兵们饥寒交迫，便没有让大军追杀李景隆，而是率兵往北平开进。

这时候还在死守围打北平城的南军将士，并不知道李景隆已经抛下他们逃离了，这些将士还驻扎在北平城下，全军处于紧张的戒备状态，为了戒备燕王迎击燕王，这些南军将士不畏严寒，或者是被迫立在风雪中，不得休息，冻死冻伤者很多。南方的将士本来就不耐严寒，现在又在风雪中坚守，还得不到上级体恤，因此士气也很低落，这也是南北军双方力量消长的一个重要因素。

十一月十七日，在李景隆已经退兵的情况下，面对依旧顽强围攻北平城的剩余南军将士，朱棣毫不犹豫地发动进攻，当天夜里，朱棣连破南军四营。

郑村坝战役是朱棣第二次打败南军，南军的伤亡情况在《奉天靖难记》中是这样写的："追亡逐北，斩首数万级，降者数万。"然而从李景隆年底又率兵来战可以看出，郑村坝战役中南军的损失应该没有这么严重，而且此战中，朱棣的损失也很惨重。

两军在郑村坝大战了好几个多小时，围城的南军部队在主力军逃走的情况下还能够死战不退，说明南军作为建文王朝的精锐部队，在那样恶劣的情况下，还是非常强悍的。因此，面对如此的强悍抵抗，朱棣的损失虽然没有明确记载，但是也可以想象一下，毕竟惨烈之战，双方肯定是都大有损失。

　　《奉天靖难记》中有朱棣在十二月面对李景隆的大军再次进攻，而向天下招募勇士的记载。这说明，朱棣郑村坝之战虽然赢了，看着收到了很多投降的军队，但是，他自己的损失也很大。而且当时天气恶劣，并不是只对南军恶劣，北军也一样在苦寒的天气中受到了伤害。

　　所以，朱棣当时再去大宁求兵，也是很冒险的，稍不小心就会万劫不复，但也可以看出朝廷对朱棣的逼迫，让他只能孤注一掷了。更可以看出朱棣勇者无畏的大气概、王者气概。

　　尽管是这样艰苦的浴血奋战，朱棣还是赢了，以少胜多，四处转战，在运动战中寻找生机，最后，朱棣还是胜利了。

　　从燕王离开北平城救援永平开始，到胜利回到北平，这中间是一个半月的时间，燕王朱棣的战略分析是，敌强我弱，敌众我寡。他用一座近乎空城的北平城，吸引住李景隆的大部队，用北方寒冷的天气和坚城高墙消耗南军，而他自己则带兵运动作战，在运动中寻找生机，强大自己，四处辗转借兵收降军，使自己的队伍壮大，最后回头反击北平的围军，和北平城内守军夹击围城南军，而战胜了建文朝廷的围杀。

　　从中也可以看出燕王的每一步其实都是险中求生，稍有一丝差池，他都会全盘皆输，他却九死一生赢了这场大战。用他自己的话说就是很侥幸，险胜而已。但最后的事实就是燕王援永平，袭大宁，激战郑村坝大胜李景隆，可谓战果辉煌。又一场南军的北伐就这样结束了。

　　在这场郑村坝战役中，朱棣的身边总是守着一个英勇善战的年轻人，立了不少的战功，此人名叫马三宝，是朱棣身边的太监，后来朱棣给他赐姓郑，名和，他就是后来下西洋的郑和。

　　建文元年（1399）十一月初九日，朱棣回到北平城，又和朝廷打了一次胜仗，这使朱棣变得更加自信。

　　朱棣在回到北平城之后，先是杀猪宰羊，大宴三军，犒劳将士，除此之外，朱棣还论功行赏。及时奖赏有功的将士，也是让将士们跟着朱棣打仗流血的保证，朱棣不但奖励将士，还根据他们的功劳给他们升官加爵，其中被朝廷以通燕的名义贬官的袁成、张睦等人，朱棣又给他们官复原职。

这些事情都说明，朱棣在北平城俨然已建立了一个小朝廷，根本就无视南京朝廷的约束了。

不得不说燕王朱棣是个好王，他在给士兵们嘉奖的时候，并没有忘记那些在战争中牺牲的将士，为了告慰亡魂，燕王派自己两个儿子为自己部下已经牺牲的将士进行祭祀活动，并且让世子朱高炽抚恤阵亡将士的家属。

尤其让人感动的是，朱棣也感念南军的阵亡将士，理解他们是为自己和建文朝廷激战而死，朱棣为他们深深地哀伤。他让朱高炽带领着士兵们把战场上牺牲的南军将士葬于郑村坝一带，为他们封坟植树，下令北平附近的百姓和北平将士不许登山、放牧。并且亲自在此写了碑文，告慰亡灵。

燕王把这些南军将士的死说成是为奸臣所驱迫害而死，因为这些人是被朝廷的奸臣派来加害自己的，而自己也是被迫起兵自救，所以才有了这样惨烈的南北军战争。朱棣在这里只说奸臣，而没有指责建文帝，这与他起兵时说的"清君侧"是一致的，因为这些要写在碑文上，会流传后世，所以燕王还是很注意自己的修辞的。

第七章　用兵诡道，如有天助

一、攻打大同

朱棣二次大战赢了之后，就上书给建文帝。这次朱棣给建文帝上书，可以说是今非昔比，因为在起兵之后，朱棣一路打胜仗，队伍也急速扩大，这让他有了底气，也有了更大的资本，所以他上书的时候，在语气上比上一次上书要严厉得多。

朱棣再次严厉地要求建文帝清除齐泰、黄子澄等奸人。同时，他又再次强调，建文帝拆毁宫殿，是毁坏祖宗的基业，又说先帝要亲王屏藩帝室，如今朝廷不但削藩，而且伤害亲王性命。朱棣指责建文帝听信奸臣所言，破坏了朱元璋立下的祖训。

朱棣这一次，不但要求惩罚齐泰和黄子澄，还暗示自己会和诸王联手对付朝廷。

朱棣打了胜仗，整个北平城到处都洋溢着喜庆的气氛，这一次，燕王和北平的军民一起联手保护了北平城，体现了军民齐心守护北平和家园的精神。那么，北平城的百姓为什么要这么维护燕王朱棣呢？

这应该有两个方面的原因，一个方面是燕王朱棣就藩北平近 20 年，他是皇帝四子，是北平的王，为了北平安宁，他出塞边防征战四方，立有无数战功，百姓拥戴燕王名正言顺，还有就是燕王本身就用实际行动赢得了民心。所以当燕王说要除去朝廷的奸臣时，早就服从于燕王的北平百姓自然拥护他。另一方面，大战在即，他们跟燕王已经祸福与共，北平失则家失，所有北平百姓等于是和燕王并肩作战护城保家，自然要奋袂而起保卫北平。

朱棣是很会做人的，战役的胜利令朱棣非常开心，但是他并不把这胜利据为己有，他说这次胜利是将军士兵们的胜利，是全城百姓赢来的胜利。朱棣在奖励将士军民之后，又告诫大家不要骄傲，要趁着太平时期好好休息，养精蓄锐，谨防战争的再次发动。

朱棣深刻地知道跟朝廷的对抗，不会因为自己一次两次的胜利而结束，在他的内心深处，一直在警惕着朝廷再次的大军压境。他知道朱允炆集合天下之兵力来攻击自己小小的北平城，却屡攻屡败，他肯定不会轻易放过自己，所以必须谨慎小心。

由此可以看出，朱棣不仅是久经沙场的军事家，而且他胸怀全局，不会因为一时的胜利而忽略了长远的战争筹谋。

朱棣在提升奖励完将士后，还对投降的士兵仁义处理，让他们想留北平就留在北平，想走就走。而且当他知道俘虏的士兵中有几个曾经是看皇陵的老兵时，这个在南京城长大的朱棣，一时间竟是非常思念家乡，和老兵们攀谈之后，朱棣就对几个老兵说朱允炆不以祖宗的陵墓为重，竟然把守陵墓的士兵都派来参加大战，天下那么多的兵马，难道就缺几个看守陵墓的士兵？

于是，燕王朱棣给这几个士兵衣服和粮食，让他们回去继续看守皇陵。这件事情体现了燕王对士兵去留的尊重，也表现了他对祖先和故地的思念。当然也可以看出朱棣对朝廷事无巨细的指责。

写完第一封信之后，朝廷没有搭理朱棣，朱棣就又写了第二份檄文。

朝廷方面不回信，是在坚持自己是正义的讨伐逆贼，所以不屑于和朱棣在纸上辩论，但是这让朱棣更想口诛笔伐，白纸黑字讨伐个酣畅淋漓。

朱棣在第二份檄文中说齐泰、黄子澄等文官谗佞迷惑皇上，任意妄为行大逆不道之战事，害苦了天下军民。

历来"马上打天下"，而马上不能治天下，每个新朝廷，等到社会秩序稳定之后，就会提高文官的地位。这个时候，武官就会渐渐淡出政治舞台。当然武官也无法忍受被朝廷冷落，就会有各种反应。

再说朱元璋后期，给朱允炆的制度就是要开始以文治国，所以朱元璋给朱允炆安置了齐泰、黄子澄和方孝孺等人辅佐。但是朱允炆大力扶持文官，又激烈不当地削藩，真的冷落了武将的心。

朱棣便在二次檄文中指斥左班文臣，意思是为武将鸣不平，他这是要和武将增进感情，拉拢武将为己所用。所以这也是武将们愿意跟着朱棣打仗的原因，因为跟着朱棣打仗赢了就可以升官发财，若是再赢了天下，自己就是功臣，富贵无尽。

朱棣在这份檄文中不但揭露了李景隆的败状，而且更加不把朝廷放在眼里。他给自己的部将们加官晋爵之后，便威胁朝廷把奸臣给自己送到军前来，说要亲自审问这些奸臣，如果朱允炆不送奸臣，他就要率领三十五万大军打到南京抓奸臣去，到时候大兵压境，刀剑无眼，死伤无数，可就怪不得他朱棣铁血无情了。

可见，朱棣打了两场胜仗，是真的不把朝廷放在眼里了。

李景隆打败之后，查点兵马，一看损失惨重，就驻扎在德州，想着等到第二年再战。但是李景隆如此惨败，为什么朝廷没有处理他？就是因为他打败的战报被黄子澄收到了，黄子澄一看败成这样了，自然不敢给朱允炆看了，毕竟李景隆是他大力推荐的统帅。

于是，黄子澄就稍作修改，把这个失败说成是地理和天气的缘故，但毕竟也是打了一个半月，就含糊其词地说过去了，由此可见这个黄子澄被叫做奸臣一点都不亏。耿炳文打了败仗被换将，李景隆居然没有受到任何处分，如此赏罚不分明，又如何能让朝廷官员和将领们信服？

李景隆得知朝廷没有处分自己，就又想着要做贡献，他就给朱棣去信，劝他罢兵，跟着李景隆的高巍也积极地写了劝朱棣罢兵的书信，并且亲自去北平找朱棣。

但朱棣此时当然不愿意见高巍，可高巍书写的内容却是有道理的，朱棣承认了高巍的道理，但是自己这时候已经很强大了，所以他根本就不想理这些劝罢兵的书信，也不接见高巍。这就使得高巍满心的理想主义无法言表、发泄，毕竟连朱棣的面都没有见到，只好灰溜溜地回德州。

朱棣才不相信自己罢兵朝廷会饶过自己，而且自己也不想罢兵，这场劝说也就不了了之。李景隆见朱棣不罢兵，就劝说朝廷假意罢免黄子澄、齐泰。当然朱允炆还是在不停地和黄子澄、齐泰密谋怎样对付朱棣。

结果朝廷一罢免黄子澄和齐泰，朱棣就说，你们也承认了这两个是奸臣啊，那我的条件你们应该很清楚，就是把这两个人交到我的军前，我要亲自审判。否则不要和我谈罢兵的条件，朱允炆当然不会这样做。

于是大冬天里，反正双方都不能出兵，两方就这样唇枪舌剑、斗智斗勇，你说你的理，他说他的理，貌似扯皮，但是都在暗中加紧备战。

朱棣也知道李景隆在备战，如此派来说客，只是在拖延时间，或者还想麻痹自己。如此，朱棣就不想让李景隆安生备战。十二月初十，朱棣为了补充兵源招募忠义忠勇之士从军，决定出兵大同，促使李景隆出兵救援，这样就可以有效消耗李景隆的兵力。

建文元年（1399）十二月十九日，朱棣率大军向大同进军。同年十二月二十四日，燕王军队至广昌，广昌的守将汤胜等立刻献城投降，根本没有做抵抗。

建文元年（1399）就这样在战火中结束了，而新的一年在更激烈的厮杀中开始。

朱棣突然出兵攻打大同，李景隆就像朱棣猜想的那样，立刻出兵救援大同，其实朱棣的最终目的不是攻打大同，他就是想让李景隆坐卧不安高度警惕，然后消耗南军的兵力，使用的是"围城打援"的策略。

建文二年（1400）正月初一，朱棣率领大军又抵达蔚州，守将李诚从水沟中爬出来，拜见燕王。两人约定3天后举城投降，不料李诚回去后，投降的事情泄露，李诚被捕入狱。

燕王在城外等了3天不见李诚，城内也没有动静，燕王便决定攻城。将士们纷纷建议强攻，但是朱棣看此城守备森严，就说咱们强攻肯定是不行，攻城战打得久了，还对我军不利，需要使用计策夺城。

朱棣指着城外的高台说道："我们所有军士用袋子装土，从台上堆起，等到这个土袋堆得和城墙一样高时，我们就可以攻城了。"

"这个办法高明！"燕军士卒便迅速行动，堆起和高台一样高的土袋。于是，燕军踩着土袋入城，同时还用飞石霹雳轰击城墙。在燕军英勇的攻击下，守将王忠和李远抓住时机举城投降，朱棣胜利占领了蔚州。

朱棣在李诚回城没有消息时，还能够自信攻城，从他后面提升将领时，对王忠、张远、李远的任命上可以看出，这些人早就充当了朱棣在城里的内应。所以他们也是看准时机举城投降的，这是朱棣善于用间谍的高明和成功之处。

此时大同的气候还很寒冷，朱棣才不会挨冻受冷地去打一个无足轻重的边陲小镇，但是李景隆信了，看到朱棣逼近大同，他率领大军一路急赶去了大同，可是朱棣只是在大同和代王朱桂通了消息，就离开了大同。

李景隆又听朱棣去了居庸关，李景隆便又乱哄哄地追了一圈，往返就将近3000里，老弱病残在寒冷的行军途中死去无数。

这时候李景隆才发现，朱棣早就回北平城了，而自己带着大军疲于奔命，一路还天气寒冷，损失惨重。可以说在救援大同的这场战役里，李景隆就是个被朱棣随意牵引玩耍的笑话，其路上的惨状和郑村坝败仗很像。

李景隆一路损兵折将，怕朝廷降罪，经过 1 个月的休整准备，又把武定侯郭英调动北上，此时的李景隆率兵几十万，列阵几十里，安营扎寨，等着与燕军决一胜负。

建文二年（1400）二月二十三日，李景隆给朱棣书信，数日后朱棣收到这封信。相较于朱棣前两次的檄文，这一次朱棣和李景隆的书信可以说更是唇枪舌剑。

朱棣指责李景隆的书信并非李景隆的个人观点，而是代表了建文朝廷，是朝中奸臣借李景隆的口声讨朱棣。

在这次的书信中，建文朝廷因为军事的失利，态度已经软化，不再坚持削藩，而是想要和朱棣停止军事冲突，然后徐徐图之。

但朱棣因为在军事冲突上占了优势，所以他强硬拒绝了朝廷的罢兵请求。并且在这一次，朱棣强势地提出了他和周王之间不同寻常的关系，说是朝廷听信奸臣的话害了周王，不计皇族血脉亲情，这违反了《祖训》中的原则。

双方拉扯一番，因为朱棣不肯罢兵，就唯有在战场上决胜负，来定个是非曲直。

二、白沟河大捷

建文二年（1400）二月三十日，朱棣派朱高炽、朱高燧祭奠此前阵亡的将士。然后朱棣在三月初一阅兵，把朝中被贬的大臣一一复职，做好了出战准备。北平城战旗飘飘，即将出征南下，跟朝廷南军作战，这一去交锋，不知有多少人又要战死沙场。

四月初一，李景隆的大军到了德州，郭英和吴杰驻扎在真定，大军继续向北进军。李景隆大军中还有一支精锐部队，是由大将军平安带领的。

经过几个月的休整，李景隆的大军变得更加强大，建文帝想要给李景隆壮威风，期望他旗开得胜，于是就命中官给李景隆带去自己赐予的斧钺旗，又一次授权让李景隆在军中自主行事，不必上报朝廷。

但是途中风大，中官将一套斧钺旌旗不小心丢在了江水中。遇上这种事，一般人都会认为不祥，但是朱允炆却不以为然，他随手又赐了一套。李景隆再次得到朝廷的赏赐和特别任命的权力，更加意气风发，就觉得自己是独一不二的统兵人选，建文朝廷似乎再没有和他一样厉害的人了。

四月初二，燕王朱棣召集北军中大将，一起商讨出兵迎敌事宜。初五，朱棣带领诸位将领拜祭军牙六纛之神，准备出师迎战南军。第二天，朱棣率领大军出城南，驻于马驹桥，然后就向武清进军。与此同时朝廷的官军也在马不停蹄地向北平行军，两路大军相距也就百里。

到了四月十六日，朱棣已收到来自德州、真定的各路谍报，说李景隆率领南军过了河间，前锋已经到达了白沟河，郭英已过了保定，准备在白沟河与李景隆会师北上。朱棣听后，下令大军继续南下，北军大军驻于固安。

四月二十日那天，天气闷热异常，初暑之气早袭，使得行军人马疲惫不堪，四处草木也显得无力。朱棣的大军西渡拒马河后，就扎营在苏家桥，等军士们把营帐扎稳后，朱棣便召集诸位将领一起商议分析军情。

朱棣又延续其一贯的贬低敌军的做法。他这样分析敌军，有助于激励将士们的士气。

朱棣说："李九江这次带了六十万大军，那又如何？一个手下败将而已，不足为惧。年前才在我们手下吃了败仗，不思进取，不自量力，不好好认识自己，还是那样的志大而无谋，自专而违众。至于郭英这个人早已年老力弱，已经没有了冲锋战斗的士气，也不足为惧。平安号称率领精锐大军，但是此人独断专行，刚愎自用，用兵之时，很少能听进去别人的意见。再看那胡观，此人骄傲放纵不受管理，吴杰个性懦弱而没有能力，行事犹豫不决。这几位所谓的大将，天生都是匹夫之质，来了也干不成大事情，这帮人唯一能依仗的就是人多势众。

但是人多势众又有什么可怕的？人越多只会越乱，我们打他前面的队伍的时候，他们后面的队伍还不知道，偷袭他们队伍左侧的时候，他们的右边队伍还不知道，这样一支大军前后不相呼应，也做不到前后相救，左右更是不呼应，如此人多了又能怎样？没一点点益处，更何况，这支贼军还不专业，他们政令又不统一，军队纪律松弛，军人分成数支，军心不明，总之就是松乱、心思不一。郑坝村战役就说明了这些问题，别以为他们卷土重来，人数又增多了，就可以取胜，但是他们的将帅李九江未换，人还是几路大军重聚，人心不一，所以人多不一定胜。"

朱棣又说："好的将帅是三军的灵魂，将帅没有志气没有骁勇善战的杀伐之气，那三军就不勇敢，就不会在沙场上为了他而奋力拼杀。李九江的大军，败迹明显。别看他甲兵虽然众多，粮饷也富有，这些丰厚的物资和士兵还不是为我军准备的。大家只管喂饱战马，磨快兵器，听我的指挥，到时我们打败南军收拾南军的兵马还不像拾柴火一般轻松容易。"

朱棣就这样面对即将覆盖而来的六十万敌军，风轻云淡又很准确地分析了敌人的将帅，把对方来了一个全盘否定，给自己的军队和将士打气。但是这样在给大家鼓励完之后，朱棣又说："兵法所谓，敌虽众可使无斗。又曰，识众寡之用者胜。吾策之审矣。第患尔等过杀。当谨以为戒。"可见朱棣在打仗之前也是心情紧张，这样既是鼓励将士，也是给自己打气，并且给诸位将士说出应该顾忌什么。

当天晚上，在苏家桥，大雨倾盆，风雨交加，天空中雷声滚滚，闪电照亮了整个天际，大地上更是积水成河，四处雨水急流。苏家桥的雨水有三尺之深，本来的原野一时之间成了水乡，水流湍急四处漫延。

朱棣的数十万大军头顶大雨，在洪水中坚守，立在地上的枪和弓箭在雷雨中发出了金属铮鸣的声音。睡梦中的朱棣被惊醒，才发现积水已经漫过了床榻。朱棣无奈坐在床上，听着兵器上金铁铮铮的鸣响之声。士兵们在大雨泥泞中忍受着雨水的浸淋，条件非常艰苦。

这场瓢泼大雨一连下了四日才停，暂停了的战争进程在雨停后又开始启动。二十四日天气大晴后，地上的雨水也退去，万物泛出新雨过后的生机，在泥水中挣扎的将士们终于可以舒展身躯，感受大雨过后的舒畅。

但是残忍的战争又开始了，老天降雨只是推迟了战争的进程，却并没有打消南北两支军队早已备好的厮杀的心，朱棣整顿军队，并带着将士们祭告天地，准备开战。

当朱棣焚香给天地行礼的时候，只见天空中祥云缭绕，并有飞云坠悬于旗杆之上，纠缠袅绕直到祭礼大典结束，云朵才渐渐向西北飘去。朱棣说："这是神灵的预示，我们燕军肯定会打个胜仗。"朱棣是个很聪慧的人，雨后霞光反照在云朵的彩色被他称为上天的眷顾，说是祥云吉照。他也不能给士兵们解释清楚下雨时刀枪放火铮然有声的现象。但是，出征和大战都需要天神护佑，整个燕军都需要神的助力，所以他们相信这一切都是神迹，是吉兆，他们也从中受到鼓舞，面对敌方大军，他们依旧军威霸气凛然，军心稳定。

朱棣率大军由西北沿着白沟河向前而进，为了防止南军埋伏，他自己带着数百人渡过白沟河，发炮火造成渡河假象，目的是引南军怀疑暴露出埋伏点。当天中午，朱棣的大军全部渡过了白沟河，刚把队伍整好，就看见平安带着万名精兵出现在面前。

平安本来是朱元璋的养子，在洪武年间，曾经追随朱棣征战塞北，十分骁勇善战，他非常了解朱棣的用兵之道，这一次，李景隆派平安做先锋迎头而战，可以说是非常有针对性，李景隆就想着平安清楚朱棣的用兵，让平安要初战大捷，给南军鼓舞士气。朱棣一看见自己亲手培养的平安要和自己为敌，就非常生气。他对将士们说道："平安这小子过去跟着我出塞打仗，知道我的用兵方法，所以才敢做这个先锋，你们看我过去亲自破了他。我要让他真正认识我朱棣，并不是他知道的那些片面，今天我要打到他魂飞魄散，打得他都不知道自己是谁生的了。"

这时候，姚广孝站在边上说道："殿下，士别三日当刮目相看，平安已和殿下多时不见，今日的平安恐怕已经不是昔日的平安，殿下还是不要粗心大意，千万别掉以轻心，一切以安全为主。"

朱棣听了姚广孝的话，嘴上说平安小子根本不足畏惧，不足挂齿，但是心底下还是仔细权衡了一下平安的武力值。平安双臂能举起数百斤，他的那一杆枪就有90来斤，抢起来一般人难以接近，更别说和他一战。所谓强将手下无弱兵，说的就是朱棣自己和平安曾经的关系。

朱棣先是派出了百余骑兵冲击平安的军阵，几冲几进迅速扰乱平安军阵，佯攻试探，略一交手就往回撤，这样故意挑衅试探，想要诱平安出击，目的是打乱平安的阵形。朱棣这个举动果然达到了目的，他频繁不断地冲击，很快打乱了平安的军阵，此时，朱棣便率大军掩杀冲锋向前，而平安也不示弱，一出手果然是骁勇善战。

只见平安一马当先，瞿能父子就跟在平安后面，这两个也是能征善战的勇士。三勇齐出，他们挥刀冲锋，后面更有万千的南军军士跟随，冲锋陷阵，一时之间战场上旌旗摇动，呐喊声擂鼓声如惊涛骇浪的潮水涌起。平安带着瞿家父子杀入燕王的军队，如入无人之境，杀得燕王的军队乱了方寸，猝不及防，一时之间，燕军乱作一团。

就在这样紧急危险的时刻，燕王府内侍狗儿王彦、千户华聚、百户谷允等几员大将率军拼死作战，他们沉着勇猛犹如杀神降临一般杀入南军，砍杀无数南军将士，杀得南军紧急后退，才扭转局势。

那么，现在介绍一下燕军这几位为扭转局势起了关键作用的将军内侍：狗儿王彦，千户华聚，百户谷允。

王彦，原名王狗儿，乃明朝宦官，明成祖朱棣赐名王彦。王彦是松花江的建州女真人，父亲萨理蛮早年率部属归附明太祖，替明太祖四方征战有功。王彦是燕王朱棣府邸的侍从，后来跟随朱棣在靖难战役中立下显赫功劳。朱棣在山东与盛庸对战时，命都指挥朱荣、刘江与王狗儿率燕军精骑三千夜袭盛庸，破南军营，杀南军数千人，获南军战马三千。王彦随朱高煦突击建文帝的军队，随大将朱能突袭敌营，尽获其战舰济师，驻南岸。

朱棣即位后，派王彦镇守辽东，做了首任辽东镇守太监，他镇守辽东30年，忠心于朱棣。王彦后来参与朱棣远征漠北之役。永乐十二年（1414），王彦又随成祖出征瓦剌。永乐十五年（1417），成祖巡视北平，王彦随驾。明仁宗即位，王彦因和汉王朱高煦关系密切，被一度召回北平。明宣宗时，仍让王彦镇守辽东，一直受到重用。

千户华聚和百户谷允都是朱棣府上举足轻重的宦官，他们骁勇善战，对朱棣忠心耿耿，跟随朱棣在靖难之中立下了显赫功劳，朱棣非常信任他们。这也是明朝宦官比较有名的原因。

燕军3名大将杀出来后，拦住了平安和瞿能父子，狗儿王彦手持长枪和平安对打，华聚和谷允分别使用两把大刀和瞿能父子厮杀在一起。顿时，战场上6员大将拼命厮杀，混战之中天昏地暗，刀枪相撞冒火，6匹马6个大将旋转腾跳，挥杀决绝。

双方大军数十万人马跟着他们面对面厮杀激战，马踏大地，刀枪轰鸣，战鼓不绝于耳，双方大军混战厮杀在一起，打得难分难解，几乎就是你中有我，我中有你。这样一场近身恶战，从早上一直持续到深夜，也不分胜败。

朱棣看准时机率大军绕到平安大军的背后发动攻击，又恰好南军的都指挥何清被北军擒拿，这才让平安陷入了不利局面，平安才不得不先行收兵。第一场接触战结束，朱棣艰难获胜，他集结大军就地休息。就此拉开了白沟河战役的序幕。

三、朱棣的大败

第二天一早，朱棣率领大军继续推进，结果很快他就发现自己的面前不仅仅是平安的军队，而是李景隆、胡观、吴杰等人合军一处形成的六十万大军在列队等候自己。朱棣此时也是无路可退，本着狭路相逢勇者胜的信念，朱棣只有发起进攻。

朱棣指挥大军迎头而上，此时他一看南军人多，就忘了姚广孝平时的告诫。什么告诫呢？姚广孝曾在出兵前提醒朱棣，指挥大军作战前要深思熟虑，戒骄戒躁戒冒进。这一会儿情急之下，朱棣不加多想就指挥大军杀了过去。

燕军英勇追杀得南军乱了阵脚，南军匆匆后退。但正在这时，就听见几声巨响，伴随着地动山摇，南军这一次居然用上了火器。顿时，燕军队伍中硝烟弥漫，土石崩裂，火燎肉焦，燕军兵士被炸死者众多，燕军军士大乱，四处逃窜。

不一会儿的工夫，燕军就已死伤众多，伴随着更多的巨响声，大片的燕军倒下，火器给燕军造成了很大损伤，燕王朱棣只好带领士兵们迅速逃离。由于南军火器笨重，射程有限，追击不上，朝廷军队只好命令军队放弃火器大炮，使用冷兵器追赶。

这样跑了一会儿，两军又混战在一起，燕军且战且退，双方这样几经追杀，你退我进，你进我退，又是天昏地暗地厮杀一天，一直持续到深夜。这一次，北方的燕军损失严重，朱棣在逃跑的过程中，还迷了路，他和大军离散，身边只跟着3个骑兵，不禁心中慌乱。

当朱棣绕路走到白沟河边的时候，又见到岸边有无数的人马，并且河中有船，朱棣惊叹，南军在此拦截，自己命不久矣。

在这漆黑的夜里，朱棣看着敌军阵营中的灯火点点，密密麻麻，他也不敢乱闯，就在河边下了马，循着河水的方向判断出自己的军队在上游，摸索着找到了回大营的路，子夜时分才找见了自己的军营。

军营中各位大将和士兵们正焦急万分，见朱棣安全归来，大家才心安了。

朱棣后悔地说都怪自己不听军师的话，率军冒进才造成了这次败仗。

张玉在边上安慰朱棣，说打仗的时候胜败乃兵家常事，还让他不要过分悲伤，先休息明日还要再战。

朱棣说道："我今日出师，大败而归，岂不是要被天下人耻笑？我若不取胜，誓不为人。"

张玉赶紧劝阻，说："燕王殿下，军师曾言南军势众，我军应当避其锋芒，不如先回北平休整，再伺机破敌。"

可是燕王朱棣血性刚硬，因为失败而气愤，没有听张玉的话，还是打算继续跟朝廷大军作战。

朱棣当夜也不敢休息，他把白天作战有功的百户谷允提升成指挥，下令军士"秣马蓐食，候旦早渡"，准备来日再战。

在当天大战时，朱棣这一方面也是有收获的，有三百蒙古骑兵向朱棣投降。朱棣为了表示对这些蒙古兵的信任，让他们死心塌地跟着北军，还让他们担任了自己的宿卫，这也是他用人不疑的气魄。

朱棣连日征战，非常疲惫，他回到营帐中，脱去铠甲，躺在卧榻之上，仍然在筹划着明日的战争。他难以入睡，又走出帐外，看着遍地的燕军，看着行军灶上闪烁的火光，看着营帐上还在缭绕的炊烟，内心特别沉重。

这个时候，他的骑兵和步兵加起来只有 10 万多人，而南军却有 60 余万人，唯一让他庆幸的是，南军都是很少上战场的士兵，统帅李景隆也只是个纸上谈兵的平庸之人。而燕军大多数镇守边疆，很多将士随着朱棣出塞北战斗过，他们中间有一些特别善于骑射的蒙古骑兵，朱棣对这些人也特别好，非常看重他们，这些蒙古骑兵也心甘情愿为朱棣效命。所以朱棣的将士可以说都是精兵良将。

面对南军的六十万强敌，朱棣对自己的胜败毫无把握，但是他又非常相信自己的将士，更相信自己坚毅的态度。他此时仰望星空，看着满天的繁星，又看着布满兵将的白沟河岸，想着人世间的明争暗斗和巨大的变化兴衰。

白沟河两岸的百姓们，因为战争的到来早已弃家逃走，朱棣看着面前的萧索和厮杀后的河岸，此时感念眼前河岸的静寂，想着回去休息来日还要恶战，就又转身进了营房。

可是天亮之后，朱棣却找不到自己的蒙古骑兵了。

朱棣问胡骑指挥省吉："省吉指挥，昨日投降的三百蒙古骑兵怎么不见了？"

胡骑指挥省吉说道："回报燕王，昨夜我将这些人都杀了。"

朱棣惊讶问："为何都杀了？他们做了什么？"

省吉便解释说："燕王让这些刚投降的蒙古骑兵守护燕王的休息，但是我担心这些人趁着夜色生变危害燕王，我也就在仓促间来不及和燕王请示，就把这些临阵投降的蒙古兵都给杀了。"

朱棣一听，内心很是感念蒙古骑兵的骁勇善战和率众投降，省吉不该在用人之际如此滥杀降军，就很生气地说道："他们已经来投降，我们就应该真诚地接受，怎么能够肆意杀害了他们？现在借口说他们不诚实，怕他们生变，故而杀了他们以绝后患。今后，如果投降的人很多，又怎么杀得尽？历史上曾经有李广杀了降兵，终身不得封侯，如今你的功名，也因此而不再显矣。"

但是在整个靖难之战中，北平军曾经几度屠杀南军的降兵，前有雄县，后有谭渊在沧州杀降兵。特别是谭渊在沧州杀降兵，他杀的是南军的精锐部队徐凯手下的士兵，虽说不应该杀投降的兵士，但是从这些将领的行为可以看出，他们也是出于担心南军的这些精锐部队投降是因为迫不得已，担心他们投降会生出乱子，这样反而会伤害自己的部队，于是才将降军都杀了，省吉的做法也是出于这样的想法。

当然，朱棣很生气，是因为他考虑的是笼络更多的人在自己身边，他人少，他需要更多的人，所以他的生气也是可以理解的。

朱棣奖励了谷允的临阵作战勇敢杀敌之后，又重新部署了队伍，让张玉将领中军，朱能将领左军，陈亨为右军的先锋，命令丘福继续将领骑兵。然后，朱棣亲自率领大军渡过了白沟河。

河对岸的南军早已列阵以待，他们准备得更加充分，南军黑压压的一片布开，绵延而去数十里，刀枪闪亮生辉，反射阳光，杀气腾腾。因为南军没有经历渡河的疲惫，所以他们以逸待劳，全副武装，严阵以待，迎战刚刚过河的北军。这一次李景隆没有埋伏，他仗着人多，只是列队等候一战。

朱棣一见南军的气势，也立刻布兵排队列阵迎战。南北两军摆好阵营之后，又开始互相试探，相持过了许久，朱棣不见朝廷军队出战，只好自己率军发起进攻。

朱棣战前鼓舞士兵说："昨日之战，南军的战术一看就像是儿戏，今天贼人虽多，不到中午，我们肯定打败他们。"

这就是朱棣的气魄，敌众我寡，昨日虽败但不气馁，今日十万对六十万，依旧敢说中午不到就能打赢，这就是王者气概。

朱棣的话一说完，他就指挥大军轮番冲入敌阵。

朝廷军队也不示弱，骁勇善战的大将平安、瞿能、贾锐也率军向北军发起了猛攻。

顿时，战场刀光剑影，杀声震天。而瞿能是一员非常骁勇善战的大将军，他曾经出任过四川的都指挥使，跟随蓝玉出大渡河，讨伐征战西番，一路军功显赫，也曾担任过副总兵，带兵讨伐建昌月鲁帖木儿的叛乱，在双狼寨打败敌人。

燕王起兵之后，他作为李景隆麾下的一员猛将，曾经在攻打北平城的时候差点攻进北平城，可是因为李景隆嫉妒，怕他建立军功，所以让他收兵，导致他在攻城战中功败垂成。

瞿能把这件事记恨在心中，他不能怪李景隆给他使阴招，只觉得是在和朱棣的战场上失了颜面，于是他发誓要在战场上找回曾经丢失的颜面。

这一次，瞿能率军又赴战场，他决心大败燕军，一洗之前的屈辱。他一马当先迎面碰见的就是燕军大将房宽，瞿能抬手几个回合就打得房宽大败而逃，结果房宽在慌乱逃窜中被平安一刀斩于马下。

燕军都指挥丘福率领着一万骑兵，直接冲向南军阵营，结果因为朝廷南军的阵营人多势众，丘福强攻未果，没有取得任何进展。

而在南军这一面，将军平安非常勇猛，挥着大刀冲入北军的阵地，一刀将北军都指挥房宽斩于马下后，又一刀把陈亨砍下马，但幸好陈亨及时闪避，没有伤到要害，才侥幸免于一死。

徐忠和平安交战的时候，也没有打上几个回合，两指被平安一刀砍中，骨头断了而肉还连着，徐忠疼得大喊道："骨头都断了，还连着有什么用？这连累得我不能厮杀！"

徐忠说着话就用刀砍下指头，用战袍裹住手，又杀入南军阵营之中，可见其悍勇之气。

朱棣率着精锐的数千人杀入了官兵的左边，高煦和张玉带着全军齐进。双方交织在一起，朱棣这边的张玉、朱能、丘福等人一入战场，便都陷入各自为战的局面。

正在这时，燕军军阵后面尘土飞扬，李景隆率军从燕军后面抄杀而来，朱棣率军迎敌，不想此时敌军有 3 万多人。

朱棣明白此时也不能退却，他更明白仅凭自己手里的这点人马，也不能硬拼。

于是，他采取了短时间接触的战略，朱棣率军与南军交战一阵子之后，立即退出和南军保持着数十步距离进行休整，休整一段时间后，又去和南军接触大战。朱棣在敌阵中连杀几人后又打马而归，过一会儿又打马冲杀敌人的阵营，如此反复战斗了百余个回合，仍然没有取胜的希望。

燕军中诸将见朱棣如此又进又退，与敌军相持不下，危险重重，便说道："敌众我寡，难以相持，还是把大军合并后一起攻打。"

朱棣听了将士们的话之后，他心底非常明白自己不能退回去，如果退回去的话，他的燕军将彻底陷入朝廷大军的包围之中，分分钟会被朝廷大军碾压消失。他明知道敌众我寡，自己深陷危险，也不敢后退，一时间，朱棣陷入两难境地。

四、天意的大风

朱棣处于作战不利状态，但他很快让自己镇定下来，作为三军统帅，最不能乱阵脚的就是他。为稳住军心，朱棣大声说道："此贼骑兵，精锐尽在此，故吾独挡之，以沮其势，使诸将得以致力于贼众。若我就大军，彼以合力，形势相悬，数倍我众，殆难破矣。"

于是，朱棣率众人反复战斗不停，众人跟随朱棣奋力拼杀。

不得不说，朱棣精通兵法，他自己带领小股精骑，牵制敌人大队人马，使得正面诸将全力大战，奋力造成局部的以多制少之势。

如果朱棣和诸位将军的兵力合在一起，这样朝廷军也会会合而围杀燕军，燕军的人又特别少，这样就很难取胜。朱棣的智慧高超，他的勇武更是无人能敌。在这样的情况下，朝廷军也一心一意要拿下朱棣，他们拿箭瞄准朱棣，万箭齐发。朱棣在这样危险的境地里边打边退，他的战马也受伤了，正好在他边上的一个士兵中箭落马，于是朱棣上了士兵的马。

　　朱棣先后换了3匹战马，他自己带的箭都射完了，只好拔出宝剑，砍杀向他涌来的官兵，就连宝剑都被砍折了。

　　这时候，瞿能带领敌军将他逼到了一个河堤的下面，就这样，前是追兵在砍杀，后是河堤阻挡。这时瞿能又挥刀杀来。眼看就要被瞿能追杀上，朱棣慌忙跳下战马，急匆匆登上河堤，紧急中冲着河堤后假装挥鞭，那动作就像是在召唤埋伏在河堤后的伏兵，李景隆和瞿能一看，也不敢上堤追击。

　　忽然，朱棣又上战马，带领士兵冲入敌军中。南军中的平安，此时已经伤了燕军大将陈亨、徐忠。朱棣的身边没有援手，情况非常危急。

　　朱高煦远看朱棣这边危急，率领精骑千余人杀过来，朱棣一见儿子杀到，顿时有了力量，非常高兴，大喊道："我打累了，你赶紧杀伐贼人！"

　　朱高煦是一名非常勇武的大将，他打起仗来一点都不怕死，他的加入，使得燕军的形势有所好转。

　　到了傍晚时分，瞿能又率领铁骑奋勇杀出来，南军将士大喊着"灭燕"，顷刻间，燕军的骑兵有百余人被斩杀于马下。面对南军的猛烈攻击，朱棣的燕军，几乎无法阻挡南军的砍杀，燕军惊惧心慌，感受到死亡的压迫。

　　正在朱棣率领的燕军惊恐万状之时，天空中忽然刮起一股旋风，齐刷刷地将朝廷军队的旗帜吹断。老天在此时显灵了，帮了朱棣的大忙，这就像神话一样。

　　因为当时的战况，优势明显倾向朝廷军队一方，就在李景隆要取胜的时候，大风把他的军旗给刮断了。由于军旗就是军队的方向和灵魂，突然被风吹断掉，朝廷的将士们一时就傻眼了，不知应该怎么办。难道是老天发怒了，不让他们杀朱棣？所以，在他们愣神的瞬间，攻势也就减弱了。

　　"天助我也！"朱棣大喜，趁机抓住这个机会，派身边的骑兵绕到李景隆的身后去，放火烧了李景隆大营的后方。火随风势，轰隆隆燃烧着，就把李景隆的大营给烧着了，顷刻间火光冲天。

大营四周的朝廷军队顿时乱成了一团，那些已经冲入北军阵营的将士一下和大队失去了联系，南军一时无法顾及那些将士的安危。

冲入燕军之中的瞿能、俞通渊、滕聚顿时陷入北军的军阵包围中，因为无人接应，全部奋力大战而死。

南军中有朝廷的监军礼郭左侍郎陈复，他一看无法抵挡燕军，便跃马纵身跳入了滚滚的白沟河，为国捐躯。

郭英率领一些人向西逃走，北军则率领军队乘势追击，一直追着打到了月漾桥才收兵。

连史书中都有描写说：将士们奔走逃跑的声音，隆隆而响，就仿佛雷声一般，几十万大军溃败而逃，就好像河水一般汹涌而去，彼此都不顾彼此，踩踏推搡，死伤严重。这样一场大战，战死的挺多，逃跑时踩死的也不计其数，李景隆败退逃跑到德州躲起来，清点人马的时候发现损失特别惨重，足足有十万人马。

还有一位王指挥，此人是临淮人，喜欢骑小个子马，在军队中，人们喜欢称他为小马王，他在战斗中受了重创，于是他脱去身上的甲胄，交给他身边的仆从说自己是为国捐躯，以此报家人，然后他立马执戈而死。

在白沟河两岸数十里内，残缺打坏的武器，受伤的士兵，将士的尸体，累累重重，无尽的鲜血染红了白沟河的河水和河岸。在这场战争中，朝廷的南军被杀或者溺水而死的人有数万之众，战事非常惨烈。李景隆逃命时丢弃了很多的辎重牛马，这些物资都成了朱棣的战利品和军队的给养。

李景隆退逃到德州之后，燕军乘胜南下，进军德州，李景隆只好又取道去了济南。

而德州是李景隆北伐的大本营，他弃城而去，仓皇间又丢下很多的军用物资和给养，朱棣进入德州城之后一看，这可是非常大的一笔收获啊，于是他索性就在德州休整军队，给军队补充给养，他命令张信慰藉德州官吏百姓，收府库，获得粮食百万。

休整好队伍后，朱棣带队又从德州一路向南冲杀而去，碰见小城小县的南军，燕军攻打的时候就气势凶猛，势如破竹，一路顺畅很快就打到了济南城下。

白沟河之战，南北两军打得非常惨烈，朱棣也损失严重，但是却打得六十万南军惨败而逃。这一仗是朱棣和南军打的第三场胜仗。到此为止，可以说是自朱棣起兵以来场场都打的是大胜仗。

为什么朱棣这么少的人却能够屡次打胜仗呢？

其实主要有以下几点。首先，朱棣在打仗的时候，先是在战略指挥上蔑视敌人，每一仗他都精心准备，进行分析，从不打无准备的仗，这样他既鼓舞了战士们打仗的信心，又因为精心布置了每一个作战计划，所以在作战中，他用的心思远远多于南军的统帅，这也是他能以少胜多的一个原因。

其次，还有一个原因就是他准备得非常充足。朱棣的起兵，是因为他准备时间长久，他一直在姚广孝等人的帮助下，谋划着做皇帝。所以这是他有计划的、谋略已久的战争，他知道自己兵少马少将也少，所以他肯定打造了一个以少胜多的计划。他在起兵最初的时候，先是依靠着他在北方军队里和将士们的友好关系，策反了很多原来的熟人归降于他。后来又联合宁王朱权，借用他的兵力，这些其实都是朱棣早就计划好了的，他步步为营，一一实现自己的计划。

第三，朱棣在打仗的时候能够做到知己知彼，百战不殆。朱棣非常清楚朝廷派的每一个主将的特点，在第一场雄县一战中，他清楚耿炳文先锋部队的主将特点就是有勇无谋，再后来，李景隆的两次战败，他也是把李景隆的战略方针和阵式布置都了解得非常清楚。可以说朱棣对南军了然于心，所以他打起仗来，敢冲锋陷阵，得心应手。他在战场中的每一个举动，早都是设计好了的，他也早早就看到了敌军的每一个后步，朱棣是个天才军事家。

第四，朱棣在打仗的时候善用奇谋，讲究兵不厌诈，他打得神出鬼没，经常搞突袭，他在节假日偷袭，他虚晃一招，他先声后实，他频频使用反间计，这些都是迷惑敌人、险中求胜的好办法。

第五，那就是朱棣没有退路，俗话说得好，置之死地而后生。朱棣每一次都是这样，他打仗是为了生死，而南军打仗是为了输赢，朱棣如果打输了，就只有死，所以他必须打赢。打赢了他就可以坐拥天下当皇帝；打输了，他就是乱臣贼子，必死无疑。作为朱元璋的儿子，朱棣很清楚自己如果输了，留在历史上的，不过是一个造反失败的记载。于是他为了生，为了赢，为了赢得民心，赢得军队，赢得天下，就这样，朱棣抱着必胜信心，爱兵如子，身先士卒，他和将士们同甘共苦，只为赢天下。

当然，除了朱棣这方的因素外，还有一个原因就是建文朝廷用人不当。建文皇帝一遇挫败就乱了阵脚，临阵换将，把有经验的耿炳文换成了一个膏粱竖子李景隆，而这个李景隆连吃败仗，可以说是屡战屡败，给朝廷造成的损失巨大，可是建文朝廷很奇葩，居然迟迟没有换掉李景隆，没有问责他，还给他更多的人马让他挥霍。其实建文朝廷军大败，完全是因为这个没有头脑的主将，但是建文朝廷居然可以忽略不计，这令人费解。

当朱棣攻到济南城下的时候，李景隆此时手中还有十多万大军，他完全可以守着济南城和朱棣再大战一场，一决胜负。但是此时的李景隆已经让朱棣给打害怕了，他和他的军队都已经没有一丝的斗志，等到燕军打过来的时候，他在仓促之中列阵，根本无法对抗英勇的燕军，南军瞬间就被燕军冲散。

李景隆无心和朱棣大战，如惊弓之鸟一般立刻放弃济南城又仓皇逃跑了。

朱棣便趁此机会包围了济南城，因为只有打下济南城，他南下的道路才会通畅。那么朱棣到底能不能打下济南城呢？

第八章　转战拉锯

一、忠勇之士

朱棣驱兵南下，一时间所经过地区的官府和百姓都惊慌失措。人人都在议论，朝廷的百万大军，竟然被燕王的一隅之兵给打败了，不言而喻，这太平日子就要没了，这建文王朝的江山就要破败了。

朱棣听见这些说辞，非常受用。他占领了德州后，他的前哨骑兵已经追到了济阳县城，朱棣就命令士兵捉了一些济阳城外的人，向他们打听官军的虚实情况。

朱棣提来问情况的人中，有一个名叫王省，他是济阳县教谕，所谓教谕就类似于现在的县教育局局长兼中心中学的校长，这是一位很有气节的老学究，他认为当今皇上是太祖皇上指定的继承人，是名正言顺的，而朱棣不顾君臣之义企图篡位，就是个奸佞之人。

虽然朱棣在问完情况后将他放回去了，可是他认为如今朝廷有难，自己却不能像瞿能父子一样血洒疆场，也不能像王指挥那样身披重剑为国捐躯，他恨自己是个文人，他也羞于自己被俘又被放回。他无法忍受这样的奇耻大辱，回到济阳县城之后，他召集济阳的弟子们，来到县学的明伦堂，他问学子们这是什么地方、叫什么名字？

弟子们当然知道，就齐声回答说是明伦堂，其实也相当于我们今天学校的大礼堂。

王省义正词严地说道："当今天下已没有君臣之纲，还明什么伦？这明伦二字已经毫无意义，明伦堂也不必存在了！"

王省说完这句话后，就撞柱而死。如此一位有气节的老师自然是教出了很多优秀的学生，他的学生中有一位叫高贤宁的，他就完全传承了他老师的观点，在后来朱棣攻城时，他不仅不投降朱棣，还写了封信斥责朱棣。

事情是这样的，朱棣一路追杀李景隆到了济南后，李景隆的北伐大军被朱棣打垮了，李景隆吓得一溜烟逃了，但是济南城的城门紧紧关着，朱棣觉得没有了大军的济南城在自己眼中就是手到擒来。但是，济南城里并不像朱棣所想的那样没有忠勇之士。

其实就在李景隆抱头鼠窜丢尽了建文朝廷颜面的时候，山东有个锦衣卫镇抚杨本，在白沟河之战失败后给朝廷上书揭发了李景隆的罪状，但是他的上书没有被报上去，而是被高子澄之流扣下了。杨本只有孤军作战，结果输给了北军被俘，杨本被押回北平，后来朱棣进攻济南不顺，朱高燧担心北平因此而不稳，就杀了杨本。杨本算是一个没有达成自己心愿的忠义之士，但是，杨本虽然没有完成自己心中忠于朝廷的理想，却有人做到了这件事，他们在济南死守，忠勇死战，阻挡了朱棣。那么他们是谁？

这些人中，其中一人就是高巍。自告奋勇到北平上书的高巍，游说燕王罢兵不成，但燕王见他忠诚，就放了他，他也只好沮丧地离开北平，只身南下。

虽然说他一腔忠义，也不想燕王被激烈削藩，但是他再会说，也不能改变建文朝廷和燕王之间争夺皇位的态度，终了，他还是认识到了自己的幼稚。于是他在途中，重新审视建文朝廷和燕王，就知道他们之间免不了一场激战。

他希望朝廷的大军赢，这样才符合朱元璋的安排，朱允炆才是名正言顺的皇帝，他高巍要忠君。

但是这一位高巍怎么都没有想到建文朝廷的军队这么不经打，白沟河之战，简直就是一溃千里。白沟河战役的失败，和燕军一路攻城略地所向披靡的气势，在高巍刚走到河北的时候就听说了。他一路上看着惨败的将领和受伤的士兵，对李景隆这个统帅感到非常失望，也对朱棣的行为转为气愤，恨自己不能去和朱棣大战上一场。

高巍在行走的途中，到了临邑就遇到了山东参政铁铉，铁铉心怀济世之志，也是一位忠君的豪杰，他的官职是山东参政，也就是山东省一级的领导，相当于今天的省政府的秘书长。铁铉在朱元璋时期就被朱元璋重用，朱元璋欣赏他的忠勇个性，给他赐过一个字"鼎石"，就是说他坚强正直，是国家的支柱。铁铉在建文帝初期做山东参政，李景隆北伐他负责督运粮饷。

而高巍忠勇大胆，一身正气，年前的冬天他就只身前往北平去劝朱棣罢兵，让朱棣不要和朝廷作对，而朱棣也很是敬重他的正气凛然，破例没有杀他。这样的两人一相遇，当然会有一番作为。

铁铉看着李景隆不战而逃也很郁闷。李景隆北伐，铁铉负责督促粮饷，在他的精心监管下，官军的粮食很是充盈。但是南军还是一败涂地，铁铉跟随在败军的后面撤退，对这样的现状很是气愤和忧虑，他一遇见高巍，两人便一起喝酒说着心中的担忧。

铁铉心中苦闷，说道："六十万大军损失得干干净净，曹国公把仗打成了这样，真是有辱圣命，愧对天下，可惜那些白白牺牲的将士了。"

高巍泪水涟涟，悲愤地说道："燕贼常年征战边疆，军事谋划本就高超，北军的兵士更是有作战的实战经验，朝廷的官兵远远不及他们啊，这个燕贼不除去的话，世间忠义难存。我也是没有脸回去见圣上。"

铁铉也是清泪两行，悲愤万状："苍天无眼啊，怎么就帮助燕王这个叛贼，而让我忠义之师惨败，这真是苍天无眼。"

两个人酒到酣处，不由得抱头痛哭，为自己忠心拥戴的建文朝廷担忧。

两个人哭了一会儿，又开始盘算后面的事。

铁铉问高巍道："高参赞此去有什么打算？"

高巍擦一把泪说道："如今你我惊慌如丧家之犬，还有什么打算，我的内心惶恐不安，如今遇见大人，还是想听大人的话，大人有什么高见？"

铁铉想了一下说道："现在前线已经兵败，我们也不能去德州，不如就去济南，等大军和盛庸的军队合兵一处，说不定会有转机，我们再做计划。"

高巍同意铁铉的建议，于是两人一起匆匆往济南而去。

两人到了济南之后，喝酒发誓，要召集民兵，协同都司，固守济南。商定之后，两人去见了盛庸表了决心，发誓要和盛庸一起固守济南。

盛庸又是怎样的人呢？盛庸是济南的守将，他最初跟随的人是耿炳文，此人跟随耿炳文征战出阵，很有经验，可是朝廷换下了耿炳文之后，让李景隆做主帅，他就成了李景隆的部下，李景隆兵败，他就跟着李景隆逃到济南。

可是朱棣在攻下德州城之后，只留下了陈旭守卫德州，而他自己率领其他大军，一路南下追击李景隆。当朱棣的大军来到济南城下时，李景隆此时还有军士十万，朱棣想着要趁李景隆仓促之间布阵未定，把李景隆一举击败。李景隆一看朱棣来势凶猛，竟然仓皇而逃，丢下了七千军马，自己单骑而去。有军兵追随逃命，也有大量的士兵留在了济南，铁铉这次没有跟随李景隆逃跑。

朱棣布开大军阵围攻落单的济南，而此时的济南城中，铁铉、盛庸、高巍，已联成一气，他们督促剩下的军士和济南百姓，全力守城捍卫济南。

众人都清楚，济南城是江南的屏障，是天下的枢纽，也是兵家的必争之地。朝廷这次为了守济南，对人事也做了调整，任铁铉为山东布政使，召还李景隆，改命左督都盛庸为大将军，右都督陈晖为副将军，在济南迎战朱棣。

济南城坚固，守城的将士又齐心协力，朱棣原以为会一攻就下，会很顺利，但此时朱棣见城门严闭，也是无法，既然城门关着，朱棣想那就写封信吓吓他们，让他们开门迎接自己吧。于是朱棣写了一封告济南居民百姓的劝降书，意思是让济南的百姓和将士们放下武器，投降自己。朱棣觉得自己这个信只要一送进去，肯定就能顺利达到目的。于是朱棣让人用箭把信射进了济南城。

可是没有想到城里那个叫高贤宁的儒生也射出了一封信，他在信中揭露燕王的不臣之心，让他学习周王辅助成王，罢兵和朝廷言和。朱棣一看，就把信扔在了地上，根本就不予理睬。

当然，誓死保卫济南的铁铉也写了一封信给朱棣射出了城，铁铉在信中大骂朱棣为子不孝，为臣不忠，不是个人。还点名当今皇上是奉太高祖遗旨继承的大位，是当今圣上，又说朱棣虽是太祖骨肉，却举兵反叛，于国来说是不忠，于家来说是不孝，不忠不孝的朱棣，禽兽不如，而他铁铉是大明忠臣，是不会叛国而投降禽兽的。

铁铉又说如今圣上慈悲，如果朱棣休兵投降，圣上肯定会念及骨肉之情，不给降罪，如果朱棣执迷不悟，必将遭到天谴，云云。

朱棣看了勃然大怒，就下令要荡平济南城，发誓要把这个骂自己的铁铉给生吞活剥了。

二、围攻济南城

姚广孝在边上看到朱棣在发怒，就提醒朱棣说道："之前我们攻城不下，他们闭门不出，此刻又写了这封信来刺激燕王，肯定是他们已经做好了应对的部署，就等燕王中计。燕王，我们还是先不要攻打，再仔细讨论一下。"

朱棣听了姚广孝的话，想起在白沟河战役中自己冒进的失败，于是便不盲目攻城。

姚广孝的判断没有错，济南城内，铁铉和盛庸在城里召集了众将，又是鼓舞士气，又是商议守城大计，济南城内众将士一心守城，再无二心。

在军士部署上，他们首先训练军队，教士兵们怎么守城，然后又加强了城墙的高度和牢固性，并且在城墙上安置了警报系统装置，日夜不停地防守、巡逻，非常警惕。然后他们在城里打造兵器，准备长刀长枪、火药弓箭，又设置滚木、礌石。为了统一大家一心一意地战斗，他们还用上了政治手腕，开守城誓师大会，发布讨剿燕王的檄文。总之，济南城的人从思想上到武装上，都做到了统一地、劲头十足地防守。

朱棣和姚广孝在济南城外，仔细查看地形，面对着这样一座坚固的城池，他们想着，怎样才能轻松攻打？

姚广孝说道："济南城紧临着济河，我们可以用水攻！"

朱棣说自己和姚广孝的想法一致，但是怎样才能把济河的水有效利用起来呢？

姚广孝说这个事情很好办，我们只要到济河下游，拦河筑坝，让河水上涨，然后把靠着济南城的堤岸打开决口，济河的水就会冲进济南城。

于是在济河的下游，有三万燕军，他们搬运石块，堆积土石，在河中拦起了一个高高的大坝。就这样，河水渐渐上涨，朱棣看着河水涨到一定高度，就命令将士们打开了靠着济南城一侧的堤岸，河堤决口，济河水汹涌澎湃地冲进了济南城。

于是，整个济南城里里外外成了一片汪洋，百姓的房屋、器械，官兵的粮草，都泡在了大水之中，城内的军民非常恐慌。

老百姓们纷纷跑到了济南府衙门前，嚷嚷着怎样放水，怎样挽救自己的财产和家，大家喊着让铁铉想办法。

铁铉看到自己的布置，不想就此投降，他终于想到了一个好办法，首先，他四处张贴安民告示，告诉大家各安其业，各司其职，他自有办法冲破当前的困局。

燕王朱棣在城外看着大水淹了济南城，心里满是骄傲，想着怎样快速破城，没想到城内有人送信来了，燕王打开信一看，又是铁铉的，只是信中内容与风格，已和上封信大有不同。

这一次，铁铉在信中称自己是下官，说自己愚笨不懂事，对燕王千岁多有冒犯，还请燕王大人有大义，宽恕自己的罪责，还说自己之前写的信很是不敬，得罪了千岁，实非得已，那不过是借自己的口传达别人的意思，还请千岁明察。因为自己的不明事理惹得千岁水淹济南，如今百姓受罪，若自己深明大义，听命于千岁，就不会有今日水灾，招百姓埋怨。铁铉又说自己反复思考，才明白燕王高义，如今自己要弃暗投明，归附在千岁的麾下，又担心千岁顾虑自己之前的不敬，所以来信说明心迹，还请千岁看在全城百姓的面上，恩准归降，解救百姓于水灾之中。

朱棣见铁铉愿意投降，心中当然高兴，就对送信的人说，本王准予投降，等本王入城后，就可以接受投降。送信的人回去之后，果然城墙上撤去了防守戒备的武器。不多时城门打开，城中出来五十几个百姓，大人小孩皆有，他们来到燕王的军前，要求见到燕王。

燕王一听百姓求见，心里觉得民心很重要，就出来面见百姓。

百姓一见是燕王出来，就跪在地上大喊救命，还有人哭诉："朝中奸臣当道，才让燕王蒙受风尘，千里跋涉，如今终于到了济南，燕王是太高祖皇帝的儿子，我们济南百姓是太高祖皇帝的臣民，岂敢违背王命？之前因为我们不知兵事，只见大兵压境，不知道大王爱民的苦心，故而冒犯抗拒，还请大王恕罪，大王若真的爱惜百姓，还请除去城中的洪水，退兵十里，单骑入城，我济南百姓将跪道相迎王师。"

百姓说完了，跪在地上连连磕头。

燕王朱棣见百姓言辞诚恳，又情真意切，一时间满心欢喜，就答应了这些济南百姓的请求。

第二天，燕王朱棣果然只带着几个贴身护卫，骑马就到了济南城外。只见城门大开，城门内有几十名百姓，跪于路的两边，还有一些没有拿武器的南军也跪在路边。一起喊着恭迎燕王入城。

此时的朱棣满心欢喜，对城中的人毫无怀疑，他骑着马走在最前面，缓缓入城，眼看着就要进入城门了，忽然听见后面传来喊声："千岁不要入城！"

朱棣忙问追来的士兵为何阻止自己入城。

士兵说军师认为城内过于安静，恐怕有诈，还是不入城为好。

这时候，城里的百姓见到朱棣勒马，犹豫不前，就又喊道济南百姓盼望燕王如旱天盼雨，还请燕王快点入城。

朱棣看到城里面街道干净，还焚着香火，就是在欢迎自己，于是他不听士兵劝告，继续缓步进城。正当朱棣进城的时候，城墙头顶上忽然一块铁板砸了下来，朱棣的马儿受惊往后退，但也被生生砸死了，朱棣跌于马下，被士兵一把扶上另一匹马，转头就向护城河跑去。此时护城河上的木桥已被南军拆毁，朱棣心慌，打马一跃，越过了护城河。

南军铁铉计谋失败，朱棣逃回军营。逃回军营的朱棣非常气愤，又命令水淹济南城。

结果大水淹了一天一夜，济南城安然无恙，朱棣派人一查，原来济南城内已经挖了暗河，把水都排走了。

燕王看水攻不成，便又和姚广孝商议用什么办法攻城。

姚广孝和朱棣商议一番，决定用火攻，就是用大炮攻打济南城，但是又苦于没有大炮，于是燕王又开始在安静的地方造大炮。等造出大炮之后，济南的防守更加严密，整日密箭以待，如此，大炮也不能近身攻击，炮火只是落在坚厚的城墙上，起不了什么作用，而城内的铁铉一听炮火轰鸣，就让士兵射杀开炮的炮火手。

朱棣的炮火猛烈，高巍和铁铉在城内也很是着急，商量着如何破敌。愁眉不展的铁铉忽然有了计谋，他让人制作巨大的高祖皇帝的灵位，挂在了济南的城墙上。还一边让人站在城墙上大骂朱棣是叛国贼。

正在放炮火攻城的北军一看，不敢打了，就停下了炮火，朱棣一看就气得哭了，因为在明朝的法典中有规定，凡是亵渎太祖的神位者，轻者杀身，重者灭族。姚广孝一看，城都快攻破了，出了这样的事，就说道："太祖的灵位应当由皇帝恭敬地设立，岂能由铁铉私自制作灵位，他这样不过是缓兵之计，千岁停下攻击，我们岂不是要功亏一篑？"

朱棣哭着说道："还是希望诸将能够理解我的苦心。"

朱棣的炮火攻城戛然而止，姚广孝恨得咬牙切齿，心里直骂铁铉的这条计谋太绝了。朱棣也是没有想到围城这么久，围出来这么个结果。

而铁铉因为给城墙上挂着太祖的神位而挡住了朱棣的炮火攻击，他立刻组织人修复城墙，甚至修得比之前还要坚固。

而朱棣只能眼睁睁地看着，毫无办法，他的内心很是着急。城内的铁铉虽然挡住了朱棣的进攻，但是，朱棣大军围城，济南城一旦断粮，将会是不战而自败，于是铁铉和高巍在一起商量。

铁铉道："城中军民几十万人，若是断粮的话，我们就会不战自败，现在得赶紧想办法让燕王退兵。"

高巍说道："如今盛庸在历城，和我们济南形成了掎角之势，我们要是能够和盛庸相约，一起出兵，那样就可以对朱棣形成夹击，这样燕军肯定就败了。"

两人商议好之后，就写了信派人去和盛庸联系，以便夹击朱棣。

而朱棣这边的探子也得到建文朝廷军队的消息，说是平安带了二十万人马在单家桥，要围攻德州，燕王一听就明白平安这举动是要断了自己的后路，让自己回不了北平。

这个情况发生的时候，铁铉和盛庸，还有高巍他们也联合了起来，他们会在夜间或者休息时偷袭攻打燕军，这让朱棣感到疲惫不堪。

朱棣在这样的情况下，和姚广孝商讨计谋，姚广孝作为朱棣的军师已经看到了战士们的疲惫，而且久久攻城不利，也消磨了战士们的士气，整个军队的斗志已经低沉，姚广孝知道，这样下去就会吃败仗，于是他对朱棣说道："师老矣，请暂还北平以图后举。"

燕王看看济南城，坚硬难攻，又想想都督平安北上河间单家桥，就是为了切断燕军的供粮，断了自己的后路，还用水兵攻打德州，这样一来，朱棣明白自己要是再不走，可能就会被围攻在路上。于是，燕王不得已退兵，但是退兵也不顺利。燕王一路退兵，而铁铉和盛庸一路追打。

如此退兵，犹如兵败，就连刚刚从李景隆手中得到的德州也失去了，守城的陈旭弃城而逃。就这样，朱棣以为可以顺利得到济南城，最终却连城门也没有进去，转胜为败，狼狈地逃回了北平城。

当济南城的铁铉和高巍、盛庸等人在苦苦坚守的时候，朱允炆的表现就很让人无奈，他在这期间除了派李德成去找朱棣求和外，并没有给济南城实质性的援助。面对李德成的求和，朱棣没有给任何回应，李德成无功而返，而此时的朱允炆却表现出和方孝孺商讨更改皇宫各个大门的强烈兴趣，把济南的战事一点都没有放在心上。

在整个济南战役中，有一个情节的争议非常大，那就是铁铉曾经设计要活捉朱棣。李贽在《续藏书》里做了记载，说朱棣在五月的时候兵临济南，铁铉就假装向朱棣投降，在开门迎接朱棣的时候，他计划在朱棣进城后放下铁板，把朱棣困在城里。

结果，朱棣进城的时候，铁板放得太早了，如前面所描写的情景，朱棣侥幸逃脱了。这使得朱棣被惹怒，非常生气，就开始猛攻济南城。

但是，还有不同的文字记载说，朱棣并没有亲自进城。许多学者支持这个观点，他们觉得朱棣是一个很善于用兵的人，是不会轻信上当的。甚至史学家潘柽章认为，铁铉在城上以朱元璋的画像和牌位阻挡朱棣的进攻，这件事也是杜撰的，他认为朱棣没有攻破济南城的原因，是因为济南城城墙高深，还有就是平安屯兵在单家桥，盛庸又进逼德州这三个因素，才使朱棣放弃了攻济南城。

事实的确如此，高巍亲历了济南保卫的整个过程，他在《赠司马相公忠孝两全序》中叙述整个济南之战的过程，都没有提铁板和城墙上挂神位这两件事。

济南之战是建文朝廷赢了，高巍作为一个亲历者，他喜悦溢于言表，非常得意，所以他不可能把这样精彩的情节给忘掉，所以这两段情节确实让人大有怀疑。相比于建文朝廷方面的兴奋之情，带兵回到北平的朱棣，日子就过得有些尴尬了。

虽然说朱棣是打了败仗，无奈退回去了，但是败仗对他元气的损失并不大，军事实力并没有受损。可战士们的士气低落了，对未来充满迷茫。在这中间，朱棣也进行了一系列的赏赐和提拔，不但表彰了他们在郑村坝和白沟河的战绩，还鼓舞他们的士气。

但士兵们的沮丧和消沉情绪一时很浓烈，毕竟是起兵以来第一次如此大败。不过外面的战争环境，并不允许燕军继续消沉和低落，因为平安、盛庸、铁铉在济南胜利后信心大增，联手对朱棣是日益进逼，朱棣想要实现理想，必须积极应对。

为了解决士气低落的问题，朱棣做了一个决定，他认为，有效解决这一问题的方法就是立即出兵打一场胜仗，通过一场胜仗来鼓舞士兵们的士气。

三、偷袭沧州

通过济南攻城之战的失败，燕军居然还能够顺利北还，我们就得思考一下建文朝廷的能力。

可以说，济南保卫战的胜利是盛庸、铁铉、高巍几人死守坚持和忠义的结果。但是，济南之战赢了后，建文朝廷的反应让人觉得不可思议。

朱棣攻城可是攻了3个月，全凭铁铉他们带着军民死守，结果他们居然赢了，但是他们已经非常疲惫，再也没有力气去追打朱棣，若是朝廷在这个时候，补上一支勇敢的军队，围追堵截，或是埋伏，都是能够将朱棣置于死地的。

可是朱允炆的朝廷就是一个彻头彻尾的秀才朝廷，朱允炆、齐泰、黄子澄，3个月里，居然都没有想到从朱棣的后面进攻。这就说明建文朝廷不具备战胜朱棣的军事才能，另一方面也说明朱棣的运气好，面对这一帮文臣，才会让他带着那么一小撮人，做到征战四方皆如愿。但凡朝廷中有一个人在朱棣从济南回军的时候带兵追打朱棣，或者直取北平，可能明朝的历史就会是另一种结果。

但是事实就是如此，济南赢了，并不代表朝廷所有地方的将士都和济南将士一样，就连铁铉都说了这么一句话："诸将多驽才。"也就是说，建文朝廷方面的将领，大都没有什么真正的本领，是无法依靠的。

但是不管建文朝廷是什么态度，还是有人站出来说话了，这个人是宋参军。在守卫济南的过程中，铁铉经常和他商议，他一看朱棣撤兵，就立刻建议铁铉乘胜攻取北平，还说得有理有据，头头是道，铁铉当然做不到，3个月的死守，已经让他和济南的守军们精疲力尽。

没有乘胜追击，济南守军怎么说都有些遗憾，但是建文帝朱允炆没有遗憾，终于打了一场胜仗，朱允炆非常开心，他封了盛庸为历城侯，彻底取代了李景隆的大将军称号。让盛庸总管讨伐北平的军队。还升铁铉为兵部尚书，不过铁铉并没有取代齐泰，而是以兵部尚书的名义，一直真诚全力地协助盛庸。

换而言之，济南之战这一仗并不是朝廷安排的，也不是朝廷援助打的，而是全靠将士们自觉忠勇拼命自己打赢的。建文朝廷当然赏了这些有功的战斗英雄，可是对于李景隆，败了就败了，竟然也没追究什么责任。之前耿炳文带队的时候，各种追责，现在因为济南打了胜仗，李景隆也就成了没事人，济南之战前面的失败也没人提了，可见建文朝廷奖罚并不分明。

济南之战的失败，说明了一个问题，就是在明朝这个统一的朝代，还有很多大大小小类似于济南这样的大城市，虽然朝中没有在军事方面拥有高智慧的人，但是谁也不能确保大明朝中再没有像铁铉这样忠勇的人。所以说，朝廷并不是很容易就能打败的，朱棣带领的燕军想要快速夺取天下，并不是一件很顺利的事，所以燕军将士们士气低落是难免的。

于是朱棣做了一个决定，要打一场胜仗，以此鼓励将士的士气。在兵败济南两个月后，朱棣休养生息好了，他说要去打辽东。

朱棣的这个决定一说出来，诸位将士又一次都傻眼了，天寒地冻的要去打辽东，辽东比北平还冷啊，让将士们怎么打？

其实在朱棣的心里有一个非常宏大的计划，但是他没有告诉任何人，以至于张玉、朱能都不能理解他的这次作战计划，他们两个都来劝阻朱棣取消此次作战计划。

朱棣无奈，只好让左右的人都退下，然后才对他们两个人说道："如今，德州、定州都在朝廷重兵的防守之下，只有沧州尚无准备。我现在假称去打辽东，其实就是想偷袭沧州。"

张玉和朱能知道了朱棣的盘算，觉得这果然是一个好计划，于是两人也保密，没有走漏消息。然后大军跟着朱棣出发了。

朱棣的大军一路走去，士气特别低落，北平城外的大运河，在洪武几十年间，为了支持北边的军饷和军粮，一度很繁忙。可是，南北战争开始之后，大运河就没有了曾经的繁忙。

向辽东挺进的燕军和大运河一样萧条，没有精神，燕军都不想去攻打辽军，他们不明白为什么在这个天寒地冻的时候要离开北平城，他们害怕失去北平这个根据地。

可是，等到他们走到天津附近的时候，朱棣忽然指挥大军南下，渡过直沽，直奔沧州。

后来在朱棣做了皇帝之后，他在直沽渡河的地方被称作了天津，意思就是天子过河渡水的地方。部队本来开始接到的命令是去攻打辽东，现在又忽然南下，士兵们更加不清楚了，然后大家不免在途中议论纷纷。

朱棣听完之后，又不便把自己作战的目的告诉士兵们，于是他就编造了一个神话，说他在夜里看到有两道白气，从东北指向西南，然后他占了一卦，说眼下利于南伐而不利于东征。天意如此，就不能违背，朱棣已经有好几次得了天意的事情，所以将士们对他的话深信不疑。

此时的朱棣，仍旧对士兵们保密自己的行军目的，力求达到偷袭沧州的完美成功。而他这种声东击西的迂回办法，也确实成功地迷惑了南军在沧州的守将，沧州守将徐凯相信朱棣去了辽东，他便放心地派出军队在榆林地区伐木，加强沧州城的防御措施。

朱棣的军队昼夜疾行300多公里，官军根本就没有发现，朱棣直到大军过了直沽的时候，才向士兵们说明了自己此次作战的真正目标是沧州，士兵们一听，顿时都来了精神。他们跟着朱棣夜行300里，天快亮的时候到了盐仓，杀了巡逻的哨骑百余名。北军突然兵临城下，镇守沧州的徐凯完全没有料到，在慌乱中，他急忙布置守城，但是为时已晚，朱棣率领北兵，向沧州城四面发起了进攻，大将军张玉率精悍的壮士从东北角登城，并派军截断了官军的退路。

两方人马在沧州城展开了浴血拼杀，近身的肉搏战，打得非常激烈，但是因为南军没有做好准备，所以朱棣偷袭成功，很快夺取了沧州城，还生擒了徐凯、俞琪、赵浒、胡荣、李英、张杰等人，千百户余人也都被生擒。

在沧州城，北军一战又是俘虏了很多南军，也缴获了很多物资。

朱棣将大部分的俘虏都放走了，剩了3000多名俘虏，因为天黑，朱棣打算到第二天天亮之后再放他们走。结果就因为这个念头，第二天天亮之后，朱棣发现这些俘虏在夜里都被谭渊给杀了。朱棣对这件事非常生气，他训斥谭渊，说谭渊虽然善战，也立了功劳，但是谭渊擅自杀俘虏，也是功不掩过。

朱棣怒道："你谭渊一个人的性命也不够偿还3000人的性命啊！每次大战前，我都强调要痛戒你们乱杀，其他人都遵守了命令，唯有你好杀不止，你谭渊这个罪今天是免不掉了！"

但是谭渊对朱棣的态度很倔强，他不承认自己杀错人了，他说他杀的人全是精壮的武士，这些人要是被放回去，明天又会来杀北军，我们北军好不容易抓住他们，怎么可以放回去再资助敌人？还不如杀了以绝后患。

谭渊这样说，完全是从军事角度出发考虑的，朱凯所属的军队也的确是南军的精锐。但朱棣更看重自己的政治形象和影响。

他又对谭渊斥责："照你这么说，凡是与我为敌的人，都应该杀掉，你这样不仁不义，那也就是与我为敌！"

朱棣说出这句话后，谭渊才惭愧而退。

由此可以很清楚地看出，朱棣在军事需要和收拢人心之间面临着一个两难的选择，但是不论怎么说，沧州之战赢了，就已经鼓舞了北军的士气，他也成功地打破了南军分路进逼北平的计划。

朱棣打下沧州之后，又得到很多的战略物资，还有一些降将，朱棣将直沽的船只调往长芦装载运输这些辎重回北平。而他自己则继续率师南征，循河南下，通过景州，掠德州而过，当时盛庸就在德州城里，朱棣尝试招降，盛庸不理，朱棣又宣战叫阵，盛庸更是闭城坚守不出。

朱棣也不强攻德州，而是继续进军临清，盛庸则派出百余骑兵尾随在朱棣的后面，监视朱棣的行为，并且找机会进行一些试探性的攻击。

建文二年（1400）十一月十二日，朱棣到了临清后，他就在此地断了盛庸的粮道，盛庸一看自己的运粮路断了，德州也不能久留了，就只有带兵离开德州南下。十四日那天，朱棣大军到了馆陶，直抵东平，途中又焚毁了南军的粮草及运粮的船只，这样就彻底地逼迫盛庸放弃了德州南下。朱棣通过迂回之战，又解除了南军对北平的威胁。

朱棣从抓到的盛庸军中的运粮士兵知道，盛庸的军队已经离开了德州，去了东昌，并且他的先锋孙霖带兵五千在滑口扎营驻守。滑口在山东平阴县的西南30里处，是南北大路上的一个军事要地，是兵家必争之地。

朱棣想着夺取滑口，于是他派朱荣、刘江、内官狗儿率领着三千精骑去偷袭镇守滑口的南军。这次朱棣派出的偷袭军队大获全胜，斩杀了数千南军，得到马匹三千，生擒了都指挥唐礼等人，仅孙霖一人幸免。

建文二年（1400）十二月二十五日，燕军占领了滑口之后，继续率军抵进东昌城。

盛庸和铁铉得知朱棣又率军南下而来，他们虽说是放弃了德州，但是在东昌并没有闲着，他们知道一场大战在所难免，于是便在东昌杀猪宰羊，犒劳士兵，鼓励士气。

盛庸对将士们说道："勇士们，你们不要看燕贼夺了沧州，又袭击了滑口，但是，那都是燕贼的小伎俩，就是乘人不备偷袭人，他们是不能和我们正面作战的，之前的燕贼不是也打了胜仗吗？还不是在济南输给了我们，这一次就让他们侥幸得胜，我们就让这燕贼先骄傲着，等他们到了东昌，再收拾他们。"

南军的将士们因为数月前的胜仗，此时士气还是很高，所以对盛庸的鼓舞，回答如雷声一般震耳。

而燕军因为已经在沧州和滑口取得了胜利，所以士气也很是高涨，这样的两支大军在一起，肯定会爆发你死我活的战斗。一场大战迫在眉睫，即将发生。

四、兵临东昌，大败而归

朱棣对于盛庸驻军在东昌很是高兴，因为他认为，盛庸由济南南下，是因为粮道被自己切断，从而缺粮断饷，现在驻军在东昌的盛庸，又无积蓄，因而他决定在东昌和庸军决一死战。他也确信自己可以把盛庸打败，因为他觉得北军抗寒，不怕冻，在冬天打起仗来要比南军厉害。还有更重要的一点，东昌的四周就是北方的军事中心，东昌位置在中原的心腹，号称天下之胸腹，是一个战守必资之处，东昌附近的临清，是南北的咽喉，军事位置非常重要。

早在洪武年间，朱元璋就频繁往这里派遣将领，在这里练兵，更是在这里集中了大量的卫所，著名的大将蓝玉、汤和、陆仲亨、周德兴、黄彬、郭子兴等前往临清练兵，再后来到了洪武二十三年（1390），东平侯韩勋、西凉侯濮玙、沈阳侯察罕、左军都督府都督金事王宪等人也曾前往东昌练兵。

由此可以看出，在洪武年间，东昌和临清这些地方，曾经都被朝廷作为重要的军事基地经营。到了建文年间，大量的南军同样集中在东昌一带，以此为基地向朱棣发动进攻。所以，朱棣选择在东昌进行决战，他是想夺取这一块重要的军事重地，在济南之战后换一条路，打开自己南下的通道。

十二月二十五日，朱棣率大军到达东昌。因为朱棣多是骑兵，而盛庸多是步兵，所以朱棣打算冲阵，而盛庸布阵，盛庸背城列阵，把大军一字排开。

朱棣先是派了精锐的骑兵去冲击盛庸的左边阵容，但是因为盛庸左边的阵容坚固，所以他突破失败。

朱棣多方冲刺后，没有突破，他就绕出南军的阵营，率兵从南军的中坚冲刺。盛庸等的就是这个，只见他立刻打开南军的中坚，将朱棣率领的冲刺部队放了进去，然后他又指挥两边的军队迅速合围，就这样把朱棣包围在中间打。瞬间形势转变，南军一圈又一圈地围住朱棣，密密匝匝，水泄不通。

朱棣的处境非常危急，在外围的张玉、朱能等人一见朱棣被围住，就率军冲了上去，奋力厮杀，想要撕开个缺口，把朱棣救出来。而南军也因为张玉和朱能率领精兵冲阵，进行近身大战而受到影响，不得不分出力量对付张玉和朱能的精锐，南军看到张玉和朱能救人凶猛，于是采用密集的火器攻击，但是朱能和张玉毫不退却。

就这样拼死厮杀，朱棣在朱能的保护下才从南军的重重包围中突围而出。但是非常遗憾的是，张玉只看见了朱棣被包围，并不知道朱棣已经突围而出，所他一直在敌人的阵队中厮杀大战，想要解救朱棣，看着四周都是密匝匝的南军，张玉连杀数百人，终于寡不敌众，被创而殁。张玉的牺牲，是朱棣在这次战役中最大的损失。

张玉是早年就跟随朱棣的大将，从朱棣在凤阳再到北平，一直追随，后来又跟随朱棣在北平起兵，带领八百人和朱棣一起征战夺取九门。他有勇有谋，骁勇善战，靖难中大大小小的战役他都参加了，在军中他也是享有盛名。

他这一死，北军的士气严重受挫，而朱棣也是在这个时候才知道北军已经失败。北军的士气一落千丈，只有跟着朱棣落荒而逃，再也无心恋战。而在他们大败而逃的路上，南军更是不断地追打、截击，大量的火器攻击又对北军造成深重伤害。

当时，史书记载，朱棣曾派人去南军求情，想要南军放自己一条生路，但是南军根本不干，还说这样放了朱棣，就是放了一只毒蝎子，翻身还会蜇人，所以南军是要置朱棣于死地的。朱棣只好带人咬牙拼杀，败退的燕军一路向北，北去的路上，凌乱不堪的军资辎重拖延了十几里，一路烟尘滚滚。朱棣率领百余骑兵殿后，官兵紧追不放，朱棣一路且战且退，一直到朱高煦带领华能等人前来救援，打退官兵，朱棣才逃脱，燕军北上馆陶，才得以返回北平。

这个时候的盛庸已经将军中的情报上报到真定，吴杰和平安让官兵四处追打溃退的北军，但凡是被他们捉住的北军，大多数被披面、决目、挖心、剖腹，惨状让人不忍直视。但是，就在一个月以前，燕军打下沧州，不是还在一夜之间就坑杀了南军三千俘虏吗？所以，兵败如山倒，还有什么可说的？

朱棣带领着燕军到了馆陶的时候，已经是到了年底，他这一路走得艰辛，前有堵兵，后有追兵，从馆陶到威县区区数十里的路程，朱棣带着兵竟然走了两天。可见这一路路途凶险，举步维艰。等他们到了威县，已经是第二年的正月初一。俗话说，骁勇善战，驰骋沙场，马革裹尸，这才是军人的壮勇，可是当真正身处冰冷残忍的沙场，即便是面对辞旧迎新的春节，燕军也没有一点点的喜悦之情，更不要说什么豪情壮志。

这个时候，燕军离北平还有千里之遥，而他们回北平的路不仅遥远，还艰辛万状，路上堵着朝廷的层层官兵，每过一个坎，他们都要奋力突围，赌上生命凶猛厮杀，只有突破强敌的围追堵截，才能拥有回家的希望。当朱棣带领军队退至威县的时候，遭遇了真定的两万官兵堵截，看着应该是很凶险的了。

但是，这个时候朱棣带领的燕军，已经在逃跑的过程中调整好了心态，整个军队的士气也慢慢缓了过来，那些被打得溃散的士兵，也回到了自己的军营里，每一个军营里的各级指挥也逐渐恢复了。朱棣在这种情况下施展自己天才的军事指挥才能，他把数千的精兵沿路埋伏，自己只带了十几个骑兵逼近敌军，装作是很可怜、走投无路的样子，提出了他曾经的请求，让对方放自己一马，可是对方跟之前的回答一样，觉得放他回去就像是放毒蝎子，而且这些南军看着朱棣带的人少，就打马向前想要捉拿朱棣，朱棣便和他们且战且退，把这一众人引入了自己的埋伏中，围而屠之，如此，夺取北归的路。

建文三年（1401）正月初五，朱棣在深州（今属河北）再次遭遇平安、吴杰率领的三万官兵的围追堵截。朱棣浴血奋战，以骑兵切断敌人的后路，然后率领百余骑兵冲阵，击败了这支追兵，艰辛逃脱，继续向北，终于在正月十六，回到了北平城。

东昌大战，让朱棣的精锐军队几乎全军覆没。至此，朱棣起兵已经3年，朱棣从来还没有如此兵败过。回到北平之后，诸将都来向朱棣请罪担责，朱棣深知这场战争对将士们打击严重，他自己担下了大部分的责任。朱棣很明白地告诉将士们，这一次战事的失败在于自己，他打消了将士们心中的惶恐，但是他还是指责下级不听指挥，这样总算是达成内部团结的局面。但张玉的牺牲还是在朱棣的心头，让他难免悲伤，不由得面对诸位将领痛哭流涕，情不能已，朱棣心疼大叫："如此惨败，都是我的罪过呀！"

姚广孝看着朱棣悲伤，赶紧说道："胜败乃兵家常事，千岁不必过于自责。"

朱棣痛哭说道："胜败是兵家常事，不足以计，但是，失去张玉，就是断了我的臂膀，在这样艰难的时期，失去了如此良辅，我真的很痛心。"

各位将领听了也是万般感触。

姚广孝说道："千岁还记得我当初兵出北平时的话吗？我当时就对千

岁说'师行必克，但费两日尔'！"

在座的人都在听着姚广孝的话，看着姚广孝，心里嘀咕，军师你都这样说了，那么我们如今都从东昌大败而归了，你还怎么说。

姚广孝就笑着说道："这个'两日'，指的就是东昌，东昌不就是两个'日'字吗？但是，只要废了这'两日'，我们再战必胜。如今，东昌的小挫折已经过去了，我们再战的时候，肯定会大胜。"姚广孝的一番话，就像是风吹乌云，让在座的将士心中顿时一片清亮。

姚广孝不愧为城府极深的高僧，他和朱棣一样，明白士气的重要性，更知道士气可鼓不可泄，朱棣说胜负相当，并没有大失败，姚广孝说自此全胜。两人非常清楚，此次出战必须胜，不能败，胜了是飞龙升天，败了则死无葬身之地，他们决定再次南征，一雪东昌之辱。

东昌大战之后，盛庸的军威大振，建文帝亲自为之享庙告捷。

据说，东昌之捷实为王度谋划。王度此人是归善人，字子中，少力学，工文辞，以朋德荐为山东道监察御史。王度军事智谋超常，盛庸代替李景隆做将军北伐的时候，王度就为盛庸出谋划策，所以南军才终于有了东昌之捷，其后，李景隆还朝，建文帝朱允炆赦其罪而不诛，反而又予以重用。李景隆竟为忌功而谗言攻击盛庸，王度见朝廷的这种状况，因此不再出谋划策，最终致事不可为。

正当南军在东昌取得大胜的时候，官兵们奋勇围追堵截朱棣，秀才皇帝建文帝却在皇宫里为一块"凝命神宝"的告成在举朝欢贺。这款神宝是2尺见方的一块青玉大印，宣传是建文帝在做皇太孙的时候，曾经梦见有神人传达上天之命，授予朱允炆重宝。朱允炆刚刚登基之时，就有一位使者从西方而来，给朱允炆献上一块从雪山上得到的青玉。这块青玉质地细腻通透，手感温润圆滑，极为上乘，是世间罕见之宝玉。

建文帝后来宿斋宫又梦见天神送宝的事，突然惊醒。于是他便命工匠将这块玉琢刻为大玺，精雕细琢，费时一年才完工，印文内容是建文帝亲自定的十六字，为"天命明德，表正四方，精一执中，宇宙永昌"。自洪武建国以来，朝廷中的各宝玺大多数都是四个字，这"凝命神宝"有十六字，实在是很特别。但是十六字之宝玺并不是自古只有建文帝有，宋徽宗政和七年（1117）的时候做的"定命宝"，也是十六字。但是宣和年间，蔡京主事，有这些夸张之事一点也不奇怪，不久宋朝便有了靖康之祸。如今方孝孺号称正学，黄子澄等人表现得忠勤为国，竟然在南北激烈战争、遍地烽火、国事不安时，做出这种制印朝贺的举动，实在令人无语。

建文三年（1401）正月初一的早上，建文帝朱允炆率领群臣祭祀天地宗庙，受百官的朝贺，整个奉天门内外，旌旗飘扬，仪仗林立，朝臣呼喊万岁的声音惊天动地，好像这样一来，整个宇宙就真的永远昌盛了。果真，过了不久，前线传来消息说东昌大捷，建文朝廷一看，这可不是应了天命吗？于是又一番祭拜天庙，和祖宗分享胜利，向天地祖宗告知东昌打了胜仗，开始庆祝典礼，同时又传来朱棣败北而逃，这一下，本来之前罢免的黄子澄、齐泰便公开恢复了官职，朝廷上下一片歌舞升平的景象。

那么，东昌之战北军的损失到底怎样呢？在《奉天靖难记》中，朱棣不承认东昌之战燕军战败，只是说东昌无功，胜负相当，这当然不是事实，大军相战，又不是儿戏。但是，南军方面的记载说燕师精锐丧失几近，这也是夸张，因为朱棣在退至深州的时候，还是成功击退了平安和吴杰率领的精锐部队的围追堵截，而且在东昌之战结束不到一个月，朱棣就再度率领大军南下，所以说东昌之战燕军精锐丧失殆尽是不可信的。《国榷》中有记载说"南军斩首万余级"，这样来说比较合理。

回到北平之后，朱棣和众将军认真仔细地总结了东昌之战的得失，然后就是鼓舞士气，以图再战的时候得胜。朱棣在正月底升燕山左护卫指挥使王真、燕山中护卫指挥使费瓛、指挥同知刘江、燕山右护卫指挥使白义为北平都司指挥佥事。

建文三年（1401）二月初九，朱棣"命僧修佛会"，荐阵亡将士，亲为文祭之，祭祀包括张玉在内的阵亡将士。祭祀完后，朱棣落泪，动情演说。

> 奸恶集兵，横加戕害，图危宗社。予不得已，起兵救祸，尔等皆摅忠秉义，誓同死生，以报我皇考之恩。今尔等奋力战斗，为我而死，吾恨不与偕，然岂爱此生？所以犹存视息者，以奸恶未除，大仇未报故也。不忍使宗社陵夷，令尔等愤悒于地下，兴言痛悼，迫切予心。
>
> ——《奉天靖难记》

燕王朱棣读完祭文之后脱下战袍，亲手将战袍点燃，一起祭祀的将军赶忙上前制止，朱棣说道："战士们和我情深意切，我岂能轻易忘记，我焚烧此袍来表示同生共死之心。死者如果地下有知，定会明白我的心意。"燕王说完，痛哭不已，一起祭奠的诸将也都悲愤痛哭，旁边观者无不动情落泪，觉得自己跟对了燕王。

张玉的弟弟说道："人生百年，总有一别，能得千岁如此祭奠，还有什么可遗憾的？我哥这一辈子值了，我等将士定当努力奋战，上报国家，下为死者报仇雪恨。"

阵亡将士的父兄子弟纷纷要求从军杀敌，为国效力，顿时一场祭奠亡灵的悼念会变成了出征动员会。不管朱棣是动了真情还是在表演，他都成功地凝聚了人心，鼓舞了士气，很快，他就在姚广孝的力主下，于二月十六日再度率军南出了。

在这次出征之前，朱棣反复强调了军队的纪律问题，他的原话是："尔等毋恃累胜之功，漫不加警，有违纪律者必杀无赦，恪遵予言，始终无怠，则事可以建功，可以成矣。"

这话可以说是在吸取了此前战争中屡屡出现的将领不听指挥、自由杀降兵的经验，东昌之战结束之后，朱棣深刻地认识到这个问题的严重性，面对盛庸、平安这类名将，北军若想取胜，必须要做到令行禁止。

此后，朱棣率领着这样一支气势磅礴的哀军再次踏上了征途，这一仗他会不会赢？自古说，哀军必胜，朱棣的这一仗是打赢了，但是，这一仗打得比以往都要激烈。

第九章　数次鏖战，有惊无险

一、夹河战盛庸

建文三年（1401）二月十六日，朱棣带着军队再次南下，二月二十日，燕军到达保定驻军。

建文帝听说朱棣驻军保定，立刻派盛庸率领各路军马迎敌。

朱棣在保定召集各位将军一起商议作战的计划，诸将中有人建议先攻打定州，说道："定州城内军民未集，城墙也没有加固，如果出其不意地攻打，可以攻破。"

朱棣想起之前攻打济南城的失败，内心还是比较保守，他很清楚北军的特点就是适合野战，不适合攻城战，所以他不支持攻打城市，既不攻打定州，也不想攻打德州。

朱棣对将军们解释说道："根据我军的特点，野战更容易成功，攻城很难取得效果，更何况盛庸带人驻守德州，吴杰和平安也是顽固地驻守着真定，他们两支军队互为掎角，我们攻城还没有攻下来，耽误在城下，他们的军队肯定会合在一起来支援，从后面围攻我们，到时候我们后面是强敌，前面是攻不下的坚城，这样我们就很危险。

真定和德州相距二三百里，我军如果在中间游击诱敌攻击，贼军必出城迎战，如果是西面的敌军来了，我们就先打西面的，如果是东面的敌军来了，我们就先打东面的，只要我们打败了一支军队，他们剩余的军队就会自己胆怯。"

朱棣的分析可以说是很切合实际，但还是有些将领发出了疑问，有人问道："两城相距二三百里，根本不远，我军夹在两贼中间，如果他们一起向我们进攻，我军岂不是要腹背受敌？"

北军将领说得也不无道理，二三百里的路程对于南军来说真的不是很远，如果不能像朱棣说的那样，在德州和真定两军会合之前，打败其中一支军队，那么，朱棣的军队就很可能会陷入腹背受敌的困境之中。

对于将领们的这个担忧，朱棣从具体的战争本身进行了驳斥，他自信地说道："百里之遥，势不相及，两阵相对，胜负在呼吸之间，虽百步之内都不能相救，更何况二三百里？你们就不要再猜想忌惮了，就等着看我打败他们吧。"

诸位将领看着朱棣如此坚持，联系实际想一想，也就服从了朱棣的作战计划。

第二天一早，朱棣带兵移到紫围八方。

当时是二月，虽说天气已经有了春天的气息，但是春寒料峭，早晚还是会结雾结冰，依旧是寒气袭人，器物和树木甚至山石上都会有晶亮的冰花和冰雾。朱棣带着燕军从保定出发，大军在冰冷的雾霭中穿行，水气落在军士的铠甲和衣服上面，结晶成霜花。朱棣在士兵中身着别样的红袍子本就十分醒目，结果他的战袍上结出的霜花，婉转缠绕，竟成了一条活生生的银龙，就像是刺绣上去的，将士们看到惊讶万状，认为这是天意，是个大吉兆。

"龙就是君象，天降吉兆，此战必胜。"将士们也希望自己拥戴的是真命天子，所以见了这样的景象之后，更是士气高涨。

但是，朱棣听了，虽说内心高兴，却很是谨慎地说道："我与若等御难求生，诚非得诚，且帝王之兴隆，历数有在，岂可必得？但冀幼冲悔祸，奸恶伏诛，宗社再安，吾得仍守藩封，尔等亦各安其所，今凶焰方盛，社稷几危。吾日夜深忧，乃不思自奋，而以此为异，是之警惧之心而动安逸之萌也，吾恐蹈沦胥之患矣。"

当前，大战胜负未定，朱棣自然不能给士兵们透露太多的信息，可是从他的话中可以看出，他对皇位还是有所期盼的。并且他对这样的"雾结银龙"心底是喜欢的。

在《明太宗实录》中这段话是做了删改的，是为了证明朱棣此时对皇位还没有想法，其实这个做法就是为了掩人耳目，也正好暴露了朱棣的内心，可见这段话是真实的。可是又从朱棣谨慎的态度可以看出，朱棣必须克制内心对"神龙"的想法，毕竟大战在即，首先要做的是打胜仗，求生存，不然的话，就是龙跌深渊。

建文三年（1401）三月一日，燕王带领着燕军大队来到了滹沱河边上，燕王命令军队在此安营扎寨，短暂休整。

燕王对手下诸位将军说道："滹沱河是南军来往的要塞之地，我们要派出游骑四处奔走，以迷惑南军，让他们看到我们在此，和我们产生冲突，然后我们在游动中寻找机会攻击南军。"

燕王说完，派出好几路游动骑兵，到真定、定州一代游走，迷惑引诱南军出击。

就这样，到了三月十二日，有探子来报说盛庸的军队已经来到了单家桥。

燕王朱棣一听，便立刻命令大军道："从陈家渡渡河，迎击盛庸的贼军。"

可是，大军过河之后，并没有找见盛庸的军队。因为不能及时找到盛庸的军队，朱棣担心盛庸的军队和真定的守军会合，那样将对自己非常不利。于是他带着军队紧张地在滹沱河边上往返渡河三四次，一边寻找敌军，一边防备敌军包抄自己。他非常着急地想和盛庸决战。

结果他没有找见盛庸的军队，倒是在河边遭遇了一只斑斓大虎。当然，一只斑斓大虎要是一个人遇上很是危险，但是，一支几十万的军队，遇见一只虎，那么这老虎就只能变成燕军的祥瑞。

斑斓大虎对着燕军示威，发出威猛的吼叫，跃跃欲试想要攻击燕军，可是，这又能怎样？一只虎面对一支军队不过是几个士兵的刀下祭品。朱棣借此机会又说是吉兆，士兵们的士气被鼓舞得高扬，个个都怀着满腔的决战之心，军威也随之大振。

就这样寻找，一直到了二十日，朱棣的探子才探听到盛庸的军队在夹河，朱棣说道："盛庸，本王终于找见你了。"朱棣就像是饥饿的猛兽发现了猎物，带着大军急急地就往夹河而去，要和盛庸决战夹河。

燕军在离盛庸 40 里的地方扎营，这一次，为了能够打赢盛庸，朱棣在大战前，给将士们详细地分析盛庸的军队特点，根据自己作战的经验，向诸位将军和士兵们面授打仗的要领，做了十分仔细的战前准备。

朱棣说道："贼军每次列阵，都是精锐部队在前面，老弱士兵在后面，明天与他们作战，自然是用我们的强硬先锋对阵他们的前阵，一定要挫败他们的锐气，这样，他们其余的自然会心生恐惧。中军就在离贼兵五六里的地方严阵以待，等我带精兵从敌军背后偷袭，就像关门一样推着贼兵急速前行，待贼军急行上五六里地，肯定会疲惫不堪，这个时候，我们的中军等他们过去之后，再追上去攻打他们，我再从后面趁势攻打，贼军必败！"

燕王朱棣为了让将士们领会自己的战略，用箭头在地上画着图，讲解着，反复让军士们演习着自己说的战略方式，命军官们单独组队，逐一教授，并且反复申令约束，直到大家都领悟透彻，燕王才带领诸位将军列阵前进。

他们在二月二十二日中午的时候到达夹河，远远就看见盛庸的军队已经一字排开严阵以待。

为了摸清楚敌人的情况，燕王朱棣带了3名骑兵到盛庸的阵前观看敌军的动静，只见盛庸结阵坚固，在阵前摆着火车、火炮、强弩等。

南军发现了他们几人，立刻有一支军队飞马追将过来，燕王朱棣带着3个骑兵沉着地撤退，看着追兵靠近了，他就拉弓搭箭，只射跑在最前面的贼军。燕王箭不虚发，随着他的箭声，南军跑在前面的追兵纷纷落马。朱棣吓得追兵畏惧不前。

燕王见追兵止步，才扬鞭打马回营。

二、化险为夷

经过试探，燕王朱棣看清楚了南军的情况，立刻派一万骑兵和五千步兵向敌阵推进，即将交战时，燕军骑兵翻下马，步行快速攻击南军的左侧，官兵举木盾层层自卫，遮护严实，燕军一时间无法攻入。

在没有开战之前，朱棣早知道南军有木盾，便派人做了一批木器，这批木器长六七尺，末端上横贯着铁钉，铁钉的末端有铁钩，作战的时候，那木矛穿进了木盾，铁钩紧紧地勾住了木盾，一时难以拔出，南军的木盾立刻就失去了防护作用。就这样，攻阵将士和南军守军互相牵扯，相持不下，北军丘福见状，看准机会，带着士兵攻入敌人的军阵，北军的弓箭也开始攻入，而南军，因为北军的近身牵制，火器不能发射，火炮也不能发射，火车也不能施展，偶尔发射一下，不但打不着燕军，反而伤了自己的人，就这样，南军的阵营在朱棣的有序进攻下顿时大乱。

这个时候，燕军的中军将领谭渊，看到南军的阵营中烟尘滚滚，知道敌军败退要逃走了，便带着燕军趁敌军混乱杀入敌阵，谭渊正杀得起劲，忽然南军中的一员猛将杀了过来，两人大战了十几个回合，非常激烈，打得不分上下，难解难分。

忽然，南军将领虚晃一枪打马就逃，谭渊求胜心切，又仗着北军占了上风，就追了上去。结果就在快要追上的时候，那南军大将回马一枪，刺中了谭渊的咽喉，谭渊坠马而亡，又被那将军一剑砍作两段，惨不忍睹。

这位南军将领名叫庄得，是盛庸手下的一员猛将，骁勇善战，智谋双全，庄得斩了谭渊后，南军见庄得如此英勇齐声叫好，顿时个个士气大振，英勇杀向北兵，北军才稍微退却一下。

正在这个时候，朱能和张武又率大军杀将过来，南军的庄得、楚智、皂旗张三人又截杀在一起，战马嘶杀嘶鸣，兵器火花四射，叮当作响。

朱棣也乘着天色昏黑亲自带着劲骑掩杀向敌后。双方混杀一起，激烈异常，死伤甚众，直杀得天昏地暗。厮杀到后期，朱能、张武逐渐败下阵来，庄得、楚智、皂旗张又死死缠住不放，朱能、张武危在旦夕。正在危急时分，南军后面忽然大乱，庄得稍一分神，朱能和张武又缓过劲来，缠住三人大战。

在后面扰乱南军的正是朱棣，朱棣率军乱了南军阵营，又和朱能合兵一处，一起砍杀南军，南军大败。

庄得一见南军要败走，心里着急，不甘败退，只杀得一时兴起，奋不顾身，横冲直撞，左右拼杀。楚智和皂旗张也是一个心思，一心要扳回赢局，便跟着庄得奋起而杀。

朱棣见南军这3位将军英勇异常，便令大军包围了三人，下令放箭。一阵阵密集的箭雨向三人扑将而去，密不透风，可怜3位英勇的大将就在瞬间战死沙场。

庄得本为皂隶，因功而升为军官，在怀来之战中完整无损，全凭他智勇有谋，不想此次杀红眼失了性命。

楚智曾经跟随冯胜、蓝玉出塞征讨，作战经验丰富，骁勇无敌，后来跟随李景隆讨伐北军，每战奋勇一马当先，燕军只要远远看见他的旗帜，便会害怕，但是在这次战役中，因为他的坐骑陷落，被燕军长枪刺死。

皂旗张不知何名，但是他可以力挽千斤，每次开战，他便挥皂旗先驱，故名皂旗张，死时犹执旗不倒。这一场恶战，直打到天黑，最终杀伤相当，双方才各自收兵还营。

当天夜里，四野漆黑，不辨方向，朱棣和他的几十个亲随找个地方就地而眠。朱棣和他的随从们已经习惯了这种东征西战的行军生活，午前半天的急行军，随后又是半天的浴血奋战，已经让他们筋疲力尽。天黑了，他们只听见了鸣金收兵的声音，顾自一走就以为回到了自己的营地里，所以他们倒地就睡。

天色将明将暗时分，平原上安静的日出里，旌旗斜扫，横躺的士兵，无声的战马，静静的帐篷，都沉浸在晨光里。朱棣睁开眼，坐起来，伸展胳膊，四处一看，傻眼了，他发现自己和亲随们竟然睡在敌军的阵营中，而自己的亲随还在酣睡。他才明白，是昨晚的混战之后，他们疲惫至极，不辨方向，竟然扎营在了敌营之中。

朱棣悄悄叫醒自己的亲随，众人清醒过来一看，也都原地傻眼，紧接着低声商量着要赶紧撤离，不然将无法逃脱。

朱棣认为，仓皇而逃肯定会引起敌军的注意，然后会被拦截，被围杀，而无法逃脱。他告诉大家，不要害怕，听他的指挥，一定要安全离开。

朱棣对将士们说："你们不要害怕，我正想要表示一下，我看不起敌人，轻视敌人，以此打击他们的士气。"

他下令亲兵们整装上马，镇定自如地引马鸣角，从容地从敌营中穿贼而出。南军看到一众人马穿营而过，为首的一人气宇轩昂，正是燕军贼首朱棣，这个人怎么会在自己的阵营中？众人惊诧中，不明白发生了什么事，就惊诧地看着，目送朱棣他们从容不迫地离开了自己的阵营。等他们缓过神要追赶时，朱棣已经跑远了。

正是因为这样一个情节，后来在历史上竟然衍生出了一个"勿杀叔父说"。谈迁在《国榷》中于东昌之战内有记载："燕庶人数危，知朝廷不欲死之，时独身殿，诸将短兵接，莫敢加，故得免。"

根据《皇明通纪集要》中记载："八月以长兴侯耿炳文为征虏大将军，驸马都尉李坚、都督宁忠为左右副将军，同安陆侯吴杰、江阴侯吴高、都督都指挥盛庸、潘忠、杨松、顾成、徐凯、陈晖、平安等帅兵三十六万，分道北征。诚北征诸将士曰：'昔萧绎举兵入京，而令其下曰，一门之内，自极兵威，不仁之极。今尔将士与燕王对垒，务体此意，无使朕负杀叔之名。'"

朱鹭甚至还在《国榷》中针对这一点对朱允炆进行了批评性的评论："是兴亡一大机也。内兵心忌，文皇胆张，此怠而彼奋，此瑕而彼坚，又何俟接战觇胜负哉？夹河战后，文皇直抵京师无退计。挺身当前，或单骑殿后，上教之也。夫不忍叔父，其自忍乎？真宋襄之仁义也。若欲勿杀，则如让之，欲兵无害，则如已之，读视至此而不哑然笑失声忼乎？当时在廷诸臣，曾不出一言相难，何与？殆天蔽厥衷而默然以相靖难之成与？"

朱鹭将"不杀叔父"比作是宋襄公一般的迂腐仁义，认为正是因为建文帝的这一点，最终造成了建文帝在靖难之役中的失败，这一论点在当时非常得人心，也在民间得到了同情拥护，可是如果我们仔细查究，就会发现事情并非如此。

东昌战役之后，朱棣带兵撤退到威县，受到南军的包围和追击，朱棣恳求南军放过自己，南军回答说，放过朱棣犹如放过毒蝎子，从这句话就可以看出来，南军的将士对朱棣的态度是杀之而后快，根本看不出有丝毫不敢伤害他的意思。还有朱棣在郑村坝战争中，换了八匹被射杀的战马，这就说明南军杀朱棣之心切，毫无顾忌。虽然说史料中的记载，对八匹马有异议，但是不管是几匹马，南军只射马不射人是不可能的，当然就更不存在朱允炆下诏书，让将士们不要伤害朱棣的事了。

三月二十二日至二十三日初战结束之后，双方死伤相当，朱棣既没有打败盛庸，盛庸也没有杀败朱棣，双方相持不下，还需要再战。

三月二十三日，在险境中摆脱南军的朱棣，向将士们总结前一天的战果，并认真部署了当天的战略方针，朱棣说道："昨日，谭渊见贼走，逆击太早，不能成功，兵法所谓穷寇勿遏，我先戒渊，令其整兵以待，俟贼奔过，顺其势而击之，为是故也，然贼虽少挫，其锋尚锐，必致死来斗。大抵临敌贵于审机变，识进退，须以计破之。今日贼来，尔等与战，我以精骑往来阵间，贼有可乘之处，即突入击之，两阵相当，将勇者胜，此光武所以破王寻也。"

之后，朱棣和盛庸血战了足足6个小时之久，朱棣按自己的计划，布置了一支骑兵，在阵战中往来以冲之，盛庸的南军则"退而复合者数四"，最后双方都疲惫不堪地坐在地上休息，休息一会儿又战，如此胶着，相持不下，忽然起了一阵东北风。据说这场东北风是姚广孝早就预测到的。

战争胶着了3天，不见胜负，姚广孝对朱棣说道："明日有一个破敌的好机会，盛庸必败！"

朱棣说道："这话怎么说？"

姚广孝说道："我军阵营在东边，南军的阵营在西边，我们和南军约战列成东北阵势，把西南的位置留给南军，我们每个人准备一包生石灰，交战的时候选在起大风的时间，等大风起，石灰眯了南军眼睛，南军揉眼睛时，无法打仗，我军趁机攻打，盛庸必败。"

燕王朱棣听取了姚广孝的建议，第二日，果然占据了东北方位，列成阵势，让南军在西南方位，盛庸不知情，只在西南位列阵相对。

两军对阵的时候，果然，东南风起，一时间，风特别大，沙砾击面，朱棣趁机让燕军们撒石灰，迷了南军的眼睛，南军一时间疼痛难忍，将士们只顾揉眼睛，哪里还顾得上打仗？有的人甚至连自己的兵器都丢了，燕军趁势猛杀，盛庸的军队死伤大半。

朱棣见盛庸的阵破了，抓住机会杀向盛庸的大营，盛庸抵挡不住，弃营逃到滹沱河口，南军兵士溺死者无数。盛庸在一队亲兵护卫下，落荒而逃。

夹河之战，燕军大胜盛庸。看似一场大风帮助了朱棣，其实，根本原因在于盛庸自东昌大胜以来，对朱棣有些轻视，夹河之战，盛庸已经预先将金银器皿和华丽的服饰都准备好了，就准备打败朱棣了庆祝，这是盛庸骄兵必败的根本原因。

除此之外，还有一个事，就是朝廷中王度的离开。之前就说了，盛庸之所以能够赢，是因为王度的出谋划策，可是朝廷对李景隆的不处罚直接让盛庸失去了王度，这也是盛庸失败的原因之一。还有一个原因，就是与盛庸互为掎角的吴杰等人的军队没有发挥作用。

吴杰、平安两人带着数十万的军队，也想着与盛庸合并，但是他们行军到盛庸附近的时候，听说盛庸兵败，就带着自己的军队退回了真定，双方激战的时候，假如吴杰和平安带着军队助战，胜负还真是无法说。

即便是盛庸战败，但是如果吴杰和平安再杀过去，朱棣的军队疲惫，肯定无法再战。南军转败为胜也很是有可能的，可是吴杰和平安因为嫉妒盛庸的战功，不积极辅战，再加上天有大风，燕军顺风而为，如此险胜，谁也没有办法。

三、藁城之战

朱棣派信使回北平报告胜利的捷报，结果走到单家桥，信使遇到一万多官兵驻扎在滹沱河，挡住了信使的路，信使只好回来给朱棣报告。

朱棣一听，当然是无法容忍，第二天就派兵北上，攻击这支队伍，一战就打败了单家桥官兵。随即，朱棣驻军在楼子营。

朱棣分析了当前的形势，朱棣说道："驻军在真定的吴杰与平安，没有和盛庸合军，是因为吴杰忌功。盛庸战败，是吴杰高兴的事。现在该轮到他一显身手了，他想独占其功。如果吴杰等人固守城中不出，则为上策。不过他出兵即归，避我不战，这是中策。若他来求战，则是下策。我料定他今日必出战，我军定能赢他。"

但是有些大将却说道："吴杰听到盛庸兵败，肯定不敢出战！"

朱棣便说道："吴杰嫉妒盛庸的战功，所以不和盛庸积极配合。现在盛庸兵败，他会认为这是自己立功表现的机会到了，他肯定会出兵的！"

燕王因此还设下了一个诱敌的妙计。

当日，在真定城内外，有一个消息传得沸沸扬扬，传消息的人都是燕军装扮的百姓，他们带着孩子挑着担子，逃进了真定城，四下里奔走说着："燕军在四处抢粮食，我们没法待在村子里了。"

这些人就像逃荒的人，男女老少，成群结队，惊慌失措地说着，自己没法过日子了，家里的粮食被抢了。

"谁舍得离开自己的家呀？这还不是被燕军逼的吗？"

就这样，燕军四处抢粮的消息传到了吴杰的耳朵里，吴杰就心底下琢磨："这燕军此时肯定是内中空虚，不然是不会抢粮食的，真是天助我也，我此时出兵肯定能打胜仗。"

于是，吴杰决定带兵攻打燕军。

其实这都是朱棣的计谋，虚张声势，短时间即回，就是为了引诱吴杰出兵，他自己其实已经在严阵以待，就等着吴杰进入自己设好的圈套。

闰三月七日，朱棣派往真定打探情报的都指挥郑享和李远等回来报告："吴杰扎营滹沱河北岸，离我军只有70里左右。"

燕王朱棣当即下令渡河，便有将军不想渡河。"今日是十恶大败之日，兵家所忌讳，不能渡河，更何况，现在已是黄昏，天亮之后便是良辰，我们再渡河不迟。”

朱棣便说道：“我们千里求战，就怕敌人不出来迎战，还要百般引诱他们出战，现在敌军出营在外，正是出来送死的时机，我们怎么可以不过河？机会稍纵即逝，现在时机这么好，我们怎么可以迟缓？如果我们动作太慢了，敌人一退回真定，那时候敌人城坚粮足，攻之不克，我们想战都不能，想退也不能，岂不是坐以待毙？若拘于小节，必然误了大谋。”

诸位将士听了朱棣的话，觉得有理，也就不再表示异议。

滹沱河水太深，辎重不能渡河，朱棣当机立断，决定让骑兵从上游渡河，这样千军万马一起渡河，河水受到阻拦，下游河水就会变浅，使军需辎重得以渡河。过河后，燕军西进 20 里，与吴杰在藁城相遇，两军略作交战一场，各有胜负。收兵回营，但是朱棣担心南军退回城内不再出战，他便带着数十骑兵逼近敌营而宿，以此牵制敌军。燕军非常狂悍，长于野战，很担心官军闭城不出，出来又担心其复入，可惜南军的营中无人看破朱棣的奸计。不然的话，只要南军守城不出，燕军就真的会陷入攻城不克，欲战不应、欲退不能的局面。只能说朱棣的用兵不在于人众兵强，而是在于他审时度势，揣摩清楚了敌人的心思，所以胜券在握。

十日这天两军大肆交战，吴杰组成分阵迎敌，朱棣一看吴杰的阵形，不禁笑对诸将说道：“分阵四面受敌，岂能取胜？今日我用精兵攻其一面，一面败，其他几面不战自败。”于是朱棣派出一部分兵牵制住敌阵三面，而倾尽全部精锐攻敌军的东北面，双方展开了一场激烈的混战。

朱棣带着骁勇善战的数百名骑军，沿着滹沱河绕到了敌人的后面，突然间大声叫喊着杀入敌阵。

南军见燕军从后面杀入，立刻调转兵力汹涌扑杀而来，平安爬上军中木头绑的高台，指挥南军的强弩弓箭飞蝗一般密集地射向燕军。一波又一波的箭雨中，燕军一拨又一拨倒下。朱棣的旗帜上密集的箭如同刺猬，燕军死伤无数。朱棣仔细观看，发现了敌军中木质高楼上平安正在指挥，燕王便对诸将下命令，火速攻下木楼，朱能率领军士们猛攻木楼，平安招架不住，跳下木楼，差点被燕军捉住。南军失去了平安的指挥，阵营大乱。

忽然大风从天而降，掀屋拔树，飞沙走石，风吼嘶鸣，一时间天昏地暗。南军处在下风头，不能自持，燕军却乘着风势，奋勇向前杀去，官兵无法抵抗，全线崩溃，官军指挥邓戬、陈鹏被俘，平安和吴杰被逼退入城中。

战斗结束之后，燕王看着那面自己用来指挥的帅旗被南军射得千疮百孔，对众人说道："把这面旗送回北平去，以教后世子孙。"

这一仗，南军损失6万余人，军资器械也被燕军所获，然而，燕军虽然胜了，也是非常不容易，燕王的战旗，说明了他今日战斗的艰难。

帅旗送回到北平之后，都督顾城看到千疮百孔的帅旗，不禁老泪横流。顾城从小跟随朱元璋起兵，见过各种激战，这个时候他是太子的老师，他说道："老臣自幼从军，身经百战，从未见过打得这么激烈的战役。"

但是有可疑的地方，就是白沟河、夹河、藁城三场战役，燕军都得到大风的助力，这就很侥幸。燕军乘胜南下，走顺德、广平，至大名、河北郡县多降服，形势急转直下。朱棣在夹河击败盛庸，在藁城战败平安，终于一雪前耻，洗刷了在济南和东昌的战败局面，但是，此时的北军经历了两场激烈的大战，已经到了极限，接下来会怎样？这是朱棣接下来需要考虑的战略问题。

而朱棣的接连胜利，又一次震动了朱允炆，他赶紧召集群臣商议，朝堂上文人喧哗一阵，没有得出答案，朱允炆又秘密地召集齐泰和黄子澄商议。

朱允炆着急说道："夹河之战，盛庸一败涂地，藁城之战，吴杰也败，两位爱卿，你们说说，这个事情如何是好？"

齐泰说道："自从朱棣起兵以来，我大军先后损失百余万之多，眼下朱棣逆贼势力日渐强盛，如果想要彻底解除，还是需要万岁降旨，再招募兵马再战才行。”

朱允炆就说道：“朕这就下诏再招兵马。”

黄子澄说道：“刀兵相加，燕贼一时难除，不如来个釜底抽薪之计。”

朱允炆便问黄子澄说：“什么是釜底抽薪之计？”

黄子澄就说道：“燕贼自起兵之日，口口声声说是要‘清君侧’为陛下锄奸，臣等请贬外地，这样燕贼也就失去了发兵的证据，万岁也就可以和他谈判，燕贼如果因此罢兵，日后便可设法除去他，即便他不罢兵，和他谈判也是缓兵之计，这样我就可以趁机调集兵马，和燕贼再一决战，这样岂不是两全之计？”

朱允炆一听根本不忍心这样对待自己的心爱大臣，痛苦地说道：“朕怎么能够忍心让两位爱卿受流放之苦？再说燕贼起兵是醉翁之意不在酒，他要的是什么朕心知肚明，流放两位爱卿是不能解决问题的，朕正依靠着两位爱卿，又怎么能将两位流放？”

黄子澄便说道：“陛下圣明，臣等感激不尽，陛下知道臣不是奸人就好，臣不惧怕流放之苦，万岁也可以明放暗留，只要瞒得过燕贼便好。”

朱允炆想一想，上次已经用了这个计策，再次使用又何妨。

于是朱允炆说道：“那就再次委屈两位爱卿了。”

黄子澄和齐泰共同表示：“只要能除去燕贼，臣死且不足惜，更何况只是荣辱屈尊！”两人很是配合朱允炆。

于是，朱允炆下旨以离间皇亲罪为由，将齐泰、黄子澄贬到远州，并诏告天下：“自朕承继大统以来，让齐泰、黄子澄辅佐国事，然此两人却不遵臣规，离间皇亲，致使诸王与朕有隙，拥兵自治，乱我江山，此皆齐黄之过，故免去其职，发配远州。钦此！”

朱允炆他们这样做，是希望朱棣收到消息后罢兵，他们的这种做法十分愚蠢，并且朱允炆在真定之战后已经这样做过一次，不仅毫无作用，反而让朱棣"清君侧"的口号更加合法合理化了。闰三月十四日，朱棣抓获南军间谍，得知了这个消息，他立即给朝廷写了信，因为有着胜利的威势，他的措辞非常强硬。朱棣当然也清楚，建文帝对齐泰、黄子澄明着是流放，暗地里是让他们招兵买马。

四、朱棣战胜之上书

朱棣积极且言辞强硬地为自己鸣冤辩屈，争取在出兵上得到舆论支持，他也在暗中秣马厉兵以图和南军再战。

朱棣上书内容原文如下：

窃惟二帝三生之治天下，无他术也，建用皇极而已。皇极者，大中至正之道也，以大中至正之道治天下，天下岂有不治者乎？大中至正之道，非人为之，盖天理之所固有，为人君者持守而行之，则佞臣必远，贤人不近而自近，九族不睦而自睦，百姓不均而自均，无所往而不当矣。《洪范》曰："无偏无党，王道平平"，岂非大中至正之道也欤？若为其君者，蔽其聪明，不亲政事，近佞臣，远贤人，离九族，扰百姓，彰过失于天下。为臣者，逞奸邪，图不轨，以危社稷。孰能举二帝三王治天下之大经大法以陈于前哉。尝观汉唐以来，大有为之君，亦不出于二帝三王之道，故能长久者也。

今昧帝王大中至正之道，且以诛灭亲王为心，父皇太祖高皇帝宾天未及一月，听流言而罪周王，破其家，灭其国。不旋踵而罪代王。湘王无罪，令其阖宫焚死。齐王无罪，降为庶人，拘囚京师。岷王削爵，流于漳州。至于二十五弟病不与药，死即焚之，弃骸于江。呜呼！彼奸臣者，其毒甚于虎狼。我父皇子孙几何？

能消几日而尽害之至此，痛切于心。

岂意祸几日兴日盛，我守国奉藩，遵礼畏义，本无一毫之犯，又结构恶少，复来屠我，动天下之兵。骚四方之众，直欲必灭而后已。夫兵，不祥之器，圣人不得已而用之。本为保生民，诛讨奸恶，以报大仇。上荷天地祖宗神明冥加佑护，凡战必胜，实非善用兵也。独念兵甲不息，天下生灵涂炭，何日而已，为民父母，能不恻然而恤之哉？我之将士，日望宽恩，以遂其生，已尝具奏，冀回其好生之心，以免无罪而死于白刃之下者，上不能允。岂期奸臣进兵不已，屡战屡败，生灵何辜，遭此荼毒，肝脑涂地，我虽战胜，哀感之心，宁有已乎？迩者侧闻诸奸恶已见窜逐，虽未伏铁钺之诛，然亦可以少谢天人之怒。于此可见审之明而断之果，可以复太祖之雠，可以全骨肉之恩，可以保天下于几危，可以措社稷于悠久，故闻之不胜踊跃。诚如是，则非特我之幸，实社稷之幸，天下之幸也。惟日夜冀休兵之旨而竟无所闻。且四方之兵，调弄不止，是盖不能无疑焉，且以奸臣之窜逐，其罪恶盖以了然明白，曲直之情，虽三尺之童，不待言而知之，是兵可解，冤可刷，而恩可推也。何故执持不改，外示窜逐奸恶之名，而中实主屠害宗藩之志。

往者自念无罪，而茅土见削，子孙不保，受屈万世，宁偾首蒙耻，甘受荑夷，不顾宗庙子孙乎？见兵四集，心震胆掉，不知所为，左右彷徨，求赦死于旦夕，遂以兵自救。诚知以区区一隅之人，当天下之众，鲜有不摧灭者，徒以须臾喘息，延缓岁月，冀或有回旋之日也。身亲行阵，于今三年，赖天地眷佑，父皇母后圣灵保佑予躬，战胜攻克。每见锋镝之下，死亡者众，痛伤于心，故恒戒将士曰："天下军民，皆父皇赤子，驱迫战斗，彼何罪焉？甚毋杀之。吾畏死所以救死，彼之畏死，其情盖同。"由是降者悉释之，全活者不知几千万人矣，往者耿炳文以兵三十万欲加戕灭，败之于真定，既而李景隆两动天下之兵，号百万之众。直来见杀。李景隆盖赵括之流也，手握重兵，骄肆无谋，视我如囊中物，可采而有，曾无毫发警惧之意。夫战，孔子所慎，而李景隆易之，白面小儿，岂足以当大事？惟解饮酒挟妓，酣呼歌舞而已。故首败之于郑村坝，继败之于白沟河，追奔至于济南，百万之众，两战沦没，可谓极矣！按：天下无必胜之兵，有不可败之将，将非其人，兵虽众，不足恃也。盖方、黄惟务集兵，不知选将，故耿文炳以三十万而败于真定，李景隆以数十万而败于北平，继而郑村坝、白沟河两战而百万沦没，是诚小儿辈将兵，兵无纪律，安足以御大故耶？胡轻视为探囊取物而易之也，卒之一败涂地，众不足恃，信矣！

于此之时。冀或有开悟之萌，下责己之诏，引领南望，重增欷歔。未几，盛庸以三十万之众复来见逼，庸本鄙夫，何足算也。夹河缠战，一败冰释。吴杰、平安以十万继进。略战藁城，遂尔奔北，前后大小之战，莫知其几，然无一不败之者，何也？盖臣众有必死之心，而无求生之望故也。

臣每战胜，愈加忧畏，恐鹬蚌相持，渔人收利。窃惟奸恶已逐，左右必皆臣良之臣，识胜负之机，或虑及此，必开心见诚，惩难悔祸，以解兵鲜，休军息民，保全骨肉。因循至今，而德州之兵日集，是必欲加屠害而后已。臣忝居叔父，肺腑至亲，何苦见困如此？今天下之兵，数战已尽，复闻召募民间子弟为兵，驱此白徒，以冒死地。又况馈运供需，百费劳弊，倘此一战不胜，则势危矣。诚不忍至此，伏望回心易虑，启春育之仁，隆亲亲之义，复诸王之爵，休息兵马，销锋镝为农器，以安天下之军民，使各遂其生，其恩莫大也。我父皇在天之灵，亦安宁慰悦矣。如不允所言，一旦社稷落奸臣之手，则贻笑万世矣。夫大厦之倾，岂一木所能独支，鹍鹏扶摇，非一翼所能独运，自古帝王建万世之基者，莫不以惇睦九族，崇重藩屏之所致也，且弃履道傍，尚或收之，而至亲哀穷，宁无怜恻之者乎？故犹不敢自绝，披露腹心，献书阙下，恭望下哀痛之诏，布旷荡之恩，使得老守藩屏，效报朝廷，则基业有万年之安，子孙亦享万年之福矣，二帝三王大中至正之道，岂有加于此哉！冒渎威严，幸垂矜察。

——《奉天靖难记》

朱棣起兵之理由，说是朝廷中出了奸臣。因而他称自己的举兵造反是靖难。现在朱允炆把朱棣说的奸臣给流放了，朝中已经没有了奸臣，朱棣就失去了继续进军征讨的理由。

但是朱棣怎么会就这么轻易罢手呢？他的目的不是在于是否有奸臣，而是要争夺皇位。靖难之初，朱棣起兵胜利与否尚没有定论，现在经过了两年多的较量，朱棣已经为自己打出了一个新的局面，他拥兵甚重，胜利威望只增不减，是可以挑战皇位了，他怎么可能放手罢兵？

朱棣曾经在白沟河被困，曾在济南战败，在东昌更是败北，但是不管怎么说，朱棣已经独立自主地占有了北平，甚至北平、大宁、保定一带，都已经是朱棣的地盘，如今，他的节节胜利，更是迫使朱允炆放弃了他的股肱之臣，哪怕只是虚假的放弃，如今占有了有利位置的朱棣，他怎么会轻易放手？又怎么会被朝廷欺骗？朱棣当然明白，这只是朝廷在拖延时间，给他们自己创造招兵买马的时间。朱棣非常清楚，要取得真正的胜利，还有一段非常艰苦的路，而自己要赢，就必须取得社会舆论的支持。

如果朱棣在起兵之初指责朝廷有奸佞之人乱朝，削藩伤害诸王，给诸王加罪还会获得同情的话，那么，如今朝廷不计朱棣谋叛之罪，还流放了朱棣指控的奸人，那么朱棣还不撤兵就没理可说了。

可是此时的朱棣好不容易给自己打来了有利的局面，他怎么会听朝廷的话去做事？

他首先非常强硬地指出这里的是非曲直，向天下宣告自己无罪，不过是被逼无奈，又指出朝廷所谓的流放，不过是表面文章，实际上还在继续屠杀宗族，朝廷根本就没有改变自己削藩的方针。朱棣以叔父的身份要求朱允炆承认自己的错误，还要实际撤兵，如果朝廷做不到这件事，那么这个仗肯定还要继续打下去，朱棣的原话是，曲在朝廷，朝廷应该先撤兵，至于自己，则是被迫自救。

而在朝廷内部，表面上虽然流放了齐泰和黄子澄，但是暗地里还是在用他们的谋划，并且朱允炆让他们四处招募壮士，明面上方孝孺在朝中成为主要的谋臣。方孝孺虽然博学，却迂腐少变，不善权谋，根本无法和姚广孝、朱棣这样的谋略之士对抗。

建文帝读完了朱棣的上书，一时间不知道该如何处置，就拿着朱棣的上书同方孝孺和黄观商讨。

方孝孺看了朱棣上书，说道："我们正在四处召集大军，燕贼久驻大名，夏季雨水多，山雨久集连绵成灾，时间一长，燕军不战自败，现在我们急令辽东诸将入山海关，攻永平，真定诸将攻击北平，燕贼为救北平，肯定要撤兵支援北平。我们再派一支大军从后面追缉燕贼，这种情况下，一定能够捉拿燕贼。目前我们先给他回封信，书信往返需多日，燕贼肯定会松懈，到时候斗志松懈，人心离散，我们趁着这个时间定计划出兵制胜，这个机会千万不能失去。"

朱允炆立刻采取了方孝孺的建议。

黄观就说道："那就请万岁下赦罪诏书！"

建文帝便授权由方孝孺拟定赦罪诏书，大意就是赦免朱棣的罪，让他回到北平去，不再涉足兵政，恢复他的王位，永为藩辅。

方孝孺领命去写，写好后，朱允炆命大理寺少卿薛岩前去宣诏。

建文三年（1401）四月十六日，薛岩带着建文帝的赦罪诏书北上去见燕王朱棣，他随身还带了很多小黄纸写的宣谕，打算到燕军的时候，秘密发散，让燕军知道朝廷的钦令，不要再为朱棣卖命。

燕王朱棣正在与姚广孝等人商量如何进一步破敌，忽然听将士报告大理寺少卿薛岩带着圣旨到了，朱棣便与薛岩相见，并且接旨。

薛岩仗着自己是朝廷使者，大声道："燕王朱棣接旨——"

朱棣自然不会给薛岩留下把柄，只见他跪地大声应道："臣接旨！吾皇万岁，万万岁！"

朱棣一副标准的臣子态度，跪在地上。

薛岩宣旨："奉天承运皇帝，诏曰，朕自承位以来，国泰民安，四海臣服，都有燕王朱棣不遵臣规，心存二志，拥兵自重，攻城略地，大起狼烟，危害社稷，祸及黎民，其罪沉重，朕念骨肉之情，以仁爱之本，故赦免燕王父子及诸将之罪，使归本国，解削武卫，不再执掌兵政，恢复其王爵，永为藩辅。钦此！"

这份诏书本是方孝孺所写，此人为人方正，言辞犀利，燕王听完诏书，自是不满。

燕王冷笑着说道："圣旨上这样说，那么你来的时候，皇上又是如何说的？"

薛岩便道："皇上说，如果燕王殿下早晨脱下盔甲，晚上朝廷大军即可撤兵。"

燕王听了冷冷地说道："帝王之道，自有弘度，发号施令昭大信于天下，岂可挟诈，以祖宗基业为戏耶！"薛岩等人听了，跪地惶恐。

燕王继续说道："如今，宗藩危险，祸难不能停止，江山社稷令人深忧，一定要把奸臣恶党绳之以法，进谢于孝陵，这才是我的心愿。我所带的兵，是由我父皇所授，作为我自己的近身护卫，以防事变或者不测，这也是法度所定，当然难以更改。现在让我丢下军队，就是想让我束手就

227

擒，这是奸臣的计谋，用来骗人的。这种事连三尺孩童都骗不住啊！你们竟然拿来骗我。"

燕王非常生气，又说道："我这里有的是勇士大丈夫，你们问一下，他们信吗？"

边上的将士如怒目金刚一般，大声回应。

薛岩吓得瑟瑟发抖，诸将大声要求杀死薛岩。

随即，将士们的刀剑就逼了过来，薛岩吓得躲在了朱棣身后。

薛岩大声喊着："燕王殿下救我！"

朱棣当然不会相信诏书中关于撤军的许诺，或者说他自己也不愿意接受朝廷提出的条件。

可是朱棣知道，现在朝廷既然流放了齐泰和黄子澄，又派了使者，他也不能表现得过于气量狭窄，杀了使者，给世人留下话柄。现在可是他向社会争舆论的时候。

朱棣拦住了愤怒的将士们，说道："奸佞不过几个人而已，薛岩是天子的使者，不得无礼！"

在诸位将军的怒视之下，薛岩吓得大汗淋漓，他本是一介书生，也是满腹才华，也曾想过忠于朝廷，要为国家社稷效力，他本以为在这样的情景之下，应该舌战群儒，可是如今自己却变得口笨舌拙，这不是失了文人气节，有辱使命吗？

虽然朱棣为他解了围，但是他依旧心不安。

朱棣对诸位将军说道："我看薛岩等的神情，非是来求和的，而是来打探我军虚实的，那就让他看一看我军的威势，你等耀武让他们看看。"

薛岩得知朱棣让自己一行人入军中观兵，虽说害怕，却也想着去看看。

于是第二日，燕王带领薛岩参观了军营。南军在前线失利，节节败退，这是举国上下都知道的事，为什么百万官军不能与少量燕军相敌？薛岩也想知道其中究竟是怎么回事。来到燕军营中，只见燕军兵营接接连连，一望无边，绵延出去百余里，戈军旗鼓接踵相望，军士们在演练场中操练，人强马壮，杀声震天，其势惊天动地。

燕王问薛岩："你看我燕军威势如何？"

薛岩虽是大理寺少卿，但哪里见过这样雄浑震天的阵势？燕军强大的阵容，令薛岩震撼。

薛岩道："朝廷军所不及也！"

燕王又问："我燕军可抵朝廷军否？"

薛岩道："足足而有余也！"

薛岩在军中被款待逗留数日，对燕军进行了深入了解，他对这场战争还能否打下去，在内心产生了怀疑。他没有想到，自己来到这里，本是为了传布下达皇命，没想到劝说燕王不成，反而从精神上成了燕王的俘虏。

薛岩走的时候，燕王朱棣握着他的手说道："你回去后代老臣谢天子，老臣与天子本是至亲也，老臣父亲是天子的祖父，天子的父亲是我的同胞兄长，臣作为藩王，已是富贵之极，还有什么想要的？臣什么都不需要。天子一向厚爱臣，只是因为奸臣谗言，我们君臣才到了如此地步，臣也是迫不得已才兴兵自救，今幸蒙诏罢兵，臣一家人不胜感激。但是，奸臣尚在大军未还，臣的将士们心存疑虑，不肯马上解散，还望皇上诛杀奸佞，解散天下兵士，臣父子单骑归阙下，唯陛下命是从！"

薛岩道："殿下，放心，我定将殿下之言转告万岁！"

燕王道："如此，老臣谢了！"

于是朱棣派人送薛岩出北平回南京。

姚广孝对朱棣说道："殿下的话只能骗过建文帝，却骗不过方孝孺，建文帝若用方孝孺的计策，肯定还要派兵攻打我们，我们还是按我们已经定下的计策行事吧！"

朱棣想一想就说道："这个方孝孺也是个奸臣！"

姚广孝笑着说道:"我觉得方孝孺与齐泰、黄子澄不同,他是我朝的奇才,殿下需要尊敬他,他日殿下成功,也要对他善待,千万不要把他列为奸臣,也不要对他用刑!"

燕王听了点头,答应姚广孝,不杀方孝孺这位大儒。

五、使节交锋

朱允炆根本就不会相信朱棣会就此撤兵,朱棣也不会相信朱允炆真的会遵守诺言,双方不过都是在故作姿态,想要对方做出实质性的让步。

薛岩回到朝廷之后,建文帝和方孝孺向薛岩打听燕军的情况。

薛岩便将在燕军看到的实际情况讲述了一遍,他说道:"燕王语言真诚,燕军将士上下同心,燕军骁勇善战,威武异常,但是官军却矫情寡谋,上了战场,根本就不是燕军的对手。"

建文帝听得生气,就说薛岩:"薛爱卿,你不会是在为燕贼做说客吧。"

方孝孺却说道:"如果真像少卿说的那样,齐泰和黄子澄二人就误了我!"

薛岩强调自己确实说的是实际情况,更不敢做燕贼的说客。建文帝便不好再说什么。

薛岩出使燕军,来去往返,不过是方孝孺实施缓兵之计的一个策划内容,自然是起不到什么实际性的作用,只是让朱允炆认识到,燕军在战场上不好对付,在智谋上也很难战胜,在他们的使者往还之间,于是双方的作战计划照旧进行,两军的较量也没有停止,双方都在进行新的布置,都在酝酿一场新的大战。

薛岩是在四月十六日出使的燕军,就在几天之后,也就是四月二十日,平燕元帅盛庸派人传书给吴杰、平安,命令他们带兵在德州会合,以图北进。薛岩离开燕军不到10日,彰德各处军马以及德州的军马就袭击了燕军的运粮队，杀死燕军数百名兵士，并活捉了指挥张彬。

时间到了五月十五日，官军又一次袭击了燕军粮饷道。对于南军的这种行为，燕王朱棣非常生气，认为是朝廷食言，他再次上书，指责朝廷的行为是不守诺言。当然，他上书的时候，朝廷总兵调兵的驿书也被朱棣截获，这样一来，朝廷的所作所为都成了朱棣拥兵反抗的新理由。为了让社会舆论同情自己，朱棣指责朝廷的错误，朱棣在十五日派指挥武胜再次带自己的上书去了朝廷，目的就是质问朱允炆"遣使息兵"的虚伪伎俩！

朱棣在上书内容中再一次蛮横地狡辩，说自己拥兵自重是奉了父皇明训，极力阐明朱元璋在世时曾命他节制北平、辽东、大宁宣府的军马，还说自己既然受命于太祖，那么岂可委捐？他认为，朝廷让自己撤兵违背了朱元璋的命令。但是当下朝廷让他撤兵，和朱元璋命他为节制诸军，又有什么关系？已经换皇帝了，朱棣老是拿老皇帝说事，其实就是不把新皇帝放眼中。

朱棣还说："如果朝廷真的以国家社稷为重，以宗藩为心，应宣告大信于天下的话。就不该计较燕军控制的那点地方。"

普天之下，莫非王土；率土之滨，莫非王臣。朱棣这样说，其实就是在否定朝廷，随意凭武力占领国土，无视朝廷的统治。但是他又摆出一副只有他才是祖业维护者的嘴脸，还想用亲亲之意打动朱允炆，目的就是想让朝廷罢兵。

朱允炆看了朱棣的上书，一时间，有些犹豫不决，就想着罢兵算了，他把信递给了方孝孺，并且说道："燕王是太高祖皇帝的亲儿子，我的亲叔叔，如果过分逼他的话，我又怎么对得住祖庙里的神灵？"

方孝孺无奈大声说道："万岁正是因为祖宗社稷才兴兵讨伐朱棣，怎么可以说是对不起祖宗社稷呢？万岁，如果真的罢兵，再想集兵就难了。如果燕王朱棣率兵长驱直入，直接打到南京，我们拿什么抵抗？现在我军强盛，不久就会大获全胜，还望万岁不要被燕王朱棣的甜言蜜语所惑，一心一意灭了燕贼朱棣，才算是为国家社稷着想。"

建文帝朱允炆听了方孝孺的话，立刻下令囚禁了武胜。

建文帝朱允炆不但囚禁了武胜，还调集辽东军队，从燕军的后面去攻打北平，想要迫使朱棣撤兵回去，但是呢，在这个关键时候，辽东军马却起不到这个作用。为什么会是这样呢？因为辽东的战马不好使，不能上前线打仗，那些马本来都是好马，但是朝廷的贪官可不管打不打仗，他们用劣马换了好马，结果打仗的时候，辽东军马败退，骑兵都不如步兵跑得快，这也是因为朱允炆过于软弱造成的，才让贪官们无所顾忌。

当年朱元璋在位之时，他知道贪官可恶，所以治理贪官非常严格，有"剥皮实草"的传说。就是把贪官剥了皮，给里面装上草，挂到县官的大堂上，杀鸡给猴看，让贪官们知道贪污的下场，就不敢贪污了。朱允炆没有他爷爷的这个魄力，就被贪官祸国殃民，关键的时候害了他。

朱允炆囚禁武胜，同时又是各种武力挑衅，这让朱棣非常气愤，他认为这样做就是代表毫无用处的使节之战结束，新的战争就要开始了。

朱棣分析说道："这种虚伪的周旋毫无意义，现在他们居然把武胜囚禁在南京，可见朝廷灭我的想法不会改变，现在南军驻军的德州，南军的粮草和物资都由徐州和沛县供给，如果我们烧掉这个粮仓，那么德州肯定就会危急，他们来战的话，我们就以逸待劳，这样必胜无疑。"

诸位将军都觉得朱棣说得很有道理，于是就让李远去烧毁南军的粮仓和物资。

朱棣做出了这个决定，其实也很是迫于形势，毕竟他已经带兵在外数月，北军无法顺利地攻克顺德，而南军又在北军的粮道上频繁骚扰，又是烧粮食，又是杀人，还让平安和吴杰的兵马在德州会合，这些都让朱棣感到了南军兵力的压迫，虽然他在第二次上书中依然语气强硬，但是比第一次上书却柔和了许多，这说明他此时是需要和平的。

但是虽说朱棣需要和平，朱允炆也表示了恻隐之心，可是方孝孺却坚定了朱允炆的态度，武胜的被囚禁说明了一切，这也是朱棣立刻决定再战的原因。

六月四日的时候，朱棣对和平感到绝望，所以他和将士们重新分析了现状，并做出了对策，以图改变日益困厄的不利局面，南军既然烧了北军的粮草，朱棣便决定以其人之道还治其人之身。

都指挥李远，率领骑兵六千前去执行切断南军粮道的任务。

济宁和古亭两个地方是南京粮草的囤积之地，那一个又一个接连不断的粮草堆，如小山一般堆积，连绵几十里，南军守卫日夜在此守护着。

李远带着六千军士，全部换上南军的服装，为了区别于南军，他们身上插握着柳枝。在六月十五日这一天，李远抵达了济宁、谷亭、沙河、沛县一带。由于他们都换上了南军服装，守粮的南军并没有认出他们是敌军，看着他们雄赳赳气昂昂的样子，还夸奖他们是雄壮之师，感叹如果所有的南军都和他们一样，那么南军就不会打败仗了。守粮的南军对这六千人的军队没有丝毫怀疑，也没做任何防范。

李远找到了机会之后，便在济宁点起火来，一时间大火滔天，济宁粮草变成了一片火海，守粮的南军见粮草着火，拼死救火。

李远趁乱又悄悄率军来到了谷亭粮草场放火，两处粮草一起着火，南军扑救不及，绵延几十里的粮草在顷刻间化为灰烬，李远成功偷袭了南军的粮草，给盛庸的军队造成了很大的困扰。

在《奉天靖难记》中，李远烧粮的效果被夸大，说是烧贼粮船数万余艘，粮数百万石，军资器械不计其数，并且河水尽热，鱼鳖皆浮死，贼运粮军散尽，京师大震，德州粮饷遂绝，贼势稍不震。这段话无疑太夸张了，因为在南军粮草六月被烧后，当年十二月还能大量运粮去德州，可见李远的烧粮行动并不像《奉天靖难记》中记载的那样，并没有实现完全切断南军粮饷的目标。

在李远烧粮草的同时，姚广孝又派丘福和薛禄各率七千人马，攻打济州，烧毁了济州和沛县的粮草。

即便如此，朱棣也没有完全切断南军的粮道，而他自己的粮道却反复受到南军的骚扰，朱允炆朝廷执行了骚扰朱棣粮道的战略之后，除了在德州地区集结大军，让地方部分军队化整为零外，还占据山寨，从后方骚扰北军的运粮大道，对朱棣的军队造成最大骚扰和困扰的是彰德附近的尾尖寨。尾尖寨位于彰德府东北，地处军事重要之地，南军率先占据尾尖寨得有利地形，可以很方便地袭击北军粮队。

七月，朱棣决定拔掉尾尖寨这个扰粮据点，但是因为尾尖寨地势险要，朱棣认为强攻损失太大，只会白白死伤士兵。他找到一个熟悉地形和路的当地人做向导，命令都指挥张礼带兵千余名，在一个月夜攻打尾尖寨，张礼挑选了勇士 10 余人偷偷攀登进了尾尖寨，杀了守关的士兵，留一人引路直至寨门口，燕军突然开炮猛攻，守寨军士慌乱。

张礼趁乱大喊："我燕军先锋也，燕军大军已到寨下，尔等速降则生，不降大军且至，即破关，欲降无及矣。"尾尖寨内的士兵搞不清状况，最终归降了朱棣。

朱棣虽然拿下尾尖寨，但是攻打彰德并不顺利。朱棣猛攻彰德，杀了很多彰德的守军，但是，因为赵清的坚守，北军始终无法破彰德城。朱棣便派人进城劝降，赵清既不想投降，也不想和朱棣死战，他便借着使者之口告诉朱棣："他是殿下，如果到了京城，只要写一个二指宽的纸条招臣，臣不敢不去，但是现在不行。"

赵清的回答让朱棣明白，赵清并非尽忠于朱允炆，而是谁代表中央朝廷，谁是皇帝，他就向谁尽忠，朱棣因此认为赵清是一个忠臣，便不再强攻彰德。后来，朱棣即位之后，就以当年的话召见赵清，赵清毫不推辞就来了，仍旧担任右军都督，直到退休，他的儿子也获得了指挥的官职。

第十章　改变战略，疾驱京师

一、挑拨离间

朱棣初步稳定了后路，想着要继续南进，扩大地盘。但是朱棣离北平日渐遥远，南进的速度又非常缓慢，这样北平便成为朱棣的后顾之忧。

果不其然，驻守在真定的大将平安，他料定北平城空虚，就率领大军北上进攻北平城。大将平安所率的军队驻扎在平村，离北平城大概有50里，骚扰那里的农耕和放牧，燕世子朱高炽带兵坚守，一边派人急急南下到燕王的军中告急，朱棣此时正担心德州的官军可能会趁虚北上攻打北平，却没有想到平安的军队会进攻北平。

朱棣率领燕军赶紧回到正定，这时候，朱棣收到世子的消息，说是北平被围。

朱棣召都指挥刘江商议对策。

朱棣说："平安这厮围了北平，这可如何是好？"

刘江便慷慨说道："我去解北平之围，还需考虑一个应对的方法！"

朱棣和刘江正在思考讨论，这时朱高煦来了。

朱高煦说道："儿臣请求和刘指挥一起赶回北平，解北平之围。"

朱棣答应。

刘江却说道："我们就这样赶去不行，我军长途跋涉，疲于奔命，不利于和敌人交战，如果一去就打，不讲方法也同样会引人耻笑，待我再想想。"

过了一会儿，刘江计上心来，说道："臣有办法了！"

朱棣一听，高兴地忙问："你有什么好计策？"

刘江说："臣到北平后，以炮响为号。二次炮响表示决围，三次炮响则进城。如果听不到第三次炮响，那就代表臣战死了。臣如果进了北平城，城内士兵知道有外援相救，就会勇气陡增，勇于守城。如此，一路应该让军士带炮，为殿者放炮声不停。让远近的人都以为大军归来，平安一听肯定害怕被夹攻，就会撤兵。"

朱棣一听这个方法可以，就说道："那就照将军的话做！"

于是都指挥刘江率领千余人往北平赶，他们一路上虚张声势，造成大军回师的假象。

朱棣还命令刘江说："刘指挥，你带兵渡滹沱河，由间道而行，大张军声，一路多设间谍，如果遇到少量的贼兵，能打就打，如果贼兵多，我军少，就在白天时多举旌旗，相属不绝，夜里多燃火把，鸣鼓相应。那样，平安肯定以为是我们大军回来了，就会害怕不进，你趁着他们害怕，急急攻入北平，如果贼军来侵犯，就和守城军兵一起击之。"

朱棣和刘江计划得很好，很理想，然而，他们的虚张声势并没有让平安放弃袭击北平的行动。刘江回到北平之后，会合北平守军一起出击官兵，平安才败走，带兵撤回真定。

这个时候，这场战争已经打了3年多，渐渐进入了胶着状态，朱棣的大军徘徊转战于北平和河南之间，很难再向南推进，南军也阻止了朱棣的攻势，却没有办法遏制朱棣。并且，朱棣经常带兵骚扰南军粮道，给南军造成了运粮的困难，于是双方都想摆脱这种局面，各自都在费尽心思地寻找新的机会。

朱棣有3个儿子，长子朱高炽为世子，这个时候，他带兵坚守北平。他为人谨慎小心，也很勇敢聪慧，但是朱棣并不是非常喜欢这位世子，朱棣更加偏爱老二朱高煦和老三朱高燧，这两人不但骁勇善战，而且狡黠聪慧。尤其朱高煦，在靖难之战中，一直随着朱棣征战四方，不仅立有很多战功，还多次救朱棣于危难之中，因此，朱高煦非常受朱棣的喜欢。

朱高煦当然也不甘于人下，他凭着自己的本领，深得朱棣的心，他知道朱棣的目的是当皇帝，而朱棣一旦做了皇帝，那么世子就是太子，这对于他来说很不公平，因为他出生入死南征北战，怎么可以为世子做嫁衣？同时，在燕府的宦官中，有一位叫黄俨的，他和朱高燧的关系亲密，也知道朱高燧的心思，更清楚朱棣的偏爱，他和朱高燧一起谋算陷害朱高炽，也想取代朱高炽。

朱高炽作为世子，当然很清楚自己的处境，他也为此懊恼，而请教于姚广孝，姚广孝对他说："事事谨慎！"

因此本来就谨慎小心的朱高炽，把姚广孝的话记在心中，时刻不忘。事父王兄弟唯恐不谨。

朱棣父子间的矛盾并非秘密之事，朱允炆和方孝孺知道了这个事情，他们便商量离间朱棣父子。

建文三年（1401）年七月，留守在北平城的世子朱高炽忽然收到了一份由方孝孺代表朝廷起草的书信。

那天，朱高炽正在书房中看书，忽然有宫人来报："世子，朝廷派了密使求见。"

朱高炽心中就暗自思量道："朝廷中如果有事情应该找我的父王，怎么派人来找我了？再说如今前方战争吃紧，我若是和密使相见，岂不是要给自己招惹是非？父皇肯定会疑心我，如果朝廷要耍阴谋，那岂不是要害了我？"

朱高炽想到这些，便对宫人说道："去给他说，就说我身体不适，不能见客。朝廷中有事情让他去找父王。"

宫人领命而去。

不一会儿，宫人又回来说："世子，那人说朝廷中有重要的事情，要和世子商量，还说有一份诏书，一定要交给世子亲启。"

朱高炽便心里想："不知道朱允炆派使者前来所为何事？他若是有阴谋，我就告诉父王，以便讨父王的欢心！"

朱高炽这样想着就对宫人说："把使者请到内室来。"

来人是锦衣卫千户张安，张安进了内室，赶忙跪地拜见世子。

朱高炽便问他："万岁派你来所为何事！"

张安说："回世子，小人奉密诏而来。"说着，便双手呈上密诏。

朱高炽接过密诏并不打开，只是放在桌上。随即又问张安："陛下写密诏给我是为何事？"

那张安见朱高炽看也不看信，知道朱高炽防备甚严，就赶紧用诏书的内容诱惑朱高炽，说道："小的给王爷千岁贺喜，万岁封世子为燕王了。"

朱高炽一听，心底下就明白，这是朝廷在离间自己和父亲，就让左右拿下了张安，骂道："我父亲是燕王，万岁又下密诏封我为燕王，分明是要离间我父子，你这贼人竟来陷我于不仁不义，给我下到大牢里去。"

那张安一听十分害怕，连声求饶，希望饶了自己。

朱高炽骂道："治天下以孝为先，孝者天地之常经，人心之所不泯，今幼君灭天理，丧人伦，变更祖法，信奸佞，残害骨肉，败坏基业，躬为不孝，而导人为之可乎？天地神明在上，岂可欺也。"

朱高炽囚禁了张安，立刻派袁焕将书信给朱棣送往前线，同时押去了张安。

虽然朱高炽的反应很灵敏，但是，有人比他更快。

此人就是燕王府总管黄俨，他飞马把此事先于袁焕告知了燕王。

燕王知道此事后，心底下对朱高炽大为怀疑，就问老二朱高煦，朱高煦本身就敌视世子朱高炽，他便说道："父王，这事还用问吗？万岁和燕王有事，自当来找父王，现在他避开父王，独自去找大哥，他们之间肯定有阴谋。"

燕王一听就说道："你说得有道理，来人！去北平，把朱高炽给我抓来。"

老三朱高燧也在边上跟着说老二分析得对。

两个儿子的话，几乎让朱棣相信朱高炽要图谋不轨。

姚广孝在边上见了，赶紧说道："燕王不可，此事要谨慎，不能草率行事，朝廷派使者去见世子，肯定是阴谋，但世子为人谨慎，肯定不会和朝廷有联系，臣敢保世子是绝对忠于燕王的。"

燕王朱棣说道："军师跟随我多年，岂会不知我的家事？如今朝廷找世子，我不得不防，还是先囚禁世子，以防内变。"

姚广孝急忙制止，说道："燕王还是不要草率，以免伤了世子，后悔就晚了！"

几个人正争执不下，忽然有士兵进来报："大世子派人押送朝廷钦差和密诏来见燕王！"

燕王急忙命令带上来，张安一上来就谢罪，为自己辩解："这件事情是方孝孺和皇上的决定，我只是送信，还请燕王饶命！"

燕王却问道："世子看了诏书没有？"

张安说道："世子没有看，只说朝廷的事情应该来找燕王，就把我押到了这里，密诏原封未动。请大王鉴定！"

燕王拆开密诏，只见密诏上写着朱棣大逆不道，罪不容赦，但念朱高炽生性柔仁，不与其为伍，所以要封朱高炽为燕王，一起除去朱棣。

朱棣一看内容，不禁感叹方孝孺的狠毒，离间得自己差点杀了一个儿子。

这时候，姚广孝在边上说道："燕王这下知道世子的忠心了吧！"

一场风波总算平静。

后世的人都认为这段离间计显得非常离奇，因此怀疑这不是真的，但是到了后来，从贯穿整个永乐王朝的皇太子之位争夺战中，就可以看出，朱棣一生都不喜欢朱高炽，父子的关系非常微妙。

我们前后对比一下，可以看到在使用反间计上，为什么朝廷一使用就失败，而朱棣使用却不失败呢？这主要在于此计的使用要知己知彼。

朱棣作为燕王，从少年时就心怀大志，用心于朝堂，所以他对朝廷中的局势和每一个将领的情况都了解得非常清楚。而朝廷只是大概知道朱棣父子和他们兄弟之间有矛盾，却并不了解朱高炽的真正个性和为人。

朱高炽虽然武力值和勇力都不及朱高煦，但是他智商高，很会处理各种事情，能在繁乱的错综复杂的关系中找出对自己有利的机会。尽管他不会冲锋陷阵，但是他的政治智慧比他的两个弟弟都高。还有就是时间的问题，朱棣使用反间计都是临场发挥，朝廷根本就没有时间去思考。但朱允炆的反间计，选在对方扯皮的时候，大家都在冥思苦想如何用计取胜，很容易被发现破绽，所以这也是朝廷使用离间计失败的原因。

朱允炆的反间计失败，就只好继续组织力量对付朱棣。

盛庸传大同守将房昭带领大兵南下，房昭由紫禁关向东进军，一路袭击保定和保定周围的县，房昭动员当地的百姓上山结寨，并且让当地的首领指挥，积极发挥当地人的能动性和战斗力，大概有千百户之人。

房昭又带兵驻守在西水寨，西水寨地处山岭中，地势险要，房昭想着驻守在这里，凭借险地既可以自保，又可以窥视北平城，这样就对燕军造成了威胁。朱棣分析说道："保定是重要的城市，如果失去保定，北平就非常危险，我们得去援助保定。"于是，朱棣下令班师北回。

八月份的时候，朱棣带兵渡过了滹沱河，到达完县境内，凡各处结寨自守的，都被朱棣大军攻破，夺回保定后，朱棣命孟善驻守，与此同时，他又伺机要攻破房昭的军队。

就在这个时候，有探子说，吴杰派了都指挥韦琼向房昭运粮。

朱棣一听就对诸将说："吴杰派人给房昭运粮饷了。我们就切断他们的粮道，敌军无粮，军心自乱。"

诸将也觉得是好办法。

朱棣又强调说："房昭占据西水寨，寨所乏粮，使真定饷入，昭得固守，未易拔也。"

朱棣亲自率领精兵三万打败了韦琼，又派朱荣带兵五千围了定州。

朱棣用意明了，先围上房昭，让他无粮自慌。然后他自己率军去攻打定州，故意给敌人留出救援机会，引诱真定的守军来救援，而一旦援军到达，他又带兵杀回来，和围守西水寨的燕军一起围杀援军。他说："援军败，寨可不攻而下！"

房昭被困时间一久，天气转冷，而将士多南方人，惧寒冷，又缺粮，房昭没想到自己建的险地倒成了自己被围的绝地。这时候朱棣让会唱吴歌的士兵到西水寨下唱吴歌，寨中南军一听，思乡情切，立刻没有了斗志，泪水横流，甚至有的人偷偷下山投降了。十月初一，朱棣破了西水寨，率师返回北平。这段时间里，守在辽东的官兵也在向西进军，守将杨文先是包围了永平，又以游兵抄掠了蓟州、遵化等县，直接威胁了北平。

朱棣接到了永平守将郭亮的消息，命刘江带兵支援，朱棣又命刘江一路虚张声势，仿佛燕军大军出动支援，这样就惊吓得杨文又退回到了山海关。

刘江到了永平之后，驻守了一段时间，然后就大张旗鼓地撤出了永平，并且散播流言说是要回北平。但是刘江的军马走得很慢，他出城不过一二城之远，然后又收起旗帜，悄悄地乘着夜色又回到了永平城。

杨文以为刘江撤出永平了，并不知道刘江又退回去了，所以他带着人卷土重来，攻击昌黎的时候，刘江出其不意，杀败了杨文的官兵，斩杀了数千南军，还抓走了将领王雄等人。

纵观这一时期的整个战场，自薛岩投书以来，朝廷运筹帷幄，布置周密，指挥天下大军，又是毁朱棣的粮道，又是攻北平，还差点让朱棣杀了世子，弄得朱棣疲于应付，但到了后来也不过是和朱棣打了个平手。

朝廷之所以不能取胜，一方面是因为朱棣不贪功冒进，非常谨慎；一方面是因为朝廷的各路军马不能及时配合，错过了取胜的机会。在这场战役中，朱棣的善战表现得非常清楚，但是朱棣要彻底打败朝廷也不是容易的事。

二、诸将劝进

此时，朱棣起兵已经3年了，跟他一起南征北战的将士们前仆后继地浴血奋战，虽然纵马疆场，死生度外，也有胜利，威名远扬，可也是危险重重，几经生死。关于城池驻地，也是夺来失去几个回合。3年下来，朱棣只拥有永平、大宁、保定三府，许多骁勇善战的将士已经是战死疆场。活着的将士们认定了朱棣是个龙种，只要朱棣能够做皇帝，他们一个个也就能封官拜相，平步青云了。但是3年的转战，将士们累了，他们想要安定地休息，他们看到自己打不赢朝廷，朝廷也灭不了自己，而且除了北平，还拥有了三府，那就做这几个地方的皇帝也不错。

将士们一想，在北平划分疆土，做个皇帝也很不错，于是在十一月初一这一天，北平都司都指挥张信、布阵司布政郭资、按察司副史墨麟等人上表劝进朱棣做皇帝。

那天，朱棣和姚广孝正在北平燕王府议事，忽然内侍来报："启禀燕

王，现有北平都司都指挥张信、布阵司布政郭资、按察司副史墨麟在外求
见。"

朱棣心想，将士们回来才几日，难道是休息好了吗？还几人一起来拜
见，可能有重要事情，朱棣就说："让他们进来吧！"

三人进来之后，跪在地上只说"拜见王爷"，再不说话，也不起身。

朱棣感到奇怪，就说道："你们三人为何跪地不起？有什么事就说。"

这时候，张信说道："臣等以为，燕王带领我们大家发起靖难之师已
经3年了。3年之间，我们南征北战，大大小小打了无数仗，燕王的威仪
和功德，已经让天下尽知，若成大业，当面南君临天下，号令天下，也是
名正言顺，所以臣等上表，还望大王能够承天意，顺民心！"

张信说着，还递上了自己的劝进书。

这就是赤裸裸、明明白白地劝朱棣做皇帝啊。朱棣听了，不动声色地
看完了劝进书，内心却是狂喜不已。这份劝进书，表达了他内心深处的欲
望。他非常高兴，将士们如此推崇，但是他又清楚地知道，此时还不是自
己做皇帝的时候。

他也知道在北平做个小皇帝，也是可以的，可是他却拒绝了这一非常
诱惑的建议，因为他的目的不是做个北平的小皇帝。而且自己和朝廷的战
争还没有分出个胜负，他明白自己若是贸然称帝的话，那么之前的"清君
侧"，想要周公辅成王等宣传将毁于一旦。

所以朱棣立刻拒绝了这次劝进，朱棣说道："我之举兵，所以诛奸恶，
保社稷，救患难，全骨肉，岂有他哉？夫天位惟艰，焉可必得，此事焉敢
以闻。待奸恶伏辜，吾行周公之事，以辅孺子，此吾之志。尔等自今其勿
复言。"

朱棣的话是老生常谈，并没有说出什么新鲜的东西，但是众将的心里
很明白朱棣这样打来打去是为了什么。所以到了后来，顾城、丘福等武
将，以及宁王朱权代表宗室，又分别劝进一次，当然朱棣还是拒绝了。

朱棣虽然没有接受劝进，但是呢，这段时间打仗胜利，为了表示对将士们忠贞的感谢，朱棣为有功的将士们举行了加封仪式。这个行为和以前的行为一样，虽然朱棣不是皇帝，但却行了皇帝的事，分封嘉赏将领，过足了大权在握的瘾。

建文三年（1401）十一月十八日，天气晴朗，朱棣在千军万马前嘉奖有功的将士，他将将士们请于高台之上，亲自向他们敬酒。

朱棣说道："我军这次作战，打败了平安、房昭，打退了这股顽抗之敌，保护了北平的安宁，让我们拥有了一个安全的大后方。有了北平这个大后方作为我们的根据地，我军将士心安。这中间一次又一次的辛苦胜利，都是将士们浴血奋战所得，将士们功不可没，现在我朱棣敬大家一杯！"

高台之上的将士们，大声说道："谢王爷！"

三杯酒过后，朱棣开始宣布诸将的封赏和晋爵："诸位将军的功劳不可磨灭，对有功的将军要加爵升官，都指挥丘福、张信、刘才、郑亨、李远、张武、火真升为中军都督府都督佥事。李彬、王忠、陈贤升为右军都督府都督佥事，徐忠、陈文为前军都督府都督佥事，房宽升为后军都督府都督佥事，后军都督陈亨之子陈恭袭其父职，金忠升为右长史，顾城升为后军都督府右都督，其余将校凭功各有升赏。"

朱棣说完后，诸将大呼谢燕王千岁！

燕王又说道："待后日，十一月二十一日，本王还要亲自祭奠阵亡将士！"

台下的将士们一听，喊声如雷："谢燕王千岁千千岁！"

祭奠之后，朱棣又释放了被俘的辽东指挥王雄等21人，以此姿态收买人心，借以宣传自己的王者风范。

朱棣拒绝了将士们的3次劝进，又嘉奖了将士们，这表示了他的谦虚有礼，也是顺应民心。

燕王回到北平之后，朝廷终于松了一口气。但是由盛庸指挥的伐燕战争，一个又一个的败讯，让建文帝闷闷不乐，无力上朝。他斜卧在后宫，把所有的将士都想了一遍，从耿炳文到李景隆，再到铁铉、盛庸，个个都败给了朱棣，还赔上了诸多士兵的性命。而齐泰、黄子澄、方孝孺也再没有好的办法。朱允炆面对爷爷给自己的偌大江山不由得叹息，觉得爷爷不该把江山传给自己，当初给了四叔不就行了。他此时想起了爷爷，不由想起了爷爷临终把自己和江山都托付给了驸马梅殷，于是他抱着最后的一线希望，想着让驸马梅殷想想办法。

梅殷是汝南侯梅思祖之子，他通经史，善骑射，是朱元璋之女宁国公主的丈夫，深得朱元璋的喜欢和信任。朱元璋在临终的时候，曾经对梅殷说："诸王强胜，太孙稚弱，汝当尽心辅佐，诸王若有作乱者，当为朕出师伐罪！"

想起这些，于是朱允炆召见了梅殷。

梅殷受完召见，回到了驸马府，长吁短叹，坐卧不安。

宁国公主见状就问驸马这样惆怅所为何事。

驸马就说道，是因为万岁让自己镇守淮安。他觉得兄弟亲人之间刀兵相见很是为难。宁国公主一听，就埋怨燕王不该兴兵造反，不必背个反叛的罪名。还说自己要写封信，去把燕王训一顿。梅殷长吁短叹说如今写什么都没用了。由此可见，梅殷虽说不支持燕王，但也不想为朱允炆而和燕王刀兵相见。

但是朝堂之上，这些文官却沾沾自喜，他们并没有意识到形势的危险，他们假装听不到那些坏消息，而为那些偶尔的胜仗感到高兴。但是潜伏的危机，让一些明眼的人已经看清了局势。早在那年六月，观海卫指挥张寿，就在酒后说了真话，他认为国势危急，不料这句话给他招来了杀身之祸。所以建文朝廷的朝堂气氛很是微妙。

但是，此时的朱棣在北平很高兴。因为在这场战役中，鞑靼归附了他。朱棣驻守北平，对蒙古的拉拢由来已久。除了兀良哈三卫，他也在鞑靼和瓦剌这边下了很多功夫。这史书上没有细节的记载，但是在靖难之战中，朱棣用鞑靼进攻辽东，牵制辽东军队，这样他才能放心南下，这就说明了朱棣和鞑靼的关系早就很密切。

而建文帝还因为在治国时提倡儒家学说，对宦官的管束很严格，尽管宦官们奉命出使、监军是朱元璋留下的陋规，但是又对宦官管理很严格，此时的宦官们不得为所欲为。后来有些宦官奉使四方时，依仗势力作恶，朱允炆便下诏逮治，不留一点情面。朱允炆的这种严厉的措施，让宦官们很是不满，但是朱棣却对宦官们很宽容仁慈，尤其在靖难之战中，朱棣身边的宦官们，还多立战功，因此，在朝中有些宦官受不了朝廷的规矩，就北上投奔了朱棣，有些人虽然依旧留在南京，但是却怀有二心，他们都希望燕王朱棣胜。

眼下战争 3 年，燕王的军队被挡在河北，很难南下，朝廷大军倾巢于北方战场，南京城空虚。便有宦官把南京城空虚的消息偷偷地报告给了燕王，希望他避开南军的大军，直接攻打南京。

而燕王此时也在和姚广孝商议，这样打仗 3 年，夺了丢，丢了夺，反反复复，损兵折将，于大业无益。也想到南京朝中空虚，若是直捣南京，大业肯定就成了。

两人正说着，朝中太监崔果来了，说是求见燕王。

燕王和姚广孝正讨论南京那些事，也想知道南京城的具体情况，一听有朝中的太监来求见，就赶紧说道："让他进来！"

朱棣和姚广孝的讨论，让朱棣茅塞顿开，崔果的来访对于朱棣来说，正中下怀。

太监崔果一见朱棣，就俯身下拜，说道："奴才叩见燕王千岁！"

"崔公公请坐。"朱棣对于朝中宦官相当客气。

崔果坐定之后，朱棣察言观色，问道："崔公公不在京城享福，如今天寒地冻，不远千里来到北平，所为何事？"

崔果叹息一声，说道："朝中哪有福可享？古人说良禽择木而栖，良臣择主而事。当朝君主昏庸，奴才是来投奔燕王的，奴才虽不才，但也想为燕王效犬马之劳，还望燕王不弃。"

燕王一听，心中欢喜，却说道："这真是委屈崔公公了。"

崔公公却不虚套，直接说道："目前京城的军队全部都在抗击北军的战场上，南京城空虚，没有一个守军，可正是燕王千岁用兵的好机会。京城中的军民盼着燕王犹如天旱盼着雨露，还望燕王发兵，解救京城百姓，燕王如果攻城，我等定在京城接应。"

朱棣一听崔果说出实情，也就不再遮掩自己的内心，他也说道："如此就太好了，崔公公一路劳顿，先下去休息，待我想一想，再和公公讨教。"

崔果下去之后，姚广孝就说道："这个崔果对建文帝不满，想必是犯了错，被建文帝处罚了。"

朱棣就说："他如此倒是方便了我们行事。"

姚广孝想了一下说道："崔果说的直接攻城未必可取，但是趁着南京空虚，攻打南京却是可取的，我们就直接进攻南京，临江决战的时间到了。"

朱棣说道："频年用兵，何时能止？要当临江一决，不复返顾矣！"

三、誓师南征，一路奋进

建文三年（1401）十二月初二，决定挥师南下的朱棣召集北平大军，决定誓师南征，他在军前告谕将士们，说道：

靖祸难者，必在于安生民，诛乱贼者，必先于行仁义，生民有弗安，仁义有弗举，恶在其能靖祸难哉？今予众之出，为诛奸恶，扶社稷，安生民而已。予每观贼军初至，辄肆杀掠，噍类无遗，心甚悯之。思天下之人，皆我皇考赤子，奸恶驱迫，使夫不得耕，妇不得织，日夜不息，而又恣其凶暴，韭惟致毒于予，且复招怨于天下，今我有众，明听予言，当念百姓无罪，甚无扰之，苟有弗遵，一毫侵害良民者，杀无赦，其慎之。

——《奉天靖难记》

朱棣在挥师南下的讲话中，极力宣扬自己的正义形象，把民意放在最高的位置，把自己塑造成正义的化身，民意的代表。他高举着自己塑造的旗帜，带兵南下，目的地直指南京，开始了决定自己命运的最重要的一战。自此，靖难之役进入了最后阶段。

而在朱棣出征之前，姚广孝给朱棣又是一番叮嘱，姚广孝对朱棣说道："战场上瞬息万变，王这次带兵攻打京城，胜负尚且不知，因此还要留一条后路。臣愿意和世子留守在北平，他日王若占了南京，北平便可作为富民强兵的基地，万一南京城久攻不下，王也可以把北平作为立足之地，与朝廷分庭抗礼，划江而治。"

姚广孝这番话可谓肺腑之言。

朱棣听了，也知道战事前途未测，便说道："军师的话很合我的心意。如今军师年事已高，也不堪受这军旅的劳累，我也不忍心再让军师在军旅中奔波劳累，有军师留在北平经营，我便没有后顾之忧。"

临行之际，君臣二人惜别，自是一番叮嘱。

姚广孝又说道："臣还有一言相告，仁君者得民心，得民心者得天下，失民心者失天下。王攻占南京之后，一定要爱民且不可滥杀无辜，对建文朝中的人也不要滥杀。所谓忠奸之分，不在于以谁为界，也不在于成败，而在于为国为民，为善为恶，为是为非，方孝孺等，虽保建文，实为忠臣。大王当护之！他日于国，必有所用！"

姚广孝这是在为方孝孺求情，他知道方孝孺是一个严守儒家忠孝道义的忠臣，又是一个倔强的书呆子，更是精通儒家学问的大学者，此人兼备了文学家、经学家、哲学家、思想家等诸家学问，是天下读书人的楷模。所以他恳请朱棣不要把方孝孺当作奸臣杀掉，如果杀了方孝孺，就会让天下读书人心寒，这是姚广孝的胸怀，一个政治家的博远见识。朱棣听了之后，答应了姚广孝的请求，然后才率军南下。

朱棣率领兵马浩浩荡荡地出了北平城，炮声轰鸣，鼓声雷动，旌旗飘扬。他在路途中严格要求自己的部下，尽量不要祸及无辜者。

半个月后，朱棣大军到了蠡县的汉河。朱棣这次的目的是攻南京，所以他在途中尽量避开南军，不和南军正面纠缠。他驻军汉河是为了避开真定和德州的守军，他要从二者之间的空隙里直插山东，进入淮北。但是计划起来容易，行军岂有那么轻松？行军途中肯定会有官兵的阻挡，时刻都会遇到官兵的游骑，为了避免麻烦，朱棣派李远带了八百骑兵侦察官军的行动，为北军南下扫清道路上的障碍。

建文四年（1402）正月初一，正是新年，李远到达了藁城，正遇到守在德州的都指挥葛进领马步官兵万余人渡河北上，李远非常清楚，他将在这里打响燕军南下直逼南京的第一仗。

此时的李远只有八百骑兵，而敌人有万人，李远心里说："敌众我寡，不能硬拼，我这八百骑兵可要小心使用，必须智取才有可能取胜。"

李远仔细地查看了地形，见河边树林密集，官军正在北渡滹沱河，于是他便心里有了计谋，立刻对这八百骑兵做了详细安排。

葛进着急行军，见滹沱河水结冰，就下令军马加紧渡河。

李远观察官兵渡河到中间时，便抓住战机，指挥自己的兵马进攻官兵。此时因在河边，双方便都徒步近身而战，官兵把自己的马匹都拴在树林中，葛进见燕军突袭，便命令自己的军队退到树林中间，想让李远进攻树林，然后再消灭。

葛进见李远人少，就有些轻敌。葛进心说："就这么几个燕军毛贼，也敢和我万人的军队来交战，真是不自量力，我今天要是不生擒了你，我就不是葛进。"

此时，两军人马都是步行战斗，打了不一会儿，李远转身就跑，葛进不知道这是李远的阴谋，便率兵紧追不舍。而李远却派人从后边进了树林，放了官军的马匹。

李远跑了一会儿，便率大军骑马杀了回来，官军正步行追赶，一看北军的骑兵杀了过来，慌忙到林中找自己的马匹，才发现马匹都不见了。

一时间官兵着急大喊："我们的马匹都不见了！"

这一喊，所有官兵的心就乱了，一时间，官兵阵营大乱，慌张无措。

而李远振臂呼喊，一马当先，就杀了上去。

燕军将士，奋勇无畏，骑马在南军的军队中来回厮杀，几个回合就杀得南军大败，这一次，李远带兵八百杀了南军四千余，南军有很多人掉入河中淹死，葛进单骑逃走，大量马匹被燕军俘获占有。

燕军李远首战大捷，以少胜多，成为军中佳话。朱棣非常高兴，给李远赐玺书慰劳，夸奖李远只有八百轻骑就破了南军万人之大军，真正是功劳壮伟。这一战，让李远可与古代名将相提并论。而且这一战大胜，是在新年的第一天，意义非常深远，就是吉兆的开头，这让整个北军在新年的第一天里都非常喜悦。朱棣下令，对李远和他所带领的将士们加以褒奖，在前锋交战的都指挥下至军校，都升官一级。

建文帝在得知朱棣要挥师南下，直抵南京城下时，他也对朝廷军队做了部署。首先是让官兵北上，他是想在朱棣兵败退回北平的时候，再乘胜出击。让梅殷镇守在淮安，又在正月初一的时候，命令徐辉祖率京城大军支援山东，平安则从保定出发，准备收复通州。

李远在藁城打败的葛进，正是官兵北上的先锋军。

朱棣一路目标清楚，锐意南下，途中派朱能带一千轻骑往衡水探看，结果正好与平安的北上南军相遇。平安这次一战而败，损失军士700多人，损失马匹500多匹，他军中指挥贾荣也被朱棣生擒。

燕王朱棣首战挫败了葛进和平安，便带着大军浩浩荡荡从馆陶挥军南下，改下东平，又攻陷了汶上，一路皆赢，过了汶水，就到了山东地界上。朱棣在建文二年（1400）的时候曾带兵打到过山东，但受挫于济南和东昌，所以这一次他决定不攻打这两座坚固的城池，而是避实击虚，从两城之间穿过，夺取了旧县、东平、汶上等地方。突破了山东北部，进入山东南部，到达了曲阜。

曲阜是孔子的老家，朱棣没有率军进曲阜，因为他自认是仁义之军，自然在圣人面前不会造次，肯定要以礼相待，不动兵戈而过。

这场战争，既是兵力军事的较量，也是道义上的彼此抗衡。仗打了3年，深谙帝王心术的朱棣深知民心和军心的重要性，更何况姚广孝临行深刻叮嘱他得民心者得天下。所以朱棣兵过曲阜、邹县时，秋毫无犯，当地百姓对燕军的行为非常欣赏，夸朱棣军是仁义之师。燕军在经过馆陶时，朱棣在途中见一士兵生病倒在路边，便命身边随从将生病的士兵扶上自己的从马，没想到随从反对。

朱棣便说："人的生命宝贵，马没有人贵重，如今，这个士兵生病了，不用马驮着他的话，就要把他丢在路上。我们打仗的时候让士兵出力，士兵生病了，却不照顾，这是爱人不如爱马，还是把从马给他乘上吧，士兵得到了救济，从马又不损失什么。"

随从们只好听从了朱棣的话，救了士兵，朱棣这一行为受到士兵们的称赞，大家都更加愿意为他效命。

燕军乘势南下，于正月十四日到达沛县，正月十五日攻打沛县。沛县知县名颜环，字伯玮，庐陵人士，他是唐代大书法家鲁国公颜真卿的后代。此人十分聪明，正义感十足，能写好文章，又孝顺父母，对兄弟友善，对族人和睦，人都称他六行无异，是个有品德的人。

建文元年（1399），应朝廷征，颜环因为贤良被选，被朝廷任命做沛县的知县。

朱棣起兵之初，李景隆兵驻在德州，淮北百姓为李景隆供饷，颜环因为规划得好，调度也有方，既让百姓出了力还不喊累，又保证了德州的粮草不缺。他的行事得到好评。在建文三年（1401）六月，燕军过沛县，沛地百姓惊恐窜匿，颜环设法安抚百姓。在北军南下之际，朝廷命令在沛县设立沛军民指挥司，以阻止燕军南下。颜环在沛县召集民兵5000人，筑堡垒7座，想着要坚守沛县。

可是后来山东战事紧张，沛县民兵3000人被调走，留守的2000多人都是疲弱不堪的打过仗的士兵，沛县的守卫堪忧。这时候，燕军南下至沛县，颜环心急如焚！

颜环对弟弟颜珏和儿子颜有为说道："你们回家照顾我父亲吧，给我父亲捎话就说'子职弗克尽矣'。我就留下来，与沛县共存亡了！"

颜珏和颜有为知道颜环意不可改，颜环也知道自己人微言轻，再看整个局势也明白大势已去，一切都无法挽回，他也不期望名垂青史，但却深知，作为人臣，应当尽忠尽责，他临死都不忘救民于水火之中。

燕军攻打沛县，守城的王显开门投降，颜环一看，不想屈服偷生，他穿好官服，在公堂上面南而拜，大哭："臣无能报国矣！"然后自尽而死，以身殉国。燕军破城后，县衙主簿廖子清、典史黄谦被俘，燕军将领想要释放廖子清，廖子清不想苟且偷生，慷慨就义。燕军将领又想让黄谦到徐州招降，黄谦不愿为燕军做事，也慷慨赴死。

燕军于正月二十七日攻打下沛县。

之后，燕军将军王聪进攻萧县，萧县的知县郑恕带众人坚守，城破后，郑恕不事燕王，也为国殉难。

燕王朱棣继续带兵南下，意欲长驱直入，三十日抵达徐州。徐州是当时的南北咽喉，燕王自然不会不夺取。但因为徐州城墙坚固，兵精粮足，很是难取。但若不取，再有官兵追杀而至，自己便要腹背受敌。所以燕王决定夺取徐州，哪怕夺下徐州再丢掉南下，也可以让徐州的守军恐惧到不敢从后面追打攻击自己。

四、守正出奇，疑兵不断

燕王朱棣本身打算攻打徐州，可是又怕自己还没把徐州攻下，又被后面的官兵追击，所以他就派了胡骑指挥款台带了 12 名骑兵，每人又配一匹备用马，让他们一路北行，寻找南军的踪迹，打听消息，以免自己受到后面南军的攻击。

结果，款台带着 12 名骑兵在邹县遇见了南军的运粮队伍 3000 余人。

款台一看，自己人少，就和诸位士兵商议智取。而这 3000 名运粮的南军以为燕军已经南下，在邹县是不会遇见燕军的，所以他们走得无精打采，四平八稳，毫无防备，只是押着粮草慢慢悠悠地行走，完全没有行军打仗的精气神。

款台和士兵们商量一下，就打马杀入南军的运粮队，十几人大喊着："燕王大军来也，不降者死"，款台犹如狼入羊群，南军惊慌四散逃去，款台不仅击溃了这支队伍，还捉住了 2 名千户，从而探听到了南军到达济宁的消息，又打马回到徐州。

款台的胜利，虽然没有什么特别的意义，但是他以少胜多，勇气可嘉，朱棣很高兴地表彰他："款台以十二骑破贼军三千，真是壮士也，应该记下他的功劳，等后来赏赐升官。"

朱棣对诸将说道："如今我们得到确切的消息是我们后面没有追兵，可以放心地攻打徐州了。"

诸将听从朱棣的安排，于二月二十一日进军徐州东北面，扎营驻军。

朝廷在徐州城内布有重兵，但是徐州城内的守将就是不出城和朱棣正面作战，只是坚守徐州。这让朱棣很是恼火，因为徐州城墙坚固，不宜攻打，而朱棣的燕军也不擅长攻城，于是本来想要攻打徐州的朱棣决定不攻打徐州了，他打算绕过徐州直接南下。可是他又担心徐州军士尾随追击自己，干扰自己大军南下，于是他就想了个办法。

燕王朱棣把大军埋伏在九里山上，又在演武厅藏军士百余人，然后又派几个骑兵在徐州城下对城上士兵挑衅谩骂，想要引诱他们出兵。有燕军还向城墙上守护的南军射箭，并且射伤了守城南军。这样骚扰直到天黑，第二天这些燕军又来城下挑衅、谩骂、射箭，城里守军见他们人少，心里又气愤，就打开城门，出来5000人渡河追击燕军。

结果一声炮响，燕军从四面出击，朱棣又带兵截断了他们回徐州的路，就这样前后夹击，把这批南军打得四散哀嚎，他们也想夺桥逃命，不料桥梁塌陷，众多官兵落水而亡。这一仗官兵损失4000多人，守城的军士吃了这一败仗，再也不敢出来，哪怕是燕军在城下骚扰，他们也不出城。就这样，朱棣在徐州城外逗留了将近一个月，从容地休整，筹足了粮草，竟然没有受到南军丝毫骚扰。如此，燕王见徐州的守军实在是不会出城了，才决定动身进军宿州。

朱棣的外祖父徐王的坟墓在宿州，这位徐王姓马，是孝慈高皇后的父亲。元朝末年的时候，马皇后的父亲因为杀了人亡命去定远，在定远结识了郭子兴，他就把自己的三女儿托付给郭子兴，做了郭子兴的干女儿，此女就是后来朱元璋的马皇后。

等朱元璋做了皇帝之后，这位马公和妻子都已经去世，朱元璋就追封马公为徐王，同时在太庙的东面建立祠堂，给徐王供奉香火。

此时，朱棣兵至宿州，便告诫诸位将士说此地是他外祖父徐王坟之所在，不得骚扰，有违反者，定不轻饶。因为朱棣一直说自己是马皇后嫡亲儿子，受到父母的钟爱，所以此时到了这里，就必须有所表示。

但是，因为是行军途中，朱棣也拿不出什么好东西，就拿了一万锭纸币赐予徐王亲族，以换取外祖父之乡的支持。

当朱棣带兵到了宿州之后，他担心徐州的军队尾随偷袭，于是就派金铭带游骑到景山哨探。那一带的南军知道了金铭是孤军而行，便想除了他，结果他们追上金铭的时候，却发现金铭不慌不忙地列队走着，一会儿进，一会儿退。官军仔细观察之后，就怀疑金铭是朱棣设的疑兵，是在引诱他们进攻，所以官兵跟了一段之后就放弃了之前的铲除计划，他们并没有上前交战。

金铭一直拖延着时间，等到大军已经走远了，他才带兵来到河边，这时候，官军也赶来了。

两军相遇，人数悬殊，金铭的处境很危险。之后忽然听得炮声大作，官军以为朱棣的大军做了埋伏，仓皇之间赶紧应战，结果官军的队形还没有摆好，金铭已经带人过了河，与朱棣的主力会合，官兵看着金铭离去，毫无办法。

朱棣一边带着军队南下，一边派人侦探着南军的行动，以免给自己造成损失。

建文四年（1402）三月初九这一天，朱棣的军队到了涡河。这个时候，盛庸看破了朱棣南下的动机，他派平安带了大军四万跟随在朱棣的后面，准备伺机而动，做好随时同朱棣大战的准备。朱棣得知敌军大将平安的尾随，他当然清楚平安要干什么。这四万大军跟在自己的后面，时刻威胁着自己南下，朱棣想要顺利南下，就得除掉平安。

朱棣发现涡河四周树木茂密，这个地形和环境，肯定能让平安怀疑自己在这个树林里埋伏了兵士，肯定就不会轻易进去，那么自己就没有机会铲除平安，想到这里，朱棣看着淝河就对属下说了一番话。

"涡河岸边多树木，敌人一定会怀疑我们在这里设了埋伏，而防备我们，但是淝河土地平坦，树木稀少，一般人都不会在那里设埋伏，平安也就不会怀疑我们在那里用兵，但是我就要把兵士埋伏在泗河，打平安个措手不及！"

紧接着，朱棣对朱高煦说道："你带着人驻守大营，我带两万人马去会会平安大军。"

朱高煦一听，担心朱棣的安全，就说道："父王，平安大军四万人马，你只带两万怕是无法抗敌。"

结果朱棣说自己自有妙计，打仗从来不是靠人多，而是靠兵法，兵不厌诈。

朱棣为了迷惑敌人，和诸将商量，从大营到埋伏之地，每个士兵人手一柄火把，他们计划好当和敌人交战的时候就燃起火把，造成大军来袭的感觉，朱棣和诸位将军商量好计谋之后，便依计而行。

朱棣还告诉留守大营负责警戒的士兵们，如果他们看到举火把了，那就是和敌人发生了大战，守营的将士们可以相机行事举起火把，如果是小战，就不举火把。

朱棣埋伏在泗河岸边，出兵的时候，他想着速战速决，所以他们只带了两三天的食物，结果他们埋伏了两三天后，带的食物都吃得差不多了，却不见敌军的影子，将士们便沉不住气了。一个个都来要求回师，但是朱棣埋伏坚守的态度非常坚决，他断定，一两天内官军一定会到来，又过了一天，诸将又来请求回师。

将士说："燕王啊，我们埋伏在这里，士兵缺少食物，马无草粮，这是没有遇到敌人而自困啊！"

朱棣没有听诸将的话，他非常有耐心地对诸位将军说道："敌人尾随我军，远道而来，急于求战，肯定不会不战，我们埋伏在这里，只要一打败他的前锋，敌人肯定就会丧失勇气，这就如同尖刀一样，我们把锋尖给它破坏掉了，小刀自然就没有威力了，大家还是再坚持等待一下！"

诸位将军拗不过朱棣，只好听从他的命令，原地等待。朱棣等不来敌人，虽然他嘴上说着要坚持，可是大军没有粮草，他心底下也在暗自着急。傍晚的时候，朱棣命胡骑指挥款台侦探敌情。

款台带兵走了之后，朱棣在营帐中辗转反侧，难以入睡，直到听到款台的兵马回来，他从床上一跃而起，忙去听取消息。

款台报告说道："报王爷，官兵的前锋已经在离淝河四十里的地方安下了营寨。敌军确实朝着我们这边来了！"

燕王等了这几天，心中的一块石头终于落了地，他开心地说道："贼入吾彀中矣！"他非常自信，这一仗必胜无疑。将士们一听官军来了，立刻热血沸腾，他们埋伏在此待战的期待，终于可以落实了。

天快亮的时候，朱棣把诸位将军集中在一起，发号施令，强调自己之前的计划，他说道："官军来到了淝河岸，就要中我们的埋伏了，你们带领士兵一定要依计而行，不能乱来，如果有人违抗命令，将严惩不贷，记住了没有？"

诸位将军早已是满心战意，立刻坚决地说道："记住了！"

朱棣开始分配任务。

"白义、王真、刘江听令！"

"末将在！"三人齐声回答！

"你们三人各自带领百骑出兵迎敌，你们的目的是诱敌深入，一定要把敌人依着我们的计划引到我们的埋伏圈中来！"

三人领命而去，依计而行，他们将大部分的人连续埋伏在沿途，然后以十几名骑兵掠过敌人的阵营，并辱骂敌人，引诱官军出战。他们商定好了，如果敌人来追的话，就不战而退，直到与伏兵相合。

从徐州南下的时候，金铭带兵疑敌，以虚当实，南军因为害怕埋伏而放走了金铭，后悔不已。朱棣这次诱敌深入，刚好相反，他用的是内实外虚，真的给官军摆好了埋伏，他认为官军因为上次没有追击金铭而吃了亏，这次肯定会上当追击。

白义和王真他们为了诱敌深入，还按照朱棣的吩咐，在他们的行囊中装满了草，假充是束帛，用于诱敌，他们一路跑，一路扔，就像是行军慌张，不及收拾。

到了中午的时候，白义等人果然遇见了官兵，而且正是平安率领的主力部队。

大将平安行军几日，忽然看见了燕军的散兵游勇，就立刻命令军队："追，抓活的，抓住了问情况！"

王真等人和平安的军队边战边走，一边装作不敌而逃，一路还扔东西。官军将士贪恋财物，一路追逐，一路捡着。

埋伏的燕军从四面冲出来，王真率领军队返回杀入敌人的军阵之中，骁勇善战的王真左砍右杀来回冲杀，杀得官兵死伤无数。

王真虽然勇敢，但是他的后军不继，在贪战时，被平安的将士围住，几十个人把王真困在中间围杀，王真因为力气渐渐不支，多处受伤，眼看着自己也无力突围，他就对官军大声说道："我是不会死在敌人手中的！"说完拔剑自刎，只见剑光闪出，人头落地，而他的身体还昂然而立。

朱棣看到王真战死，心中悲愤异常，大喊着要为王真报仇，燕军将士们，一看燕王冲锋陷阵，心中大受鼓舞，跟着燕王朱棣冲了上去。

为什么王真死，朱棣如此悲伤？

王真，咸宁人，洪武年间的士兵，因为作战勇敢，官做到了燕山右护卫百户。燕王靖难起兵时，他跟着攻九门，战永平、保定，下广昌，破沧州，追南兵至滑口，俘获7000多人，官升到了都指挥使，朱棣曾对众将盛赞王真道："大家都像王真一般奋勇，还怕不成大事吗！"可见朱棣很是器重王真。

但是，无论王真如何奋勇，此时的王真自刎，多多少少都破坏了朱棣诱敌深入的计划，朱棣只有改变计划，命令大军全力杀敌。

此时的平安，正率领3000人站在高坡之上，他看到燕王带着人冲了过来，就对自己的将士们说道："来人是燕王，捉拿燕王者重赏！"

平安的话音一落，他手下大将火耳灰者就喊道："看末将亲自去拿他！"

这位火耳灰者，曾经是北军的胡骑指挥，他是在朱棣起兵之前就被朝廷召回了京师，现在是南军的将领。在淝河之战中，此人骁勇无比，只见他拿着枪就向朱棣冲过去，眼见着他就要冲到朱棣的面前，两人相隔的距离远不过十几步。但是就在这个危急时刻，朱棣的部下胡骑指挥童信嗖地就射出一箭，他一箭就射中了火耳灰者的马首，马摔倒在地，火耳灰者掉下马来，被燕军轻松拿下。事情非常戏剧化，火耳灰者被捉，他的部下哈三贴木儿立刻打马去救，结果也被童信一箭射中马，人一落马，也被燕军生擒。

平安站在高处，看见自己的两员猛将被抓了，不战而败。燕王朱棣率领大军一路追杀过去，平安的大军被杀得丢盔卸甲，狼狈逃窜，他们牺牲了千余人，平安一见军心已散，就只好带着败兵退走。淝河之战就这样混乱地结束了，燕军获得大胜，全军上下欢欣鼓舞。这一仗燕军获得战马八十多匹，擒获的俘虏都是胡骑。说明朱棣在淝河之战中并没获得多大的好处，更不要说击溃平安。但是，事实是朱棣打得平安逃走了。

之前反对燕王在淝河岸边埋伏的将士们都过来了，大家齐齐跪下，向燕王祝贺。

燕王很惊讶，问他们："各位将军为何这样？"

白义说道："淝河大战之所以胜了，全凭燕王神机妙算，我等之前不明事理，扰乱燕王埋伏计划，给大王添乱，好在大王没有听我们的话，否则的话，失去这个好机会，打了败仗，我等可就是犯下大罪了！"

朱棣对诸位手下的恭维很是得意，但他毕竟是燕王，有着王者风范。他笑着说道："卿等谋非不善，而事或有相乘，无苦自贬抑。但有所言则言之，勿惩偶不准而遂默，安危与卿等同之。"

朱棣的意思就是，不是将军们的计谋不善，而是战况变化多端，大家就不要自责了，但愿我们都能够畅所欲言，我们大家是一体的。朱棣把一个王者的胸襟表现得淋漓尽致，又要诸位将军忠于自己，又要让他们绝对可靠，又要彰显自己高于他们，还要让诸位将军觉得自己和他们的感情很深很真挚，这就是燕王的政治艺术。

白义便说道："多谢燕王的教诲！"

这个时候，俘获的降将火耳灰者和哈三帖木儿来到燕王面前，谢不杀之恩。

燕王朱棣哈哈大笑说道："将军不必过谦，我们可是旧人，本王能够再得将军相助，是本王的幸运。"

火耳灰者又行礼说道："多谢燕王不弃！"

朱棣随即又说道："那这样，火耳灰者从此就做本王的带刀宿卫，哈三帖木儿就做百户之职。"

火耳灰者两人赶紧谢恩离去，朱棣身边诸将就说道："大王，火耳灰者在官兵营中这么长时间了，你让他做带刀宿卫，也不知道他是不是忠于王爷，难道王爷就不怀疑吗？"

朱棣说道："他们都是壮士，和我过去又有旧交情，我今日不杀他们，还给他们官职，他们肯定会报答我，不必怀疑。"

诸位将军一听朱棣的话，就又感慨朱棣的胸怀和大度，都觉得自己追随的是一位明主。

可是他们却不知道，火耳灰者和朱棣早已经是生死相许。这些憨厚的蒙古人虽说和朱棣分开好久，但是他们是不会背叛和自己生死相许的人的，所以他们在阵前被俘虏，也是一种投奔旧主的方式。

五、孤军烧粮

泜河之战貌似朱棣胜利，但是他并没有全面击败平安。这个时候，他又深入敌人控制的地区，远离了自己的大后方北平，他清楚自己一不小心就会遇到危险。为了解除当前的这种困难，朱棣决定还是用以前的老方法，釜底抽薪，破坏敌人的粮食供给，他觉得只要切断敌人的粮食，敌人就会大乱。

建文四年（1402）三月二十一日，朱棣得知宿州的南军囤积了很多的粮食，在做持久战的准备，朱棣就和诸位将军开会商议战事。

朱棣说道："我军现在深入敌后，只适合速战速决，现在平安的大军退驻在宿州，正在贮存粮草，做长久的准备，如果我军截断平安的粮队，敌军将不战自败。"

诸位将军一听纷纷赞同。

燕王就大声下命令："都指挥刘江，本王命你带三千人马前去截断官军的粮道。"

刘江问朱棣："燕王，是要让末将一人前去吗？"刘江犹豫问道。

"你此话何意？"朱棣没想到刘江是这样的反应。

"孤军深入，末将是怕有辱使命！"刘江胆怯全然暴露。

朱棣生气异常，他怎么都没有想到，自己的手下会贪生怕死，朱棣生气地说道："未曾出师，竟如此胆小，贪生怕死，扰乱我军心，留你何用？拉出去杀了！"

朱棣奋勇一生，最讨厌的就是临阵脱逃，刘江的表现，让他觉得直接影响士气，非杀不可！

诸位将军一看朱棣要杀刘江，赶紧都跪地为刘江求情。

白义请情说道："燕王息怒，孤军深入，困难肯定不小，军力太过弱小，恐怕耽误了燕王的大计，刘将军所虑，也是忠于大王才这样想。再说刘将军一路战功累累，如今虽有错，但也罪不至死，当下正是用人之际，还请燕王手下留情，不杀刘将军，让他戴罪立功如何？还请燕王三思。"

朱棣听着白义的话，又见诸位将军都是如此为刘江求情，便说道："既然大家都为你求情，刘江，本王今日就免你一死，给你戴罪立功的机会！"

被吓得半死的刘江一听燕王的话，赶紧磕头说道："谢燕王不杀之恩！"

这时候大将军谭清上前说道："末将谭清愿带百骑前往。"

朱棣同意谭清前往徐州去执行命令，而他自己则带兵攻打萧县，为北军筹集粮草。

谭清抵达徐州时，正好遇见南军的运粮队伍。这支南军的运粮队有上千辆粮车，押粮士兵500多人，1名大将军在队前带队，后有2名大将押队。

谭清看着5倍于自己的敌人，就对士兵们说道："敌人5倍于我，不可硬拼，只能智取。"

谭清就讲了自己的方法，说是用60人打中间主将，20人攻打后面副将，先埋藏在路边，以放鞭炮为号一起进攻。

大家按着谭清的方法布置埋伏在路边。

那些南军只知道燕军已经南下到了宿州，根本就想不到还会有燕军来徐州袭击自己，所以他们走得很轻松，说说笑笑，刀不出鞘，箭不上弦。

谭清看着运粮队进了自己的伏击圈，就点了鞭炮，埋伏的将士们一起冲过去就挥刀砍杀。那个走得松松垮垮的南军将领一见有燕军冲了出来，受了惊吓，拨马就想逃跑，结果被谭青一刀砍下马来。押粮的军队见主将被杀，都跪地投降了，跑得快的就逃跑了。南军的千余车粮食都让谭清抢了。

谭清在徐州，又烧了几处官军的粮食，便顺着河南下，一路上是逢粮就烧。

谭清率领百名精骑，绕过宿州城，顺着河道，一直行至五河。

五河又名五河口，是因为浍河、浍河、沱河、潼河都在此与淮河相交，所以称作五河口，五河口有一个上店巡检司，是官军粮车、粮船必经之地。

那谭清真不愧是燕王手下的猛将，他智勇过人，行走此处，便和自己的手下三十几名士兵换上了南军的衣服，扮成车夫，每人推一独轮车粮草，其实粮草下装的都是硫黄等干草燃料，他们把自己的后路准备好之后，在天黑时就推着车子到了南军的粮车、粮船最多的地方，然后点燃了自己的小车，逃离现场。转眼间，此处的粮车粮船就烧成了火海。

谭清看着官军的粮食烧成了一片火海，带着他的将士们骑上战马，开心地离开。南军看着粮草化成一片火海，也没法抢救。他们沿路追寻放火的谭清，等谭清到了大店时，就被官兵给死死包围住了，谭清率领将士们且战且退，反复冲锋却冲不出包围圈，正在危急时分，朱棣带着大军杀了过来，救下了谭清，就这样被南军抢去的宿州，又回到了燕军的手中。

刘江和谭清的少量行动看似取得了很大的成果，但是谭清被围困，要是没有朱棣的及时相救，后果也不堪设想，这也是刘江不敢一个人去的原因。但是总体来说，谭清的烧粮结果也仅仅是对南军的粮道起到了骚扰作用，并没有达到切断南军粮道的目的。

朱棣不管是在浍河之战中，还是在烧粮的战略上，其实都没有达到理想的效果。

时间一晃就到了四月初，朱棣率领北兵到了一个叫小河的地方。小河是在淮北平原上，它源自河南水域，流经濉溪、宿县、灵璧、江苏省的睢宁，而后进入了古黄河，又名濉河。

四月初的时候，平安兵败浍河，他回到了小河，这是南军的大本营，何福、铁铉等军也聚合在小河。四月四日，朱棣率北兵也到达了小河。

朱棣看地形后对诸位将军说道："敌人的境况窘迫，必求一战，我们只要据险以待，进可以制其咽喉，退又能攻其后背，用不上几天，我军就可以打败敌军！"

众将看地势同意朱棣的意见。

朱棣又说道："诸将听令，都督陈文、内官狗儿，你二人带兵在小河上架浮桥，朱能、丘福你们守护浮桥，阻止敌军，其余将士在河北安营等待军令！"

于是，陈文和内官狗儿在半日内建成浮桥，燕军全部在北岸安营扎寨。

四月十五日，官兵总兵何福在河南岸列阵10余里，张开左右翼，沿河向东延伸，形成合抱之势。

小河两岸两军对垒，兵营相连10余里，两边都是战马嘶鸣，旌旗招展，几十万大军隔河相望，他们各自清楚，只要一声令下，就会有一场凶险的渡河厮杀！

朱棣率兵出战，发起进攻，何福心生一计，他命令南军的骑兵假装败退，引诱燕王的骑兵追逐，然后他又派兵去争夺浮桥，在何福的指导下，两路军士依计行事。

南军骑兵果然和燕王战了几个回合后，就败退而走，燕王长驱直追，想着乘胜追杀，南军跑一会儿，又转身来战，这样跑跑战战，在不知不觉间，燕王带的骑兵就追了20多里地。

何福见燕王带的骑兵已经被引开，赶紧下令步兵去争夺浮桥。燕军的陈文负责守桥，他率兵迎战，双方在桥上展开了大战，官兵败退，陈文一直杀过了浮桥，结果这一次不幸得很，陈文带兵杀过浮桥之后，被何福派的大军团团围住，燕军士兵被分隔而杀，英勇的陈文战到了最后，被南军乱枪刺死。

而燕王追着南军的骑兵追了20余里地之后，忽然一声炮响，燕王的军队被平安率军包围。

此时的平安，就想着要活捉燕王。他端着槊直取朱棣，其势勇猛不可阻挡。朱棣不敌，打马而逃。北军将领王骐见势不妙，打马直接挡了过去，朱棣逃得一命，王骐因此阵亡。朱棣率军又杀，反复冲杀中，朱棣竟然占了上风，燕军士气大振，大败官军。

但是河边阵地上，何福一见陈文阵亡，河边的燕军已经溃不成军，何福便指挥南军过河布阵，要一举战败燕军。

何福率军过了河，摆好阵式，对将士们说："我军在南岸已取得胜仗，我们在北岸再打一个大胜仗！"

可是何福的话还没有说完，朱高煦和王彦就率领大军从树林中杀了出来，这时候，燕王打败了平安的骑兵，也返回头杀了过来，两路燕军合在一处，围攻何福。阵地上刀枪相撞，南北将士杀得血流成河，燕军指挥韩贵战死，南军将领丁良、朱彬被俘，南军败，何福被迫又退回南岸。两军又隔河对望。

小河一战结束之后，两军隔河，谁也不轻易动手，过了几天，南军的粮食没了，何福便让士兵用野菜充饥。

朱棣观察到南军在挖野菜，于是他对众将说道："大家看看，敌人现在已经开始挖野菜充饥了，这是一个很好的打击敌人的时机，我们可不能放弃这么好的机会，现在不进攻的话，过几天敌人的粮食运到，我们可就打不过他们了。"

诸位将军觉得朱棣说得在理，于是朱棣再次决定攻打南军。

这天晚上，燕王带着大军偷偷出发了，他沿着河北岸向东行进，一直到了距离南军 30 里的地方，他才渡过河去，然后又向西行来到了官军的后面，与官军对垒。天亮之后，何福知道了这个情况。

何福说道："燕贼这是要断了我军后路，置我军于死地啊！"

这一仗从时间和地理位置上都对朱棣有利，奔袭的朱棣来势凶猛，就是为了置何福于死地，何福看着燕军来势凶猛，赶紧列阵迎战，但是时间仓促，根本来不及。

在这样一场厮杀中燕军占了上风，南军死伤无数，但是南军在混战中也很快就调整了过来，开始反攻，燕军又渐渐地处于下风，朱棣只好且战且退。

在灵璧县城西30里的地方，有个镇子叫做娄子镇，这个镇子不大，街道穿插，镇子四周有高墙围就，墙外有很宽的壕沟，官军在此守卫很严，燕军到此的时候，娄子镇闭门不战，坚守不出兵。燕军想着快速攻破娄子镇，结果在靠近壕沟的时候，守卫的官军万箭齐发，阻挡了燕军的进攻。燕军将军李斌大怒，再次组织进攻，可还是被箭雨拦下，李斌看箭雨难闯，只好退下。

就这样北军李斌在娄子镇被堵两日后，李斌再次采用轮番战，进退轮流，战鼓喧天，杀声不绝，两军的伤亡都很大，这样激战一天，李斌才鸣金收兵。燕王朱棣来到娄子镇以后，一看，就说道："我军如果连个镇子都攻不下，还怎么攻打南京？"

于是朱棣一面进攻，一面命人填平壕沟。守镇官军不停地射箭，燕军也是不停地朝城墙上射箭，随着壕沟的填平，燕军仗着人多杀进了镇子，放火烧了镇子。可是燕王朱棣突然看到来了一支官兵，队伍中的"徐"字旗很是醒目，这个时候，官兵的士气更是大涨，朱棣一看，赶紧撤兵。

来人是徐辉祖，徐辉祖是徐达的长子，官职魏国公，和燕王妃是亲兄妹。徐辉祖身高8尺，武艺高强，是一位骁勇善战的大将军。徐辉祖的到来，令何福的军队如虎添翼，更是勇猛，他们两支军队合为一处，对燕王形成很大的压力。为了躲过徐辉祖的锋芒，燕王朱棣决定撤军至娄子镇东南面的齐眉山。

但是齐眉山早已被何福、平安、徐辉祖的军队占领。此山分东西两座，山势不高，也不险要，中间有谷地南北相通，山势成"八"字形，就好像两道眉毛，所以叫做齐眉山。

　　何福对平安和徐辉祖说道："我看这齐眉山的地形，中间的山谷很适合打伏击。"

　　平安说道："英雄所见略同，我们就让这燕军葬身于此。"

　　几人商定后，就把大军埋伏在齐眉山，等待燕军的到来。

第十一章　兵临长江，入主南京

一、燕军内部的分歧

朱棣在娄子镇打败官军之后求胜心切，率领着军马向齐眉山追来，李斌率先追进了齐眉山。平安一见便指挥大军杀将过来，截断了燕军的退路，把李斌的队伍堵在了山谷之中。何福在南边引兵杀回，向北压了过来，北军被堵在山谷之中，埋伏在四周的官军一起冲杀下来，一时间杀声震天，朱棣知道中计了，但他还是率领将士们奋勇杀敌，不幸的是李斌阵亡，双方厮杀不分胜负，此时山中又升起雾来，大雾弥漫，战阵中难分敌我，才各自收兵。

第二天一早，官兵借着大雾掩护撤离营地，他们在大雾的隐蔽下行动，确实安全了，但是也在大雾中迷失了方向。他们在山中走了很久，等雾散去，却发现自己还在原地，而这时候，燕军已经派追兵赶来，官军不得不挖沟壕抵抗燕军。

官军打仗有个特点，就是所到之处都要挖沟壕筑堡垒，用以警卫。所以他们每住一处都要忙到半夜，有时候要干一个通宵，但是天亮的时候，如果要移营，所有的堡垒都要放弃，辛苦一夜，功夫白费，倒是搞得士兵们很疲惫，这样战斗的时候就力不从心，战斗力也不高。

而燕军则和官军不同，燕军不挖战壕不筑营垒，不做任何消耗体力的防御工程，他们只是分布队伍列戟为门，他们这样布阵，官军也不敢进攻。因此燕军将士们都能够得到充分的休息。尤其他们休息的时候，有了闲暇，燕王朱棣还会出去游猎，并且将猎物分给士兵们，这样又增进了朱棣和士兵之间的感情。

在齐眉山大战后的第二天，官军粮草不足，没有出战。而燕军也因失去王真、陈文、李斌三员大将，又加上这个时候天气日渐炎热，身体熏蒸，来自北方的燕军大有不适，很多士兵生病体力困乏，多日相持不下，燕军的将士们渐渐产生了厌战情绪，他们纷纷请求燕王择地休息。

而此时，官军虽然说是粮草不济，但因为在他们自己的地盘上，补给却也顺利，后续的援军也及时，所以在实力上官军是比燕军强的。

四月二十日这天，燕军诸将来到了朱棣的帐下。

朱棣一看将军们进来了，就问道："诸位有什么事？"

朱荣向前说道："最近几战，我军有胜有负，但是孤军深入敌后，与敌人相持不下，如此天长日久，如何是好？在这样炎热的天气里，孤入行军，是兵法所忌。更何况，天气炎热，大雨连绵，我军将士多是北方人，不耐这酷热。如果发生疾病的话，将对我燕军很不利。"

燕王便说道："那你说应该怎样？"

朱荣就说道："我看小河之东，地势平坦，土地肥沃，多有牛羊在放牧，眼见小麦都要成熟了，军粮可以保存住，不如我们渡河择地驻营，休息将士和兵马，等到有利的时机再战，这不是万全之策吗？"

丘福说道："朱荣说得有理，我军长途跋涉，又长期作战，休整一下也好。"

朱能说道："你二人说得虽有道理，但是你们想过没有，我们现在身处敌军包围之中，敌人会让我们休整吗？"

面对将士们的请求，朱棣一看知道就是将士们疲惫作战了，他非常着急，这些天，朱棣都没有解甲休息过，此刻，他面对诸位将军畏难要退的心情，不但着急，还愠怒。

朱棣干脆说道："兵事有进无退！"

接着，他又耐着性子对诸位将军说道："两军相持，贵进忌退，如今，敌军屡败，心胆俱伤，士气低落，更何况，敌军还严重缺粮，他们的将士们都面带饥色，日夜盼望着粮食，军心离散，灭亡的日子为期不远，所以我们大家只要再坚持下去，就能够打赢这场仗。"

朱棣作为一个统帅，在此时刻，他就是要长自己的志气，灭敌人的威风。

这时候，朱荣又说道："燕王所言极是，只是天气炎热，万一发生疾病后果不堪设想，还请大王三思！"

朱棣却不理朱荣，继续说道："我至少也引兵南下，因为贼军都是南方人，他们久劳在外，肯定都思念家乡，我们在这里打败他们，他们就各归故里，岂能复合？"朱棣居然把本来是南军的优势给说成了弱点，要说久战思家的应该是燕军，可是朱棣经过诡辩，硬是给说成了南军的缺点。

他又说了不能渡小河的理由。

朱棣说道："如果我们渡过小河，士兵们的杀敌之心就会懈怠，而且南军的粮食已经到达了淮河，离这里相去不远，如果他们得到粮饷，气势恢复，我军就很难再打赢他们。所以如今他们缺粮草，我们可以趁他们饥饿，再次截断他们的粮道，坐困南军，可以不战而屈兵。"

最后，朱棣又强调："我军深入，利已在我军，不可缓滞，反让贼有了计谋！"

朱棣看着眼前的将士们，知道他们的心意并没有被自己完全掰回来，于是他很自信地说道："既然大家意见不统一，那这样吧，我看看渡河的和不想渡河的到底有多少。你们愿意渡河的站在左边，不愿意渡河的站在右边！"

朱棣想着凭着自己和大家的情谊，应该是没有人会明目张胆地站在左边，结果事情出乎意料，大多数将领都站在了左边，只有极个别的站在了右边，还有一个大将军王忠不知道应该站在哪边，他就站在原地不动。

燕王朱棣一看，自己没有将住自己的将军们，他就很生气地说："想要过河的人，你们爱去哪儿去哪儿！"

朱棣说完，转过身不再理将军们。

将军们面面相觑，谁也没想到朱棣会这么说，大家也就不敢再多说一句话。

其实，孤军深入真正是兵法大忌，但是朱棣非要说是形势有利，诸位将军当然不满意这种说辞，所以大家依旧在提出反对意见，这时候朱能站了出来。

朱能说："打仗不可能常赢，我们怎么能够因为这一点小挫折而自己阻碍自己的士气，项羽百战百胜，最后还不是输了，汉高祖刘邦屡战屡败，最后还不是赢了？自从我们殿下举兵以来，胜负多回，这点小挫败何足挂齿？所以当下我们应该以宗社为重，整兵前进耳。"朱能说罢，看向朱棣。

朱棣对朱能的话很赞赏，立刻回复："你说的很合我的心意。"

这时候，郑亨走出来说道："朱将军说得非常好，大家都仔细想想吧，你们这样三心二意的，怎么行？我郑亨要跟着燕王走到底，哪怕只有我一个人。"

那些站在左边的将军，看到朱棣的态度不容改变，又看到朱能和郑亨的坚决支持，他们互相看一看，就齐声说道："谨听燕王之令！"

朱棣见大家都这样表白了，就说道："诸位说的道理我都懂，将士们疲惫，我也知道，但是我更知道我们现在不能渡河撤军，我也很想和大家一起休息一下，可是眼前的情形不允许我们休息，虽然你们现在不明白我的意思，等以后你们就会知道我今天的决策是对的，还希望诸位体谅一下！"

二、灵璧决战

朱棣虽然很强势地打消了诸位将军撤军的想法，但是在这个非常关键的时刻，他必须解决平安和何福，这两人的军队可以说是死死咬住了朱棣南进的步伐。朱棣在前几次的作战中，没有占到这两人的丝毫便宜，于是他又想着要烧南军的粮道。

而更好的消息是，建文朝廷那边，因为收到了一次又一次的喜讯，建文朝廷就飘飘然了起来，觉得朱棣孤军深入是成不了气候的，所以他们又把徐辉祖召回南京了，理由就是为了南京的安全。徐辉祖一走，何福就势单力薄了，这样就为朱棣减了压，可谓是大好消息。

朱棣对诸位将军说道："敌军的粮食就要运到了，敌军怕我军袭扰，肯定要派兵保护粮食，又要留下一些人马守营，他们现在又有一部分军队回了南京，我们正好趁着他们兵力分散，尽力冲杀过去，敌军不能坚持的时候，一定会弃粮逃跑，如果他们营中的守军出来支援，我们就乘胜攻击他们。这样敌人就溃不成军了。"

诸位将军同意。

朱棣就分配任务："朱荣、刘江，你们两个率轻骑去偷袭南军的粮道，如果遇到南军的运粮大军，不要和他们大战。你们且战且退，达到扰乱他们的目的，然后来和我们大军会合。"

朱荣、刘江领命前去。

南军因为缺少粮草，他们的将士们就在河边挖野菜，谁知，朱棣不断派游骑去骚扰，晚上又派军队去袭击南军的大营，这样骚扰得南军疲惫不堪，饥疲交加。何福没有办法，就决定四月二十五日移营灵璧，与平安合军，一起固守灵璧。并且分兵保护粮草。

二十七日那一天，朱荣派人报告朱棣。

"燕王，朝廷派兵五万给灵璧运粮，为了防备我军，平安和何福又派了六万人接应，他们把粮草保护在军队的中间前进。"

朱棣一听，立刻调兵遣将："丘福听令，你率领一万大军堵截灵璧的营垒官军，截断他们对运粮队伍的支援。"

"朱高煦，你率领步兵三万在树林中埋伏，待官兵疲惫的时候就突然出击。"

朱棣分配完之后，自己亲自率领大军，袭击南军的运粮大军。

朱棣在灵璧20里外的地方截住了南军的运粮队，一看，官军果然是一个方阵，五万的运粮军夹在中间，平安用六万军马在外保护。

朱棣命令朱荣带一万军队冲击南军的正前方。

朱荣便带军向前冲，南军迎战。

朱棣又派火耳灰者带骑兵夹击南军，两人前后夹击，飞箭如雨，战马狂奔，鲜血横流，官兵败退。

朱棣又派朱能率步兵横冲南军方阵，把南军方阵一分为二，结果杀得运粮军纷纷弃粮逃命，南军方阵大乱，死者有一万多人。

何福在灵璧城内听说粮队被劫，立刻率兵前去厮杀，支援运粮队，想要抢回粮草。正在赶路，结果丘福率军杀将出来，截住何福的军队就打。官兵们本就缺粮，这时候把粮食看得和生命一般贵重，有粮就有命。为了活命，官兵们也是拼命厮杀，又加上才出城，所以士气也高，杀得丘福竟然有些不能抵抗，败下阵来，燕军有几千人被杀。何福也不恋战，想着救粮，带兵就走了。何福带着大军正在赶路，忽然，朱高煦带着一队人马从树林中杀了出来，南军之前和丘福已经杀了一阵，这会儿又是急走行军，所以正是疲惫不堪，朱高煦杀出来之后，几回猛冲，南军就大败而散，混乱不堪。这时候，朱棣又带着大军杀了过来，何福只好退回城去，关死城门死守。南军的粮草全部落到朱棣的手中。

何福回到军营中之后，知道没有粮食，这灵璧是无法坚守了，就对平安说："如今军中无粮，我们可怎么办？"

平安说："此事还需总兵安排！"

何福说道："我们大军无粮，若不快速解决问题，军中肯定大乱，即便是不乱，也无法战斗。"

平安就说道："这灵璧是不能守了，那我们去什么地方？"

何福思考良久，说道："去淮河，淮河沿岸筹粮容易，又靠近京都，淮河作为一险，可攻可守！"

平安说："可如今，我们被燕贼包围怎么去？"

何福："突围，只有突围！"

平安："那就快点走，免得夜长梦多！"

何福："事不宜迟，今天是二十八日，咱们就定在明日，鸡鸣之时突围，以三声炮响为令！"

两人商量好之后，赶紧连夜在军中做准备。

二十八日这一天，朱棣在灵璧城外严阵以待，结果何福和平安没有出来，只是坚守不战，就知道他们的粮食吃完了，在准备突围。

朱棣对诸位将军说道："城内南军的粮食肯定是吃完了，他们要准备突围了，这可是我们战败他们的好机会，千万不能错过。"

朱能便说道："那我们何不攻城？"

朱棣说："明日鸡鸣之时攻城，以三声炮响为号。只许胜，不许败，官军将士凡是投降的，不许乱杀，违者斩。"

朱棣真是被自己将士的乱杀俘虏搞头疼了，所以才这样下令。第二日，鸡还没有叫，燕军就开始了攻城，而敌营中的南军，只想着鸡鸣的时候，三声炮响就出城逃命，并没有想着怎么守城守营。好不容易鸡叫了，朱棣率先登上了敌人的营垒，他一挥手，攻城的将士们就跟着蜂拥而上，然后发出了信号，燕军三声炮响，诸位将军就率领大军呐喊着从四面开始攻打敌人的军营。

敌人的军营巨大，墙高沟深，壁垒森严。大营里的南军一听到三声炮响，又听到鸡也叫了，以为是突围的信号，便死命往外冲。双方军马挤在了大营门口，杀得天昏地暗，尸积成山，血流成河，无数的南军从营垒上跳下来，人马摔死、淹死无数。

南军的指挥宋晟拼死作战，受了伤，被燕军的将领围住，刘江一枪刺过去，宋晟胳膊又受伤，鲜血喷洒。

朱能劝宋晟投降。

宋晟表示宁愿战死也不投降，说着挥刀砍向刘江。被刘江一枪刺死，掉落马下。

何福和丘福战在一起，因为何福是突围，又看着自己的军士死伤惨重，所以有些心虚，如此就有些力气不够用，他和丘福战了二十几个回合，虚晃一枪，想要单骑逃跑。丘福不放他走，南军总督陈晖看到何福危险，就打马过来救援，截住丘福就杀。

就在这个时候，燕军的几位大将看到了丘福被截杀，刘江、朱能、朱荣三人也杀了过来，于是，四人联手围杀陈晖。陈晖自然不是他们四个的对手，战了不到5个回合，就被朱能伤了战马，而掉落马下，这样陈晖被燕军捉拿了。

朱能四人捉了陈晖，正要掩杀过去，结果就看到平安杀了过来。

朱能说道："好家伙，今天就是你的战败之日，看我拿下你。"朱能说着话就打马迎了上去，刘江、朱荣、丘福也打马追了上去。

平安真不愧是骁勇善战的猛将，一人力战四将，从容不迫，战了二十几个回合，也分不出胜负。就在这个时候，燕军的郑亨和王忠也杀了过来，燕军就想着一定要活捉了平安。

6个大将，6种兵器，把平安围得水泄不通，死死地压在了兵器下面，平安不能逃脱，只有束手就擒。

平安是太祖皇帝朱元璋的干儿子，武艺高强，深受朱元璋的喜欢，靖难之中，多次打败燕军，这一次平安被活捉，燕军将士欢呼，因为这代表着南军已经没有将领可以带兵打仗。燕军大喊着："生擒平安，从此北军平安了！"

南军将士看到何福打马逃走，平安、宋晟、陈晖被捉了，就没有心思再战了，纷纷投降。右都督参将马溥、都督徐真、都指挥孙占等37人也都被俘，同时被俘的还有4名内官，大理寺丞彭与明、钦天监副刘伯宪、指挥王贵等150多人，燕军获得战马2万多匹，官军投降人数10万多名。

朱棣坐在军帐中，接受诸位将军的贺喜，并和他们分享胜利的果实。

朱棣笑眯眯地问手下诸将："假如我们渡过小河，休战了，还有今天这样的大胜利吗？"

朱棣问得轻松，也是满心欢喜，一脸得意。

诸位将军憨笑，赶紧说道："燕王英明决策，我等凡夫怎能相比，好在没有听我等的胡言乱语。"

朱棣又故意说道："那现在都打赢了，我们要不要休息一个月？"

诸位将军哈哈大笑，赶紧说道："不要了，我们稍作休息就乘胜追击吧！这么好的战机，怎么能够错过？"

朱棣就跟着大家一起哈哈大笑说："本王这一次最开心的事情就是我们活捉了平安，平安这个人了不得，是我父皇的干儿子，把他带上来，我有话要问他。"

朱能就说道："殿下，降将众多，还是一起过去看望吧。"

朱棣便对诸将说："一起走，都去看看！"

几个人到了关押俘虏的营帐里，那些被俘的官员和将士一看到燕王就一起参见行礼："拜见燕王！"

燕王走到平安面前，问平安："淝河之战中，如果你的马不失蹄，你将如何对我？"

平安抱拳说道："燕王英武，伤我就如同折根草枝！"

燕王长叹："你可是我父皇养的壮士啊！"

平安便问燕王："今日燕王将如何待我？"

燕王毫不犹豫地说道："我可不舍得杀你，自然要以兄弟相待！"

平安一脸坦荡："谢燕王不杀之恩。"

燕王就对被俘虏的官员和将士们说道："我和大家本应该都是朝廷之臣，但是奸臣乱道，导致我们兵戈相见，事已至此，除了陈晖、宋晟、平安、孙成等人送回北平，其余你们大家是要留还是要走各随自便，我不勉强。若是有人要走，现在就可以走。"

众人听了之后感谢燕王，有自愿留下的，有离开的，燕军将士没有一人干涉。

灵璧之战后，朝廷损失惨重，这场战争很难再打下去了，灵璧的这一仗，不同以往的所有战役，之前的所有战场几乎都是围绕着北平周围，最远的不过是打到了山东的济南，而这一回是入了安徽境内。当时的安徽就是江苏同属的一个行政区划叫做直隶，也就是说，灵璧的这一场大战是在南京的畿辅之地打的，是在朱允炆的门前打的。这一仗打得朱允炆损失巨大，而且士气大跌。

三、借道失败，绕道长驱

灵璧大捷之后，朱棣让士兵们尽情休息，自己忙着筹划南下的事。

此时，整个北方可以说是尽属于燕王了，建文王朝能够与燕王抗衡的力量只有三支，一支是由都督统领孙岳率领，驻守在凤阳，用来防备燕军南下。一支是盛庸的兵马，步兵有数万，战舰有千余艘，他列阵在淮河南岸，与燕军对抗。另一支由驸马都尉梅殷率领，驻军在淮安。

这位驸马爷梅殷在当年可是朱元璋托孤的人，但是不知为何，在整个靖难之役中，他一点用场都没有派上。事已至此，战局已无法挽回，朱允炆才派他守淮安，阻止燕军南下。

朱棣为了快速打通南下的路，细想梅殷的处境，便修书一封给梅殷，让人火速送往淮安。朱棣这是要和梅殷借道了。

那一日，梅殷正在操练军马，准备着防备燕军南下，忽然有侍卫来报。

"禀驸马爷，燕王派了信使求见！"

"带上来！"

梅殷一见信使，便问燕王有何事在此时求见。

信使呈上朱棣的信，梅殷一看，竟然是朱棣表示想借道进孝陵进香。梅殷自然明白朱棣的意思，可是梅殷不买朱棣的账，他命人把信使的耳鼻割了，对他说道："我留下你的嘴巴，去告诉燕王殿下什么是君臣大义，再告诉殿下，进香之事，皇考有禁令，不遵者为不孝。"梅殷虽说在朱允炆这里没有起到托孤大臣的作用，但是他毕竟是朱元璋的女婿，他不可能背叛朱元璋曾经的托付，公然给朱棣借道。

朱棣看着信使归来后的模样，心里非常生气，不再对梅殷抱希望。他明白梅殷和孙岳都不会借道给自己，只好不再取道淮安和凤阳，而是决定由泗洲过淮河，进军扬州，但是在朱棣进军南下的时候，本来不买账的梅殷和孙岳却都没有出兵阻止，他们只是固守本部，并不关心朱棣的行动到底是要去干吗。梅殷没有出兵，很有可能是因为他作为朱元璋当时的托孤大臣，再后来并没有享受到托孤大臣的待遇，而引发了他的这种态度，至于孙岳，他这样消极，可能是在心里打着一个投机的算盘，毕竟时局也让人无法再忠于建文王朝。

但是朱棣兵临泗州时，守将周景初得知燕王来了，却下令打开城门，让所有将士和百姓夹道两边，专门迎候燕王的大军进城。

燕王率领大军进入泗州之后，又到了凤阳地界上，往事历历在目，那真是百感交集，感慨万端。想到前几日在灵璧还是战火纷飞，血流成河，到了这里，却是一片安详和平。

周景初拜见燕王："下官周景初拜见燕王，泗州军民欢迎燕王殿下进城！"

燕王表扬周景初深明大义，更是感谢他开城相迎，说他其情可嘉。

周景初说道："殿下兴兵讨伐奸佞，顺应天道，谁人敢不敬！"

"我未攻城你便降了，这是为何？"朱棣这样问，是想问出个满意的答案。

而周景初能够开城门迎接，自然是有自己的说辞，他很是明白朱棣的目的，事已至此，不就是要个天意民心吗？

周景初说道："在泗州城里面，有一个非常灵验的庙宇，老百姓遇到问题都会在那里求告神灵，无不应验。这一次，大战前夕，我也是去求了神灵，想要知道殿下大兵临城，是战好还是投降好。结果神灵在梦里告诉我，说大兵临城速投降就是大吉，不投降则是大凶，所以泗州城不战则降，全是按着天意行事。"

这一番天意论，说得朱棣是满心欢喜。

朱棣说道："人心通灵，在万物之上，你也是先觉先悟，神灵才给了你这样的启示，事已至此，你就继续镇守泗州城，安抚好百姓，至于其他军校，本王会一一奖赏。"

朱棣这样说也是顺应天意，又是表态自己明白周景初的心思，领了他的情分，记着各位将士的好。

周景初和泗州各位官员齐声道谢。

朱棣来到泗州城之后的第二天，就带领诸位将领去拜祖坟地，这时候的祖坟因为是皇陵，也是朱元璋的祖父、朱棣的曾祖父之墓。此时的祖坟修缮得很高大，土坟上一派的青草葳蕤，古木参天，看上去就是子孙福泽延绵。朱棣跪在坟前，想起半生的风云以及这连年的厮杀，不觉得潸然泪下。

朱棣哭着说道："我横遭迫害，几经丧命，差点就见不到祖宗的陵寝了。今日能到此处，幸亏祖宗神灵的保佑，才有了拜谒的机会，实在是太不容易了。我长期没有来拜祭，一到此处，便倍感忧伤，还请求祖宗多加保佑，助我完成清除奸佞的大业。"

朱棣说得泪水横流，四周赶来的百姓和乡邻们无不动容。朱棣接见了乡亲们，并给他们赏赐了一些银钱，最后又派人将他们送回去。

燕王拜祭了祖陵，这是朱棣几年以来第一次拜祭祖陵，这次拜祭祖陵，预示着朱棣发起的靖难之役离最后的决战不远了。摆在他眼前的任务就是突破天险夺取南京！

淮河是进入南京的一道天然屏障，到底从什么地方越淮河跨长江，是朱棣必须认真思考的问题。朱棣召集诸位将军一起来讨论进军路线。

朱棣说道："各位将军，通过灵璧一战，朝廷在北方的军事力量已经被我们消灭，我们后面的目标就是攻取南京。现在我们面前有三条道，一条是走凤阳，另一条是走淮安，第三条是走扬州。各位将军讨论一下，可以各抒己见，我们来决定到底走哪条道最有利。"

战争打到了这会儿，面对最后的这步路，朱棣非常谨慎，诸位将军也很是谨慎。

首先，朱能站起来说道："我认为可以走凤阳这条道，我们只要占领凤阳，就切断了朝廷军队的所有援军之路，进而可以控制长江天险，长江天险一破，南京则唾手而得。"

但是周荣站起来反对朱能的建议，他赶紧说道："凤阳这条道损失太大了，可以说是困难重重。如今，朝廷派的是都督同知孙岳镇守凤阳，孙岳和知府苏安配合得特别好，为了阻止我军南下，他们拆毁了淮河上的浮桥，甚至拆毁了寺庙，用寺庙的木材改造战船，凤阳官军日夜训练，他们兵精将广，从凤阳过一点都不容易，会让我们的军队损失惨重。"

朱棣听着频频点头，说道："周将军说得有道理，我也觉得不能从凤阳过，不仅仅是凤阳兵精将广，而且凤阳是皇陵所在，我也不忍心在那里兵火交加，侵扰祖父母！"

丘福听了说道："既然这样，我军何不取道淮安？只要我军占领了淮安，便可一路攻下通州、泰州，直取扬州，取下扬州后，我们就可以没有后顾之忧地渡江。"

李远一听赶紧说道："淮安是驸马都督梅殷镇守的，他治军有方，悉心防守，之前已经表示，不会借道给我们，我们走此路绝无益处。"

朱棣听着诸位将军的发言，就分析道："凤阳城，坚固高大，防守严密，不可攻打，如果攻打还会惊扰皇陵。淮安城池高深，粮草充足，兵马尚多，如果攻城不下，就会浪费我们很多时间，损失我们的军力，让我们的军威受挫，敌人在四处的援兵肯定也会集中而来，这样对我军极其不利。而扬州、仪征，这两处守军力薄，很容易攻打，如果我们打下了扬州和仪征，淮安和凤阳就会军心涣散，到时候我们于大江之上渡江，向东夺取镇江、常州、苏杭江浙之地，西下太平，抚定池州，安庆、南京就成了孤城，朱允炆他怎么守得住？"

诸位将军一听，纷纷赞同，佩服朱棣的高瞻远瞩，不是常人可以比拟的，朱棣见大家没有异议，便下令："如此，大计已定，我们依计而行，不得有误。"

众将军同意。

守在淮河南线的是盛庸，前面已经说了盛庸在淮河是严防死守，他下令将士们："全力警戒，稍有风吹草动，就赶紧禀报。"

这一次，朱棣设了计，草船渡江，谭清命令军士们擂响战鼓，点燃火把，把整个淮河的北岸弄得灯火通明，人声震天。士兵们喊着号子，每个士兵架着1个竹筏子，每个筏子上有6个稻草人士兵，挂着2~4个灯笼，从南岸看向北岸，整个北岸灯火万点，人影晃动，船只万千，南岸的官兵一见，惊慌失措，赶紧报告给盛庸。

盛庸出了营帐，仔细观察，下令准备迎敌，全军全力以赴。

但是朱棣早派了丘服、朱能、王彦绕路躲过南军势力，于无人处渡了淮河，绕到了官军的营寨后面。

一方面谭清迷惑南军，他虚张声势领兵渡江，后来又忽然全力渡江，盛庸全面阻击，江面上一时间箭若飞蝗。

丘福、朱能、内官狗儿在南军的营垒之后，突然好像天兵下凡一般攻击南军大营，南军吓乱了阵脚，仓促应战，一个个早成了燕军的刀下之鬼。盛庸坐小船逃窜，朱棣指挥自己的大军过淮河，整顿好队伍，马不停蹄地东进，到盱眙，盱眙守军还没醒过神，就做了朱棣的俘虏。

扬州是长江之滨的一个重要城镇，可是建文王朝在商议防御的时候，并没有把扬州作为重点防御之地，而且扬州的防御官员之间还存在分歧。扬州官员王礼是个很有城府和谋略的人，他看清楚了四年靖难的结果，官军节节败退，眼见着建文王朝就要一败涂地，而燕王朱棣不仅善战，还是仁义之人，燕王登临朝堂只是时间问题，于是，他心里早就想好了要开城归降，灵璧之战一结束，他就开始积极谋划投降的事情。

一日，王礼和几位心腹在一起，他们在一处酒楼密谋投降，结果这个事情不小心被人透露了出去，被监察御史王彬知道了，王彬立刻把王礼下了大牢。

朱棣派吴玉前往扬州招降的时候，秘密来到了扬州，在茶楼听见了如下对话。

"哎，如今燕王打到了扬州，眼看着就要打起来，我们这茶快要喝不成了。"

"可不是吗？镇守指挥哪天不是在加紧训练军队。"

"不是有人要开城投降吗？投降了我们就不用受战争之苦了。"

"你说的是扬州指挥王礼吧，早就被打入大牢了。"

"可不是吗？王礼指挥被打进了大牢，这可是个好人啊，可惜事情败露，他受了难不说，我们老百姓也难免要受难了。"

"哎，让王礼坐牢，真是天理不公。"

"还是少说点，小心隔墙有耳。"

吴玉把听到的这个消息报告给了朱棣，朱棣抓住这一点，知道扬州已经是一盘散沙，于是他下令悬赏通告：谁把朝廷的御史除掉，他就给个三品官让此人做。重赏之下就有人开始行动。王礼的弟弟王宗看准时机，就联合城内千户徐政、张胜，率领十几个人将王礼从监狱里救出来，他们抓了王彬和崇刚，打开城门投降了朱棣。朱棣拿下扬州城之后，乘胜不战而下，拿下了天长、高邮、通泰，攻占了仪征，最后兵临长江北岸。

此时，朱棣大军和南京就一江之隔，朱允炆朝廷才恐慌起来，朱允炆情急之下颁布了《罪己诏》，号召征兵勤王。

《罪己诏》内容如下：

奉天承运皇帝诏曰：朕钦奉皇祖宝命，嗣奉上下神祇。燕人不道，擅动干戈，虐害万姓，屡兴大兵致讨。近者诸将失律，寇兵侵淮，意在渡江犯阙。已敕大将军率师控遏，务在扫除。尔四方都司、布政司、按察使及诸府卫文武之臣，闻国有急，各思奋其忠勇，率募义之士、壮勇之人，赴阙勤王，以平寇难，以成大功，以扶持宗社。呜呼，朕不德而致寇，固不足言，然我臣子其肯弃朕而不顾乎？各尽乃心，以平其难，则封赏之典，论功而行，朕无所吝。故兹诏谕，其体至怀。

——《朝鲜王朝太宗恭定大王实录》

所谓的《罪己诏》，就是皇帝的公开检讨书。在旧的帝制时期，皇帝是天之骄子，代表上天的旨意，管理天下，是人王，他的话人人都得执行照办，但是到了此时此刻，皇位就要易主了，朱允炆也就不在乎自己是什么天之骄子了。他说，天下如此大乱，说明自己确实错了。他这样公开检讨，就是想用这样的方法取得臣民们的谅解，让大家再次支持他，他说的征兵勤王，不过是皇帝这边发生危险了，不能够按照常规去调动兵马解决危险，他想让各地方的官员们，各尽所能，招募军队，来京师救自己，为自己效力。

在这份《罪己诏》里，包含了很多的内容，但是指责燕王造反，危害百姓，是他不变的主题内容，然后要求地方官员，召集忠义之士救护他这位皇上，他说了一句："朕不德而致寇，固不足言，然我臣子其肯弃朕而不顾乎？"还有一句："各尽乃心，以平其难，则封赏之典，论功而行，朕无所吝。"

《罪己诏》贴出去之后，朱允炆四处派人招兵买马，忙前忙后地张罗，却没有人来京师，看来他的这些臣子是真的要弃他而不顾了。所谓勤王无师说的就是这种。

在这个时候，唯有方孝孺还紧紧地跟在朱允炆的身后，方孝孺给朱允炆出主意，说道："这事情来得太急了，勤王之师一时难以聚集，依老臣之见，不如去和朱棣讲和，割地给他，等到大军聚集，我们再和他决战江上，燕军因为是北方人，不善于水战，到时候胜败还说不定呢。"

方孝孺的话，只不过是一厢情愿的安慰之词，但是已经没有了主见的朱允炆，竟然听取了，他派了庆城郡主到江北去找朱棣谈判。

朱棣和庆城郡主两人一见，先是抱头痛哭，说的都是堂姐和堂弟的感情，以及各位宗亲的消息。可是庆城郡主到了最后，还是委婉地提出了朱允炆割地求和的意思。

一听郡主说出这番话，朱棣立刻就不答应了，自己好不容易打到了这里，牺牲了那么多将士，就剩最后的隔江一战，这会儿想割地求和，早做什么去了？

朱棣也知道朱允炆这是没有招募到军队，在进行缓兵之计，他才不会相信这种割地求和的幌子。

于是朱棣说道："我这个亲王是父皇亲封的，我都保不住，四年征战，朱允炆想要我多少次命，如今打不过我，就要割地求和，他说这样的话，能信吗？我这次来，就是按祖训办事，除去奸臣之后，我只求恢复原来的爵位，我没有其他想法！至于割地求和，我没有想法！"

庆城郡主一听，就又说南京城内的各位兄弟姐妹也希望朱棣不要过江，不然以后大家见面都不好说话。庆城郡主这是先说亲情，又以亲情威胁了。

朱棣听了这话，立刻就生气了，他说道："这些年我几经生死，拼死才活下来，你们都没有看到吗？如今，幸亏上天和祖宗的保佑和将士们的拼命，我朱棣才回到这江边，你们又来劝我回北平，让我如何面对征战的将士和我父皇当初尸骨未寒的惨状？如今奸佞未除，你们竟然让我回北平，你们还有忠孝之心吗？

你们去和朱允炆谈判吧，如果他能理解我的忠孝之心，让我入朝，仿周公辅佐周成王，我就罢兵，如果他不同意，那诸位兄弟姐妹，你们都赶紧躲去孝陵吧，免得到时被惊扰。"

郡主傻眼了，正不知再怎么说，朱棣又说了一句："你回去告诉大家，你们这回最好不要再指望朱允炆了，不然可别怪我不顾手足之情。"

这无疑是朱棣对南京城里各位亲朋的威胁！可是，威胁又何妨？四年之战，我朱棣是拿命打到这江边来的，你们可曾知道我的艰辛？此时还想着让我放弃，我就威胁你们了，你们又能如何！

郡主和朱棣谈判失败，朱允炆更是没有了办法，就征询方孝孺的意见，方孝孺又说："陛下，不要着急，长江可是天险，可以挡住百万雄师，再说我们已经把江北的船都烧了，他们想要渡江也不容易，现在天气越来越热，燕军过不了长江，受不了炎热，也就回北方了。"

方孝孺真是书生之心啊，似乎不明白朱棣要坐拥天下的决心早已是无所顾忌，所向披靡。

朱允炆的内心当然清楚，自己的京师空虚，朱棣一旦渡江，南京城是守不住的。

此时的朱棣到了长江边上，他也知道，南京城即便空虚，要想顺利而快速地突破，也不是容易的事情，他也知道朱允炆此时虽然无兵，但是保不准他招募的大军就在路上，所以他必须在勤王大军汇聚之前，夺取南京。如此长达四年的靖难之战，到了最后一幕。

四、强渡长江，成王败寇

按照方孝孺的计谋，朱棣的大军不可能立即渡江，在这个延缓的过程中，朝中四方的援兵就可以赶到，但是他没有想到的一个因素就是，沿江卫所的不少将士早已暗中投降了朱棣。

朱棣面对长江，江上的船只已经被烧毁，他拿什么渡江，这还真是个问题。诸位将军集思广益，有人出主意，挑选了一些老家在南方的善于游泳的士兵，猪皮囊充气系于腰间，偷渡到南岸，夺取对方的船只，夺取不到的就烧毁。几天下来，燕军夺了不少南军的船只，也毁坏了南军不少的船只。

在燕军队伍中，有一个燕山卫的士兵叫钮阿卜，是江苏人，因为长期在北方当兵，他厌恶了那里的严寒。这一次，燕军进兵到了江北，他难以抑制自己的思乡之情，就偷偷离开军营，想要一走了之，又想凭着自己的好水性潜水过江，回老家。

可是钮阿卜怎么都没有想到，他在靠近南岸的时候，遇到了南军的运粮船，南军中身体壮实的士兵都被抽调到作战部队去了，运粮的人都是老弱病残，他们一看见突然出现在面前的燕军士兵钮阿卜，就像是羊群里进了只狼，受到了非常大的惊吓。而钮阿卜也害怕自己被运粮兵捉了，他虚张声势，壮起胆子向运粮官军大声喊道："我燕军将士将要大举过江，你们若不想死，就赶紧跟我去投降，否则到时候将把你们杀得一个不剩！"钮阿卜的目的是将运粮船吓走，自己伺机逃跑，没想到这些运粮的老军一听钮阿卜的话，立刻顺从地调转船头，表明要跟着他投奔燕军，钮阿卜逃跑没有成功，反而却立了大功，他被奖励并提拔了官职。

当然，南军的阻挡，让朱棣的进军并不是非常顺利，建文四年（1402）六月初一，朱棣率领大军攻下了仪征、六合等地以后继续进军到了浦子口，浦子口与南京城隔江相对，也是离亦城最近的北岸港口，是朱元璋设在这里的军事基地，这里也是朝廷最后的一支军事力量，是由盛庸带领的军事战船坚守的。朱棣试探着，想着是否能从这里渡江。就这样两支大军在此做了最后的较量，朱棣遭遇了一场严重的失败。

盛庸带南军和朱棣的燕军在这里展开了激烈的战争，一番大战后朱棣失败。这一仗，让朱棣看着隔江的南京一筹莫展。朱棣看着近在咫尺的南京，却不能轻易拿下，加上长江就横在面前，渡江实在不易，朱棣感到前途茫然和疲惫无力，难道就此罢手，议和北还吗？

故国，家园，亲人，皇权，想起成长时期的理想以及一路的浴血拼杀，朱棣又怎么会甘心北还？就在这个时候，朱高煦带领着蒙古骑兵赶来了。儿子的出现，让朱棣终于振作起来，此时，精疲力竭的他，拍一拍朱高煦的肩膀说道："儿子，我太累了，你去打吧，好好努力，世子可是多病之人。"

朱高煦一听，信心百倍，他带领着军队将士们拼死冲杀。每次在征战的关键时刻，朱棣一碰到危险，都是朱高煦救援，因此，朱棣比较喜欢朱高煦。远在北平的朱高炽，自然比不上这个与他并肩作战、驰骋疆场的儿子。

朱棣这番话的意思就是说你哥哥虽然是长子，可是只要你努力还是有机会的。朱棣在这个时候这样说，其实是在利用朱高煦给自己卖力，这个皇位，可以让他和侄子拼杀，也可以让他忽悠儿子。亲情至亲确实不算什么，作为一个要雄霸天下的男人，他的内心里装的更多应该只有皇权。朝廷在北岸的力量彻底被消灭了，整个江北都落到了朱棣的手中。

当盛庸和朱棣打得激烈的时候，盛庸不敌，只好兵退高资港。高资港在长江的南岸，与江北瓜洲渡相对，朱棣大军集中在瓜洲，此时的浦子口之战，只不过是朱棣在一探虚实，而盛庸也根据此战判断出朱棣有可能在瓜洲渡江，因此在盛庸退军高资港后就整军相待。朝廷也感到大战迫在眉睫，担心盛庸一个人带兵难以支持，就派了陈瑄率领大量舟师支援盛庸，但是这一位南军江防主将陈瑄却率舟投降了朱棣。

还有一个官军监军兵部侍郎陈植，陈植亲临江上，慷慨誓师说要把燕军挡在长江以北。但是正当这一位慷慨陈词的时候，军中有一个叫金甲的人说燕军不可抵挡，不如投降，于是这个金甲被陈植严厉训斥，说他不守君臣大义，金甲一气之下就杀了陈植，然后他自己带人投降了燕军。在燕军和官兵临阵对抗之前，南军兵士纷纷投降叛变，这让南军的力量遭到了破坏，盛庸成了孤军。

而这个时候，朝廷中的大臣也与朱棣暗自联系，又不断派人给朱棣通消息，还献策说怎样渡江，怎样攻打南京城诸如此类的，江南的防守已经从内部垮了，朱棣就决定抓住战机，强渡长江，攻打南京城。

建文四年（1402）六月初二，朱棣在渡江之前隆重祭江，四年征战，能否成功就在此一战了，他希望江神能够保佑他顺利渡江。朱棣带领众将士向长江恭敬地礼拜行礼。

行礼之后，朱棣大声说道："我被奸臣所迫，不得已起兵防祸，我发誓'清君侧'以除奸佞，安社稷，予有厌于神者，使不得渡此江，神鉴孔迩，昭格予言。"朱棣说完后，再次隆重行礼。

六月初三这天，朱棣举兵誓师。

他面对三军，大义凛然说道："我军行百里者半九十，我等还需努力！我们已经一路战到了此处，奸佞小人定当魂飞魄散，但是，困兽犹斗，我军还是要小心谨慎！"

朱棣说完，便率大军渡江，这是一场空前的临江决战。

按理来说，燕军自北方而来，远离了自己的大后方，燕军士兵又大多数不习水性，从人数上来说燕军人也少，朝廷人多势众，这场战争对燕军应该是不利的。但是，朝廷将士多叛离，防线早溃，而燕军乘胜渡江士气蓬勃，志在必得，所以从气势上朱棣遥遥领先。朱棣渡江这一天，江上船舟相随交错，旌旗飘扬，刀枪如林，战鼓之声不绝于耳，而江面上微风轻吹，水波平稳，千万只战船横穿江面，如入无人之境。

朱棣一路南下，以少胜多，屡战屡胜，早就被朝廷的士兵们传为神兵。虽然那些忠于朝廷的文武大臣，仍然要抗击朱棣，但是南军将士们对朱棣带领的燕军有着一种莫名的恐惧害怕。燕军过江，犹如乌云压顶，朱棣指挥着大军到了岸边，便命令数百名精锐冲了上去。

盛庸虽然带着军士们英勇作战，却无法抵挡燕军的凶猛和锐猛气势，南军士兵们纷纷丢掉武器，向山上逃去，盛庸单骑逃走，逃不掉的南军士兵纷纷投降。之前，朝廷为了防守南京，调动了大量的海船，此时，这些海船也都归降了燕军。

朱棣以破竹之势渡江之后，燕军将领在顺利渡江的胜利情绪下，士气高涨，纷纷要求直接进军南京城，但是朱棣坚持了自己之前的计划。

朱棣说道："南京城城池高深，又是两层城墙，并不是很容易就能攻打占领的，而且建文小儿还在四处招募勤王之兵。如果我们久攻不下，就会被动，说不定还会被围攻，这样我军损失太大。镇江是咽喉之地，若是南京城攻不下，这个镇江就是我军的妨碍，会对我军造成不便，就像人患上了疥癣，虽然不伤身体，最终却也是疾病在身，所以我们先打下镇江，就犹如断了南京的右臂。"

燕军诸将一听，纷纷同意朱棣的意见。

朱棣吩咐诸将："让那些投降的船只挂起黄旗，在江中来往游走，给镇江的守军们看看他们所处的境地，让他们有自知之明。"

于是投降的船只纷纷挂上黄旗，在江中往来，镇江的士兵一看，满眼黄旗飘扬，心中就觉得大势已去，别人都投降了，自己还坚持有什么意义？镇江的守将童俊早就有投降的心思，见自己的军士们也是不想对抗燕军，就率众归降了朱棣。

其实，关于童俊的异心，朝中还是有人发现的。就在燕军临江备战的时候，刑科给事中常熟人黄钺父亲过世，黄钺丁忧在家，方孝孺前去吊唁的时候，两人就屏退左右私下交谈。

黄钺说道："苏州、常州、镇江是京师的辅助，其中镇江最为要害，指挥童俊狡猾不可信任，将来会有异心。"

黄钺一直在关注镇江的防守，他当然会分析镇江的守将，他看到了童俊的表现，童俊后来的投降也证明了他的判断。

六月初八，朱棣行军到了龙潭，在这里可以遥望钟山，朱棣遥望钟山不禁泪水涟涟，诸将就问朱棣："如今祸难垂定，燕王为何悲伤？"

朱棣说道："往日渡江，就入京见我父亲，我被奸恶所害，不渡江数年了，今日到了此处，我的亲人们又在哪里？此时瞻望钟山，仰怀孝陵，我满怀悲思啊！"

听朱棣这样说，诸将想着四年的征战，就为回到京师，也不由得跟着朱棣落泪。

朱棣拿下镇江，对南京形成合围，想着再观察后发动进攻，可是他的侦察兵带来消息说南京城的准备不是很充分，他才大喜之下调集大军，进攻南京城。

至此朱棣想着南京城中前几日找自己的庆城郡主，想起城中亲人劝自己回北平的事，他就亲自写了一封信答复这些至亲，可是信却送不进南京城，于是他便将信射进了南京城。

朱棣在信中不仅洗脱了自己起兵的责任，关于自己的政治目的只字不提，只说奸人是自己父皇没有杀尽的余党，在害父皇的皇子，他又逐个说了几位被削藩的王爷的遭遇，说这些人就是要害死皇子们，图谋父皇打下的天下。又说父皇有多少皇子经得住这样屠杀，自己也是不想丢命。又说这几年之中，奸人举天下之军马，来北平杀自己，自己也是为了保命才起兵反抗，与贼兵交战，难道你们非要看着我被屠杀才觉得正常？我朱棣也是受苍天和祖宗护佑，诸将效力保护，我才能累战屡胜回到京城。你们之前劝我回北平，你们想一想，我孝陵未拜，父皇之仇未报，奸恶未除，你们就让我这样回去，你们的孝子之心在哪里？若朝廷知道我忠孝之心，就当行成王故事，我当用心辅佐，以安天下苍生。如若不然，诸位兄弟姐妹还是移到孝陵居住，也免去城破之日受到惊恐。

朱棣的信中也并非全是虚情假意，毕竟朱允炆在各位文臣的簇拥下雷厉风行地削藩是个事实。京师内的皇室之人也是很清楚这些的，朱棣问父皇能有几多儿子受此迫害，此话中包含了朱棣的真情实感，朱棣当然不会放弃自己征战四年的成绩，更不会放弃自己拿命追求的目标，但是，亲人相残的悲哀，他也是无可奈何，这正是靖难的痛苦悲哀之处。

信射入城里，但是，南京城并不是很容易就能攻下。南京城因为是国都，修筑的两层城墙，易守难攻，朱棣也是要充分准备的。当然，朱棣兵临城下，朱允炆在城内也是十分惊慌。

　　首先南京城西北的金川门非常重要，朱允炆肯定要派重要的人去把守。可是他会派谁去？这一次朱允炆的安排又是惊到天下人，他居然派了最糟糕的膏粱竖子李景隆。这个朱棣的手下败将，不仅折损了那么多的朝廷将士没有受到惩罚，这一次朱允炆居然还敢让此人驻守金川门。

　　还有一个人竟然是谷王朱橞。一个是自己当初削了藩的谷王，本来就和朱允炆是敌对立场，一个是李景隆，朱允炆竟然犯下如此用人错误，可见他的能力同朱棣比起来相去甚远。

　　朱允炆做了这些安排后，还派了李景隆和茹瑺以及王佐为谈判代表，去找朱棣求和。一边又按照方孝孺的安排在京城四周做了坚壁清野的准备。他命令调遣军民商人以及各级人臣，赶赴城外，夜以继日地工作，拆除房屋，搬运物资，不给燕军留下任何可用的物资，拆下的砖瓦木料堆积如山，人们家园毁坏后搬出的物资到处都是。

　　京城内的人，连日劳作，天气炎热，又得不到休息，一时间惹得人们埋怨四起，监督的人又催着要把物资运完，运不完就放火烧掉，烧物资的火连日不息。与此同时，士兵又在日夜加固城墙，夯土的号子声不绝于耳，又因为匆忙之中指挥不当，夯好的土墙又被震塌。京城里一片忙乱。

　　方孝孺一边寄希望于和谈，以待援兵；一边坚壁清野，要决一死战。

　　朝廷派去和谈的是李景隆、王佐、茹瑺，他们到了朱棣的军营。当见到朱棣后，根据明朝礼制，公侯见亲王要匍匐行礼，三个人都趴在地上。尤其李景隆，见了燕王朱棣，看着他身上的威杀之气，自知自己是燕王的手下败将，竟然惶恐地伏在地上流下大汗，不敢说出求和的话。

　　倒是燕王朱棣看着几人说道："勤劳公等至此，雅意良厚。"其实朱棣话里全是讽刺。李景隆伏在地上，语塞半晌才说出割地求和的话来。朱棣此时大局在握，当然不会同意求和。

　　朱棣明确地告诉李景隆："公等今为说客耶？始者未有衅隙，欲屠灭诸王，加我大罪，遂削除名爵，贬为庶人，以兵围逼，云以大义灭亲，必欲绝我宗祀，今日救亡不暇，何用割地为？况割地无名，我皇考定天下，一以传于子孙万世，畴敢分之？裂土割地，此亡国之绪耶，孰主张是，其罪当诛。今来为安社稷，保骨肉，复父皇之仇，能悉缚奸恶，付诸法司，使得数其罪而诛之，以谢孝陵，释天人之怒，整肃朝纲，徐听指挥，俾回教疆，实出望外，岂可以土地见啖也。我不即入城者，正为此耳。"（《奉天靖难记》）

朱棣表明态度后，便打发了李景隆等人。

李景隆无果而归。朱允炆见朱棣不肯割地讲和，就继续让李景隆出城去告诉朱棣"有罪者俱窜逐，今不在城，请退师，后执来献"，以此为条件请朱棣退兵。可是李景隆死活不敢去见朱棣了。

李景隆说道："为了京城安全，还请陛下派在京诸王和臣一道前往。"

朱允炆被逼无奈，只好把在京的诸王请出来，和李景隆一起去见朱棣。朱棣见到骨肉兄弟，态度自然是不同。朱棣握着谷王朱橞和安王朱楹等人的手，几人都流下了眼泪，互相倾诉亲情又互通了声气。

诸王说到割地求和的事情，朱棣说道："诸弟试谓斯言当乎否乎？诚乎伪乎？果出于君乎？抑或奸臣之谋乎？"

谷王朱橞等人此时虽然是建文帝派遣来的，但是在建文帝初期，他们兄弟都是建文帝防范的对象，更何况还有一些兄弟因为削藩而死，所以他们对朱棣的话深有同感，觉得很是入耳。几位王弟纷纷说道："大兄所洞见是矣，诸弟何言？诸弟之来，岂得已哉！"

朱棣见诸位弟弟和自己甚是合言，就又表白说道："我此次来只为奸臣而已，不知其他。"

朱棣宴请诸位弟弟和李景隆之后，送他们离去。李景隆再次空手而归。

朱允炆派人秘密前往各地催促援军，到各地的人都带着建文帝的蜡封密旨。但是这个时候朱棣的大军就在京师周围，他们截获了朱允炆的各种密旨，朱允炆的旨意很难离开京城。而此时，王叔英在广德募兵，姚善起兵于苏州，练子宁募兵在杭州，黄观募兵在长江上游。为了取消朱棣的口实，朱允炆把朱棣所指的奸臣齐泰、黄子澄打发离开了京城，齐泰到广德找了黄叔英，黄子澄去苏州找姚善，但是由于募兵太晚了，形势已经对朱允炆非常不利。王叔英在广德募兵无人响应，黄子澄想要航海去外洋征兵也是没有结果，即便是有兵也是不能及时回京了。

朱允炆盼着的援兵不到，真是一筹莫展，朱允炆和方孝孺握手流泪。朱允炆的缓兵之计、募兵之计都没有用上，只有派徐耀祖等人分别出兵抗击防御。

建文四年（1402）六月十三日，朱棣兵临南京城下。本来根据南京城的坚固程度，即便城内空虚，朱棣强攻还是要费周折。然而朱允炆安排在金川门的两个人为朱棣省去了攻城的麻烦。这两人就是谷王朱橞和李景隆。

这两位一商量，觉得朱允炆已经没有半点胜算，又加上朱橞本就和朱棣是兄弟，两人就打开了金川门放了朱棣进来，于是南京城不攻自破。当时在金川门有一个叫龚翊的士兵，目睹了李景隆的卑鄙行为。他悲愤难当，投戈大哭，从此隐居。这样的士兵倒是气节感人，人品高出了李景隆和许多高官贵胄。

朱棣率领燕军一进金川门，南京就不好守了。徐辉祖率领京城守军抵挡一阵子，就败下阵来。徐辉祖的弟弟徐增寿一直支持的是朱棣，他一直在暗中帮助朱棣。这一回他还是在南京做内应，结果被朝中官员发现，一阵痛打后，押到了朱允炆面前。朱允炆还在犹豫要不要杀徐增寿，结果一听朱棣已经进了金川门，才发狠亲手杀了徐增寿。

朱允炆在杀了徐增寿之后，就跑回宫中放了一把大火。这一把火不平常，他给中国历史上烧出了一个无解之谜。朱允炆是生是死，至今仍未有确切定论。

朱棣进入南京之后，看到皇宫里大火烧起，就往皇宫里赶去。等他到的时候，熊熊大火已无法扑灭。经过救火，朱棣在朱允炆的宫中只发现一具烧焦的尸体，面目已经无法辨认，朱棣看着尸体，大声说道："小子无知，乃至此乎！"

朱棣是一个聪明的人，一句话就定下了朱允炆被大火烧死的结局。不论朱允炆是否真的死了，朱棣首先给了定论。因为朱允炆只有死了，建文王朝才能结束，新的一切才能开始。哪怕以后朱允炆真的出现，朱棣也可以说是冒充的，不予承认。

那么朱允炆到底死了没有？在《明史》中有记述"宫中火起，帝不知所终"。又说："燕王遣中使出帝后尸于火中，越八日壬申葬之。"一部正史，一篇本纪，言不清道不明一位帝王的去向，这就说明修史之人已经无法得到一个令人信服的真相，这就成为了一个无解之谜。

五、劝进大戏，坐拥天下

朱棣派人占领了皇宫重要的地方之后，就分派一千多骑兵去护卫周王和齐王。周王和朱棣是同母所生，是燕王最亲的人，燕王担心他受到迫害。大军找见周王的时候，周王朱橚非常恐慌，他不知道这些人是朱棣派来保护自己的。在得知是朱棣派来保护自己的人时，才放卜心来说了一句："我得生矣！"周王和朱棣很快见面，两人相拥，周王大哭，朱棣也落泪。

周工说道："奸恶屠戮我兄弟，全赖大兄救我，真是再生啊！"

周王说完大哭不止。

朱棣扶着弟弟，安慰他："从此不必担忧了。"

朱棣还对周王说了这几年的经历："身遭危祸，无所容生，数年亲当矢石，濒于万死，不图重见骨肉，今与贤弟相见，皆赖天地神明，宗庙社稷，父皇母后阴翼默相，乃得至此。"

听了朱棣的话，周王朱橚说道："天生大兄，戡定祸乱，以安社稷，保全骨肉，不然，则皆落奸恶之手矣。"

两人互诉了离别之情，城内的诸王和愿意归附的大臣都来面见朱棣，而朱棣带着大家到朱允炆的寝宫救火时，见到了那具烧焦的尸体，朱棣当众宣布了朱允炆被烧死，这样就给自己的即位创造了合法性。他也不用受到自己周公辅成王口号的约束了，一切变得简单轻松。

既然朱棣已经宣布了朱允炆的死亡，接下来就该是他自己登基了。登基是朱棣的目的，此刻既然已经没有了任何障碍，朱棣就放开了做戏，使劲儿地往足做。

朱棣把皇宫中的大火扑灭之后，就送诸王回自己的府邸，然后他自己则返回龙江扎营，对天下宣布朱允炆已经自焚死亡，如此也就解散了各地的勤王兵马。本来这天下都是朱家的，侄子死了，因为侄子而起的勤王募兵之事也就罢了，而在京城之中一场劝进的大戏开演了。

当初朱棣起兵，所打的旗号是按照祖训来平定国难，清除皇帝身边的奸佞，那么接下来他就应该捉拿奸臣，然后返回北平去。所以朱棣想要登基做皇帝，就得表演一出劝进的戏。所谓劝进，就是自己明明想当皇帝，却要表现得不想当皇帝，那么这个事怎么办呢？就得组织人来劝进。

朱棣想要表明他本来不想做皇帝，可是国不可一日无君，他才在群臣的要求下，不得不做了皇帝。他这样表现是有些可笑，但是符合中国的国情，所以大家都很配合他，一起把这个戏演得很足。

朱棣带兵进京的第二天，也就是建文四年（1402）六月十四日，诸位王爷带领群臣上表进行劝进。这一次，朱棣直接拒绝，朱棣说："予始逼于难，誓救祸除奸，以安天下，为伊周之勋，不意孺子无知，自底亡灭。今奉承洪基，当择有才德者，顾予菲薄，岂堪负荷？"

诸王和文武群臣则非常配合地苦苦相请朱棣即位，言语之中说皇位不可一日空虚，生民不可一日无主，又说国有长君是社稷之福，又说朱棣是太祖嫡子，德冠群伦，不宜固让，宜居天位，使太祖的万世之洪基永有所托等。

群臣苦劝得很讲究，一番交涉下来，不但定下了朱棣不二人选的身份，就连朱允炆的儿子因为年幼也排除了，说辞强调"国有长君、社稷之福"的说法。

第一轮劝进使朱棣的一切都变得合法，但是劝进的火候不到，朱棣还是拒绝了，毕竟按照古代禅让制，也需要有"三让三拒"的步骤。

到了六月十五日，诸位将军们进行第二次劝进。他们的说法和诸王大臣们的说法一致，唯一不同之处，就是他们是和朱棣拼杀过来的，一起经过了生死之战，所以他们总结了四年血战的过程以及大家血战的愿望，很是委婉地请求朱棣进行封赏，而封赏只有皇帝能够进行，所以这是第二次劝进。但是此时朱棣认为时机还是不成熟，依旧拒绝了。

到了六月十六日，诸王第三次上表劝进。这次他们将朱棣抬到了非常高的位置，说朱棣起兵靖难是"乃遵承于祖训，聿奉行于天诛。赫一怒而安斯民，备文王礼义之勇，不四载而复帝业，经世祖中兴之功。武以剪戡，克全皇考之天下；文以经纬，聿明洪武之典章，实天命所归"。

这次劝进给朱棣赋予了更大的合法性，但是朱棣仍然觉得火候不到，没有答应。

当天，那些归附朱棣的文武群臣第四次上表劝进，朱棣才觉得有必要说明自己的想法了，他对众人反复强调自己起兵时的艰难，却又在最后说道："欲推择诸王有才德可以奉承宗庙者立之"。他就这样把戏一次又一次推向高潮，而群臣自然是非常清楚朱棣的想法，他们便一再固请，虽说朱棣固辞不允，但还是高兴地前往宫中，准备登基。

朱棣在去往皇宫登基的路上，一个名叫杨荣的翰林院编修拦住了朱棣，他问朱棣："殿下先谒陵乎？先即位乎？"

杨荣的意思是朱棣您是先去祭拜您父亲的陵墓呢，还是直接进宫去登基？

由于朱棣起兵的口号，可一直是在打着替太祖朱元璋鸣不平，说要铲除奸臣平定国难，这会儿国难已平，自然是要去祭拜父皇啊！可是，朱棣这几天演戏演到把这个细节都给忽略了，一听杨荣的话，朱棣立刻醒悟过来，说道："这就改道去皇陵祭拜！"而这个杨荣也就在瞬间得到了朱棣的信任。

可还是有大多数官员不肯迎附朱棣，朱棣自然不发愁，到时他做了皇帝，就把这些官员都定位成奸臣贼子。当初他起兵的时候，点明了齐泰和黄子澄以及左班文臣，但是他没有说明这些文臣都是谁，现在他就把那些忠于朱允炆的文臣还有不肯和他合作的文臣都定为奸臣，即左班文臣。

这样一来，奸臣的范围就扩大了，这样的奸臣劲敌到底有多少，史书说法不一，但是确实有100多人不拥护朱棣，那么朱棣怎样处理这些"奸臣"呢？

处理奸臣，自然是先处理齐泰和黄子澄。

朱棣进入南京城的时候，齐泰和黄子澄都不在城里。朱允炆当时也是为了应付朱棣，把这两个人以贬官放逐的名义打发出了南京城，其实这两个人是出城为朱允炆招募军队去了。黄子澄当时一听朱棣进了南京，还想着去海外搬救兵，可是却没有去成，就跑到了浙江嘉兴。结果因为朱棣悬赏活捉奸臣的有功人员，黄子澄很快就被人抓起来送给了朱棣。朱棣审问黄子澄，黄子澄不屈而死，他的家人和族人不分男女老幼全部被诛杀，凡是有姻亲关系的都发配去戍边。

齐泰也是一样，作为兵部尚书，他想起兵夺回南京，可是正如姚广孝当初说的，只要朱棣已占领南京，取代了朱允炆，天下就都听朱棣的。所以齐泰的起兵失败，而他自己也成了四处逃亡的人，被通缉。为了逃命，齐泰这位被朱元璋欣赏，一直忠于朱允炆的文臣，把自己骑的白马涂成了墨色黑马，骑着狂奔。可是因为马匹出汗掉色而暴露了自己，被官府所抓。齐泰和黄子澄一样，因为不屈服被杀，也是株连九族的大罪，姻亲都被充军发配。

齐泰和黄子澄是朱棣最大的仇敌，是他心心念念要铲除的人。整个靖难中，大家都清楚，这两个人就是朱棣"清君侧"的主要对象。所以朱棣对他们采取的是灭九族的酷刑。九族，原本指上四代下四代中间再加上自己这一代，一共九代人。可是，到了后来，灭九族成了一种刑罚，就是指一个人犯罪要牵连到父族四、母族三、妻族二，共九族。其实也就是父母和妻子家从血缘上关系最亲近的人。

但是，在建文朝廷的旧臣中，受到刑罚最惨的不是齐泰和黄子澄，而是方孝孺。

朱棣在进军南下的时候，姚广孝就说有事拜托叮嘱朱棣，说方孝孺是天下文人的种子，是个有骨气的大忠之人，是不会轻易投降的。姚广孝请求朱棣不要杀方孝孺，朱棣也答应了姚广孝，愿意留下这颗读书人的种子。但是朱棣食言杀了方孝孺，而且很残酷，那到底是为什么？

朱棣登基之后，要写一份昭告天下的登基诏书，他想让方孝孺写。可是方孝孺做人固执，他一心感念朱允炆的知遇之恩，要忠于朱允炆。他根本就不愿意为朱棣做事，所以他一到朝堂上就大放哭声，无视朱棣的朝堂，朱棣很生气，但还是没有发作，反而起身安慰方孝孺。

朱棣很是温和地说道："先生不要这般，我不过是要效法周公辅佐成王的做法。"

方孝孺激动地说道："可是成王在哪里？你要辅佐的成王人在哪里？"

朱棣很有耐心地说道："他已经自焚而去。"

"那你为什么不立成王之子？"方孝孺手指朱棣质问。

"国赖长君！"朱棣一字一句，沉稳回答。

"既然国赖长君，那你为何不立成王弟弟？"方孝孺质问有理有据，全部遵循帝王传袭的规矩。

"这是朕的家事！"朱棣无语，只好狡辩。想一想，朱元璋当时立下朱允炆，也不过是因为如此承袭祖制必须遵守，不然也不会出现这些事情。朱棣如今硬是这样做了，他自然是说不过方孝孺，方孝孺后面靠的可是皇位承袭的历史规矩。

朱棣说不过也就不说了，他想着这个登基诏书还是要方孝孺写，他就说道："这个登基昭告天下的诏书，还是要先生写。"

可是方孝孺却接过毛笔，扔到了地上，说道："我宁愿死，也不会写这个诏书。"

朱棣大怒，便将方孝孺、黄子澄还有齐泰在同一天里斩杀，一样株连甚广。

据说，当时朱棣还问了方孝孺："你就不怕株连九族吗？"

结果方孝孺很有骨气，居然对着朱棣说道："你诛杀我十族，又能奈我何？"

于是朱棣诛杀方孝孺，九族之外再加一族，这外加的一族是方孝孺的弟子和友人。方孝孺因此成为中国历史上大义凛然不屈于强权的典范人物。

朱棣夺位登基之后，对于建文王朝的遗臣，尤其是忠于建文王朝的人，都用了极其惨重的酷刑。朱棣也知道自己所做不善，但是，史官都是在朱棣的眼皮底下工作的，所以正史记载是空白的，但是野史和民间的口传留下了许多。比如茅大方死后的家属遭遇，比如齐泰家的女眷遭遇，比如官员陈迪父子的遭遇，这些视死如归的人在反抗朱棣的时候，给他们的家人也带来了灭顶之灾。由此也可以看到建文朝廷的文臣也是有着铮铮铁骨的忠臣，文人的节操很高，是不会屈服于朱棣的。

朱棣是直接攻取的南京，所以绕过了山东的铁铉，朱棣上位后，铁铉不肯降服，后来被抓后，朱棣对他也是酷刑用尽，铁铉至死不屈。

这一年是壬午年，所以这些事在历史上被称作"壬午之难"。

朱棣为何这般残忍地屠杀建文遗臣？两个目的，一是证明自己夺位有理。二是用极致手段，以儆效尤，镇压天下不服自己王朝的人。

由于朱棣以藩王的身份起兵，夺取了侄儿的政权，毕竟不够合法化，所以，朱棣在执政 22 年期间，还重新扶持锦衣卫特务机构，建立东厂、西厂等太监部门，为的就是监听天下的舆论。不论是达官贵人，还是民间百姓，朱棣十分好奇他们都是如何在背后评论他。正因为朱棣的这种多疑性格，也给明朝埋下宦官乱政的祸根，此乃后话了。

朱棣在成功夺得天下后，于建文四年（1402）正式登基为帝。他立即下令将建文四年更名为洪武三十五年，以此彰显其承继父亲朱元璋的洪武之治。随后改年号为永乐，开启了自己的统治时代。

在永乐年间，发生了众多具有历史意义的大事。其中包括迁都北京，这一举措极大地加强了中央政府的控制力，并促进了北方的开发。此外，郑和七下西洋的壮举不仅展示了中国的海上实力，还加强了与海外国家的友好交流。同时，朱棣下令修纂了《永乐大典》，这部巨著汇聚了当时古今图书七八千种，成为中国文化史上的重要里程碑。

朱棣还设立了内阁制度，进一步完善了明朝的政治体系。他注重经济发展，积极疏通运河以便利交通和贸易。在军事方面，他威服蒙古，收复安南，成功荡平倭寇，为国家的统一和稳定立下了赫赫战功。此外，他还下令铸造了永乐大钟，这座钟至今仍被誉为世界之最，体现了明朝的工艺水平。

朱棣的治国理念强调经济发展和社会稳定。他勤政爱民，善于选拔和任用人才，致力于振兴文化事业。在他的领导下，明朝的国力达到了鼎盛时期，经济繁荣，社会安定，百姓安居乐业。因此，后世对他评价极高，认为他的功绩远超汉唐时期的皇帝，并尊称他为永乐大帝。

参考文献

一、古籍

1. "中央研究院"历史语言研究所校印《明实录》，中国台北："中央研究院"历史语言研究所，1962 年版。

2. （清）张廷玉等：《明史》，北京：中华书局，1974 年版。

3. （明）谈迁：《国榷》，北京：中华书局，1958 年版。

4. （明）赵士喆：《建文年谱》，上海：商务印书馆，1935 年版。

5. （明）李贽：《续藏书》，北京：中华书局，1974 年版。

6. （明）邓士龙：《国朝典故》，北京：北京大学出版社，1993 年版。

7. （明）张岱：《石匮书》，北京：故宫出版社，2017 年版。

8. （明）尹守衡：《明史窃》，中国台北：华世出版社，1978 年版。

9. （明）吕毖：《明朝小史》，中国台北："中央"图书馆，1981 年版。

10. （明）焦竑：《献征录》，上海：上海书店，1987 年版。

11. （明）杨士奇：《东里集》，上海：上海古籍出版社，1991 年版。

12. （明）杨荣：《文敏集》，上海：上海古籍出版社，1991 年版。

13.（明）李贽：《焚书·续焚书》，长沙：岳麓书社，1990年版。

14.（清）章学诚：《文史通义》，上海：上海古籍出版社，2015年版。

15.张德信、毛佩琦：《洪武御制全书》，合肥：黄山书社，1995年版。

二、专著

1.吴晗：《朝鲜李朝实录中的中国史料》，北京：中华书局，1980年版。

2.许大龄、王天有：《明朝十六帝》，北京：紫禁城出版社，1991年版。

3.晁中辰：《明成祖传》，北京：人民出版社，1993年版。

4.毛佩琦：《永乐皇帝大传》，沈阳：辽宁教育出版社，1994年版。

5.王熹：《建文帝永乐帝》，长春：吉林文史出版社，1996年版。

6.张显清、林金树：《明代政治史》，桂林：广西师范大学出版社，2003年版。

7.孟森：《明史讲义》，上海：上海古籍出版社，2008年版。

8.［日］檀上宽：《永乐帝——华夷秩序的完成》，北京：社会科学文献出版社，2015年版。

三、期刊与会议论文

1.郭厚安：《"靖难之役"及其对明代专制主义中央集权的影响》，《西北师大学报（社会科学版）》，1982年第1期。

2.全仁经：《"靖难之役"的胜败原因究竟何在》，《抚州师专学刊》，1982年第2期。

3.毛佩琦：《建文新政和永乐"继统"》，《中国史研究》，1982年第2期。

4.商传：《试论"靖难之役"的性质》，《明史研究论丛》，1982年。

5.陈新权：《朱元璋分封藩王与"靖难"之变》，《上海师范大学学报（哲学社会科学版）》，1990年第1期。

6.朱立：《论"靖难之役"》，《新疆师范大学学报（哲学社会科学版）》，1990年第3期。

7.孙志江、何荣芝：《"靖难之役"中建文帝失利探因》，《渤海学刊》，

1991 年 Z1 期。

8.孙湘云:《简析方孝孺的君臣关系说》,《华中师范大学学报（哲学社会科学版）》,1991 年第 4 期。

9.晁中辰:《李景隆与"建文逊国"》,《山东大学学报（哲学社会科学版）》,1993 年第 3 期。

10.郭厚安:《论"靖难之役"的性质》,《西北师大学报（社会科学版）》,1997 年第 3 期。

11.李金堂:《"壬午殉难"略论》,《东南文化》,2003 年第 5 期。

12.张树旺:《论方孝孺之死对明代士风的影响》,《广东社会科学》,2006 年第 1 期。

13.向广宇:《明初重典治国对靖难之役结果的影响》,《南阳师范学院学报》,2009 年第 8 卷第 11 期。

14.李庆勇:《建文帝在靖难之役中的败因探析》,《新乡学院学报（社会科学版）》,2010 年第 24 卷 1 期。

15.李群:《明代"靖难之役"中儒生与皇权的关系——以方孝孺为例》,《管子学刊》,2012 年第 1 期。

后　记

　　一本长卷的史书，会给人历史长河滔滔奔涌之感。在这长河之中，找到一个切入点，沉浸进去，感受一个具体的历史时刻，也是一种很美好的体验。

　　靖难夺位之战，朱棣用了 4 年时间，最后成功。这 4 年于浩瀚的历史长河不算什么，可是这 4 年成就了朱棣，让他从一个差点被削藩的王爷成了名垂史册的永乐大帝。4 年的沙场征战、挥洒热血、南北驰骋、运筹帷幄、挥斥方道，个中的精彩不言而喻。

　　笔者用心描写了朱棣出生、少年成长、封藩燕王、驻守北国、用心治理藩地、胸怀大略、早早图谋大业的成长过程，也很详细地描写了靖难开始，叔侄矛盾的激化。燕王以"清君侧"之名起兵，4 年中打了无数场战争，靖难之初真定之战，大宁之变始立五军，重挫李景隆郑村坝之战，之后又是各地转战拉锯，起起伏伏于胜败之间，最后长驱京师。4 年征战中朱棣给人一种骁勇善战、精通兵法、擅长统治人心的感觉，让人觉得大明天下非他莫属。

书写这本书的过程，也是笔者学习历史的过程，更是笔者认真了解朱棣的过程。征战中的朱棣每天都在经历生死劫难，但是他精彩大胆的用兵之道和他临危不乱的王者气概真让笔者佩服。

最后，希望这一次的笔墨能够让您喜欢！

江左辰